しまねの文化財

島根県文化財所有者連絡協議会

◆

島根県文化財愛護協会

◆

ハーベスト出版

目次

- 建造物 ———— 4
- 絵画 ———— 19
- 彫刻 ———— 31
- 工芸品 ———— 47
- 書跡 ———— 62
- 典籍 ———— 67
- 古文書 ———— 68
- 考古資料 ———— 77
- 工芸技術 ———— 87
- 有形民俗文化財 ———— 90
- 無形民俗文化財 ———— 96
- 史跡 ———— 106
- 名勝 ———— 131
- 天然記念物 ———— 135
- 史跡及び名勝 ———— 152
- 名勝及び天然記念物 ———— 154
- 天然記念物及び名勝 ———— 157
- 重要伝統的建造物群保存地区 ———— 159
- 重要文化的景観 ———— 161
- 選定保存技術 ———— 162
- 資料 ———— 163

『しまねの文化財』について

1．本書は、国・県指定文化財の所有者・保持団体で構成する「島根県文化財所有者連絡協議会」（清水谷善圭会長）が発足30周年記念事業（1987年発足）として企画出版したものです。

2．本書の構成・編集は、島根県文化財愛護協会（事務局：島根県教育庁文化財課）が行い、執筆は、島根県教育庁文化財課、島根県埋蔵文化財調査センター、島根県立古代出雲歴史博物館の職員が分担執筆しました。執筆にあたっては、主に指定当時の資料を参考にしています。

3．本書には、平成29年（2017）11月1日現在の島根県の国・県指定文化財をはじめ、登録有形文化財・記念物、記録作成等の措置を講ずべき無形ならびに無形民俗文化財を収録しています。

4．写真の掲載にあたっては、所有者の皆様をはじめ、市町村教育委員会ならびに関係機関から多大な協力を賜りました。深く感謝申し上げます。なお、一部の文化財については、諸般の事情により掲載していないものがあります。

5．本書の個別解説では、指定種別の表記に、次の略称を使用しています。
　・重要文化財→重文
　・重要無形文化財→重無
　・重要有形民俗文化財→重有民
　・重要無形民俗文化財→重無民
　なお、島根県指定の各分野の文化財については、一括して「県」と表記しています。

6．島根県所有者連絡協議会の体制は以下のとおりです。
　平成29年（2017）11月1日現在
　（1）会員数　60団体・個人
　（2）役員　会　長　清水谷善圭（清水寺・安来市）
　　　　　　副会長　千家和比古（出雲大社・出雲市）
　　　　　　副会長　大北　哲也（千手院・松江市）
　　　　　　理　事　小野　高慶（日御碕神社・出雲市）
　　　　　　理　事　中田　宏記（物部神社・大田市）
　　　　　　理　事　石倉　　観（善光寺・松江市）
　　　　　　理　事　神一　紀道（萬福寺・益田市）
　　　　　　理　事　倉橋　　英（赤穴八幡宮・飯南町）
　　　　　　理　事　飯塚　大幸（一畑寺・出雲市）
　　　　　　監　事　池本　智城（成相寺・松江市）
　　　　　　監　事　桐山　和弘（大土地神楽保存会・出雲市）
　　　　　　事務局長　諏訪　文哉（洞光寺・松江市）

発刊にあたって

　今年当会は創立30周年を迎えることが出来ました。偏に歴代会長理事を始め会員各位のご尽力と島根県ご当局のご高配の賜と感謝申し上げます。

　この度の記念事業として県内の国指定・県指定文化財を紹介する書籍の出版を企画しましたところ、所有者各位のご理解と県文化財愛護協会のご協力を頂戴し、刊行に漕ぎ着けることが出来ました。

　近年、地震・津波・豪雨等による災害で文化財の被害が激増していることから、文化財の分布調査の必要性が指摘されています。その意味でも今回の出版は時機を得たものであり、災害時の文化財レスキューに貢献できるものと自負しております。

　また、地域活性化に資するための文化財の活用が求められています。この出版を機に所有者と地域が共に手を取り合って文化財の活用に取り組み、ひいては文化財が地域の財産として末長く護られることを願ってやみません。

　最後となりましたが出版にあたりご執筆・ご協力賜りました方々に深々の謝意を表します。

島根県文化財所有者連絡協議会
会長　清水谷　善圭

No.1 建造物

国宝 神魂神社本殿　附・内殿1基・心御柱古材1箇

指定年月日　昭和27年(1952)3月29日
1棟／所有者　神魂神社／所在地　松江市大庭町

現存最古の大社造り

　神魂神社本殿は、切妻造妻入で、柱が田の字型に配してあり、中央の柱は「心御柱」、正面と背面の中央にある棟木まで伸びる柱は「宇豆柱」と呼ばれます。御扉は、正面向かって右側に設けられ、その前には階段と傾斜した屋根（階隠）が設けられます。このような形式は「大社造」と呼ばれ、出雲地方特有の神社建築様式ですが、この中でも、神魂神社本殿は、現存する大社造最古の建造物として知られています。明治34年(1901)の解体修理で取り換えられた心御柱の頂部には、正平元年(1346)の墨書銘がありました。
　現在の本殿は、安土桃山時代の天正11年(1583)に再建されたもので、同じ大社造である出雲大社本殿に比べて規模は約半分ほどです。また、出雲大社本殿の屋根は檜皮葺ですが、神魂神社本殿は栃葺となっています。古くは、本殿内で出雲国造家の儀礼（代替わりに行われる火継神事や新嘗祭）が行われていました。

No.2 建造物

国宝 出雲大社本殿　附・内殿1基・棟札1枚

指定年月日　昭和27年(1952)3月29日
1棟／所有者　出雲大社／所在地　出雲市大社町

天下無双の大社造本殿

　出雲地方特有の神社建築である「大社造」を代表する建物です。切妻造妻入で、屋根は檜皮葺き、平面3丈6尺（約10.9メートル）四方、礎石上端から千木の先までの高さは、8丈（約24.2メートル）あり、全国一の高大な本殿です。
　出雲大社の創建は極めて古く、奈良時代の『古事記』『日本書紀』の神話には、祭神である大国主神が国譲りを承諾する条件として、高大な宮殿を希望する記事がみられます。また、同時代の『出雲国風土記』にも宮殿を建てた記事が見られ、伝承ではかつては16丈（約48メートル）あったと伝えられています。
　現在の本殿は、江戸時代の延享元年(1744)に造営されたもので、以降、4回の修造が行われていますが、平成25年(2013)には、昭和28年(1953)以来となる60年ぶりの修造が完了し、本殿遷座祭が行われました。

No.3 建造物

国宝 松江城天守

附・祈祷札二枚　慶長十六年正月吉祥日　・鎮宅祈祷札四枚
・鎮物三点　祈祷札1、槍1、玉石1

指定年月日　平成27年(2015)7月8日
1棟／所有者　松江市／所在地　松江市殿町

近世城郭最盛期を代表する現存天守

　松江城天守は、中国地方に唯一残る荘重雄大な四重五階の天守です。慶長5年(1600)に出雲・隠岐の領主となった堀尾氏によって築かれましたが、平成24年(2012)に再発見された二枚の祈祷札から慶長16年(1611)の完成であることが明らかになりました。

　外観は四重、内部五階、地下一階の形式で、正面の南面には玄関となる附櫓(つけやぐら)を設け、屋根はすべて本瓦葺です。軸部は長さ二階分の通し柱を多用しており、周囲に包板(つつみいた)を釘や鎹(かすがい)、帯鉄で取り付けた柱も多数見られます。部材の番付は二種類に大別され、二階以下に用いられた分銅紋に「富」の字を刻む部材は、安来市にあった富田(とだ)城の部材と思われます。

　通し柱による構法などの独自の建築的特徴をもち、近世城郭最盛期を代表する建築として極めて高い価値があります。防御性を重視した中世山城から、高層化して近世都市の基軸へと進展してきた我が国の城郭文化の様態をあらわしており、深い文化史的意義があります。

No.4 建造物

重文 清水寺(きよみずでら)本堂(根本堂)

附・棟札4枚

指定年月日　明治37年(1904)2月18日
1棟／所有者　清水寺／所在地　安来市清水町

県内屈指の天台古刹

　安来市清水町に所在する清水寺は、重要文化財の十一面観音菩薩を本尊とし、開基が約1400年前と伝えられる県内屈指の名刹です。縁起によれば、推古天皇5年(597)に本堂を構えて勅願寺となり、のち大同元年(806)に再興したとされています。現存する本堂の建築年代については、平成4年(1992)におこなわれた本堂保存修理事業において明徳4年(1393)建立であることが明らかになっています。

　その後、戦国時代には戦火に巻き込まれ、本堂を除くほとんどの堂塔が消失しましたが、のちに毛利や歴代松江藩主の庇護を受けて復興したと言われます。境内には、本堂の他に大門(文化年間(1804～1818))、三重塔(安政6年(1859)、県指定)、毘沙門堂(正徳6年(1716))、開山堂(江戸中期)など江戸時代にさかのぼる建築が残っています。

No.5　建造物

重文 菅田庵及び向月亭 附・御風呂屋1棟

指定年月日　昭和16年(1941)5月8日
1棟／所有者　個人／所在地　松江市菅田町

不昧公好みの茶室

　松江市街地の北部丘陵地に所在する菅田庵は、茶人としても知られる松江松平7代藩主・松平治郷（不昧）の計画によって、家老有澤弌善の山荘内に寛政2年から同4年(1790～1792)にかけて建てられた茶室です。
　菅田庵は入母屋造の茅葺で、内部の間取りは一畳台目中板、炉は隅切りの閑静な茶室です。破風には不昧筆の「菅田庵」の円形陶額を掲げています。菅田庵に接続する向月亭は、その庭とともに治郷の弟雪川の作とされています。寄棟造の茅葺で、四畳半台目の主室は外側2方に入側と竹縁が巡り、主室西隣に次の間、八帖、六帖のくつろぎの間などが続きます。
　敷地内のやや高台にある御風呂屋は、中に蒸し風呂の設備をもち、待合を兼ねた建物です。全国的にも御風呂屋の付く茶室は珍しく、特筆すべき特徴といえます。

No.6 建造物

重文 万福寺本堂　附・棟札7枚

指定年月日　明治37年(1904)2月18日
1棟／所有者　万福寺／所在地　益田市東町

　万福寺は、益田川右岸に所在する時宗の古刹で、もとは安福寺と称し同市内中州にあったと伝えられています。万寿3年(1026)の大津波で堂宇が流され小庵となっていたところを、応安7年(1374)に益田兼見によって現在地に移転改築され、益田道場浄光院万福寺と改め益田氏の菩提寺とされています。
　本堂は、桁行7間、梁行7間と大規模なもので、一重、寄棟造桟瓦葺の構造で、応安7年(1374)の移転時に建てられたと伝えられています。本堂の四周には縁が廻り、堂内の柱は上部が細くなるエンタシスと呼ばれる特徴的な円柱で構成されています。境内には、雪舟作と伝わる庭園（国史跡及び名勝）があり、本室とよく調和した景観をなしています。
　鎌倉時代の禅宗様の手法を残した穏静簡古な室町時代前期の建物として評価されています。

No.7 建造物

重文 神魂神社末社貴布祢稲荷両神社本殿

指定年月日　昭和27年(1952)3月29日
1棟／所有者　神魂神社／所在地　松江市大庭町

　貴布祢稲荷両神社本殿は松江市大庭町に所在し、国宝神魂神社本殿左手に東面し建っています。社殿の創建は明らかではないですが、現在の建物は秋上家文書と鰐淵寺文書によって天正11年(1583)に建立されたことがうかがえます。
　社殿は、梁行1間、桁行2間の二間社流造の構造で、屋根はこけら葺です。両側面には脇障子付きの刎出しの縁、向拝には浜床が設けられています。全体的に桁隠の懸魚が無いなど簡素な意匠です。
　社殿は、古式を残した形式であり、両側面の刎出の縁、向拝の浜床等の構造が珍しく、また全国的に類例の少ない二間社流れ造りの一つとして評価されている社殿です。

No.8 建造物

重文 日御碕神社社殿
日沉宮（下の宮）　本殿／幣殿／拝殿／玉垣／禊所／廻廊／楼門／門客人社
神の宮（上の宮）　本殿／幣殿／拝殿／玉垣／宝庫／鳥居

附・日御碕御建立絵彩色塗金物1冊　・出雲国日御碕御造営銀子請取同入用高帳1冊
　・日御碕社殿地割図19枚　・日御碕社殿の図1巻　・石燈籠5基

指定年月日　昭和28年(1953)3月31日
14棟／所有者　日御碕神社／所在地　出雲市大社町

　日御碕神社は、出雲市大社町日御碕に所在し、西に日本海を臨む島根半島最西端に位置しています。境内は山裾に高低自由な敷地を設けて檜皮葺の社殿を配置しています。日沉宮（下の宮）本殿、神の宮（上の宮）をはじめとした14棟の指定建造物は、徳川三代将軍家光の命により約10年の歳月をかけ寛永21年(1644)に竣工しています。
　各建物は形態が良く整い、木割の制や細部の手法が優美で桃山時代風の特徴をもち、地形を利用した敷地にある社殿群は一体としての美しい景観を発揮していることが評価されています。

No.9 建造物

重文 木幡(こわた)家住宅
主屋／新座敷棟／飛雲閣(附・棟札1枚)／新奥座敷棟／奥座敷棟／新蔵／米蔵
三階蔵(附・湯殿1棟 ・御成門1棟 ・行啓門1棟 ・資材蔵1棟 ・裏門1棟 ・絵図面12枚)／宅地(4,094.87㎡)

指定年月日　昭和44年(1969)6月20日
8棟／所有者　個人／所在地　松江市宍道町

　木幡家住宅は、宍道湖の南西端の近世山陰道沿いに所在しています。木幡家は江戸時代に酒造業を営んだ商家で、藩主の領内巡行の際には宿所ともなり、本陣と呼ばれていました。
　主屋は享保18年(1733)に建築され、切妻造桟瓦葺(きりづまづくりさんがわらぶき)で桁行(けたゆき)8間半、梁間(はりま)5間半にもおよぶ大型の町屋であり、内部は広い土間をもつ六間取りの建物です。土間から上を見上げると湾曲した大梁が縦横に架けられた壮大で特徴的な構造を見ることができます。
　屋敷内には、明治40年(1907)の皇太子行啓のために建てられた飛雲閣をはじめとする幕末～明治にかけての上質なつくりの座敷群が配され、主屋と一体となった屋敷構えは価値が高いものです。また土蔵などの付属屋も良好に残り、山陰地方の商家の特徴を良く残した建造物です。

No.10 建造物

重文 佐太(さだ)神社　正中殿／北殿／南殿　附・棟札3枚　・指図板1枚

指定年月日　昭和57年(1982)2月16日
3棟／所有者　佐太神社／所在地　松江市鹿島町

　佐太神社は『出雲国風土記』や『延喜式』に見られる古社で、大社造(たいしゃづくり)の社殿が三殿並立しています。社殿は、正中殿を中心に北殿と南殿が左右対称に配置されており、中央の正中殿は、間口・奥行き5.45㍍とひと回り大きく造られ、大社造りの本殿の中では出雲大社本殿に次いで規模が大きいものです。
　三殿とも切妻造妻入の檜皮葺(ひわだぶき)の社殿であり、文化4年(1807)に造営されたものであることが残された棟札からうかがえます。
　三殿の内部正面東二間の天井には藍色の背景に五色の瑞雲が描かれた彩色絵が見られ、正中殿には星も描かれています。
　大規模な大社造の社殿が三殿並立するという他に類例がない特徴をもつ社殿として重要な建造物です。

No.11 建造物

重文 美保神社本殿　附・棟札18枚

指定年月日　昭和57年(1982)2月16日
1棟／所有者　美保神社／所在地　松江市美保関町

　天平5年(733)編纂の『出雲国風土記』、延長5年(927)編纂の『延喜式神名帳』に載る古社で、ご祭神は三穂津姫命(みほつひめのみこと)と事代主神(ことしろぬしのかみ)です。
　本殿は、左右に並列する大社造(たいしゃづくり)の二殿を「装束(しょうぞく)の間」で連結し、正面全体に階隠(はしかくし)の庇(ひさし)を設けた特異な建築形式で、美保造(みほづくり)または比翼大社造(ひよくたいしゃづくり)と呼ばれています。
　文化10年(1813)に再建された本殿は、県内に現存する同形式の社殿のうち最も建立年代が古く、規模の大きいもので、大社造の発展過程を示す貴重な建造物としても注目されます。

No.12 建造物

重文 玉若酢命神社
本殿（附・棟札6枚　・普請文書19冊）／随神門（附・棟札1枚　・普請文書2冊）　附・旧拝殿1棟　・境内図1鋪
社家億岐家住宅（附・福神社1基　・家相図1鋪）／宅地（1855.44㎡）敷地内の石垣及び井戸を含む

指定年月日　平成4年(1992)1月21日
3棟／所有者　玉若酢命神社／所在地　隠岐の島町下西

ご祭神は玉若酢命。延長5年(927)編纂の『延喜式神名帳』に載る古社で、後に隠岐国の総社とされました。

本殿と随神門は寛政5年(1793)、億岐家住宅は享和元年(1801)の建立です。本殿は切妻造茅葺妻入の正面に向拝を付ける隠岐造という建築形式で、軒回りに斗栱、蟇股、木鼻などの彫刻を施しています。随神門には参道を挟んで左右に随神像が安置されています。境内に隣接する億岐家住宅は、社家の特徴を持つ大型民家です。

神社と社家が一体となって残る景観は、大変価値の高いものです。

No.13 建造物

重文 水若酢神社本殿
附・棟札8枚　・普請文書6冊

指定年月日　平成4年(1992)1月21日
1棟／所有者　水若酢神社／所在地　隠岐の島町郡

主祭神は水若酢命。延長5年(927)編纂の『延喜式神名帳』に載り、中世には隠岐国一宮と称されました。

本殿は寛政7年(1795)建立で、切妻造茅葺妻入の正面に向拝を付ける隠岐造という建築形式です。玉若酢命神社本殿と同時期の建立で、隠岐造の建築形式も共通していますが、軒回りの装飾を省略するなど、素朴で力強い意匠に特徴がみられます。また、普請文書が残っており、当時の本殿造営の様子を詳しく知ることができます。隠岐の神社建築の歴史を知る上で、大変貴重な建造物です。

No.14 建造物

重文 佐々木家住宅
附・棟札1枚　・家相図2鋪　・普請文書2冊
宅地（958.67㎡）敷地内の石垣を含む

指定年月日　平成4年(1992)8月10日
1棟／所有者　隠岐の島町／所在地　隠岐の島町釜

隠岐の島町東海岸の釜にある旧庄屋を務めた家で、隠岐においては大規模な民家建築の主屋です。平屋長方形の切妻造で、正面前面に小庇がつけられています。屋根はほぼ全面が杉皮葺で、石置きされており、古風な趣を醸し出しています。部屋割りは、向かって左手に土間を設け、居室部分は中央の棟を境に二列六室に分けています。右側（北側）奥側（西側）に向かって格式の高い構造となっており、入口も格式に沿って3か所に開いています。

棟札から江戸時代の終わりころ、天保7年(1836)の建設と考えられ、外観、内部ともに建築当初の構造をよく残しています。旧庄屋としての家格を伝えるとともに、隠岐民家の特徴をよく残しています。

No.15 建造物

重文 焼火(たくひ)神社本殿・通殿・拝殿　附・棟札7枚　・仁王経1巻　・文書1冊　・絵図1舗

指定年月日　平成4年(1992)8月10日
1棟／所有者　焼火神社／所在地　西ノ島町美田

　西ノ島町南西、焼火山(たくひさん)の中腹にある巨大な岩盤とその前面の斜面を利用して建てられた、本殿、通殿、拝殿の3棟からなる神社建築です。本殿は流造(ながれづくり)で岩盤のくぼみに入り込む形で配置され、通殿は斜面に沿って斜めに設けられ、拝殿に至る構造です。

　建築にあたっては、大阪の大工が主要部材を造り、米子の大工がその他の部材を調達して現地に運び、組み立てられたと考えられています。様々な彫刻が施されるなど、全体に意匠を凝らしているのも特徴です。棟札等から拝殿は寛文13年(1673)、本殿は享保17年(1732)の建築です。古くから航海安全の守護神として著名で、今でも信仰を集めています。

No.16 建造物

重文 熊谷(くまがい)家住宅　主屋／北道具蔵／小蔵／衣装蔵／東道具蔵／米蔵・雑蔵
宅地(63番地の一部)敷地内の土塀(出入口一所を含む)、納屋、井戸、手水鉢を含む

指定年月日　平成10年(1998)5月1日
6棟／所有者　大田市／所在地　大田市大森町

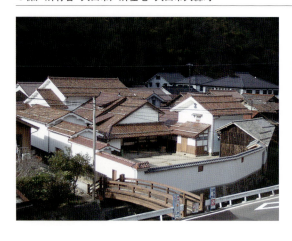

　世界遺産石見銀山遺跡の大森銀山伝統的建造物群保存地区の一角にある商家建築。主屋は町並みの中でも最大級の規模を誇る町屋です。2階建てで、外観は屋根に石見瓦を葺き、外壁は漆喰(しっくい)で塗り込め、正面側の開口部を小さくするなど防火に念入りに備えた意匠です。寛政12年(1800)の大火で焼失した後に再建されたものです。主屋の周囲には北道具蔵、小蔵、衣装蔵、東道具蔵、米蔵・雑蔵が設けられ、それらをつなぐように土塀が囲んでいます。街並みの中で、江戸幕府直轄地における江戸時代後期から末期の有力商人の身分や生活の変遷を最もよく示す民家建築で、現在は内部も公開されています。

No.17 建造物

重文 櫻井家住宅　主屋(附・御成門1棟)／釜屋／後座敷／古蔵／東土蔵
南ノ新土蔵／西新土蔵／文久土蔵／厩
附・金屋子神社1棟　・家相図2枚

指定年月日　平成15年(2003)5月30日
9棟／所有者　個人／所在地　奥出雲町上阿井

　櫻井家住宅は、島根県東部の広島県境に近い山合いにあります。江戸前期に屋号を「可部屋」と称して本格的な鉄山業を営み、宝暦5年(1755)には鉄師株仲間の代表である鉄師頭取となりました。また、享和3年(1803)の藩主領内巡視での本陣に定められ、以降も藩主の来駕がありました。

　主屋は元文3年(1738)に竣工し、多くの建物は順次造られました。主屋に接続する座敷は、藩主御成が行われるようになった19世紀初期の増築です。

　櫻井家住宅は、山林を背に、狭い谷間に主屋を中心に複数の建物が建ち並び、鉄師の屋敷構え全体を伝えています。主屋は、この地方の民家のなかでもひときわ大きく、上質なつくりで、保存も良好です。御成の座敷は、江戸時代後期の数寄屋風(すきやふう)書院の好例です。

No.18 建造物

重文 旧大社駅本屋　附・棟札1枚

指定年月日　平成16年(2004)7月6日
1棟／所有者　出雲市／所在地　出雲市大社町

　大社線は明治45年(1912)に開通し、大正12年(1923)には京都から山口まで鉄道がつながりました。旧大社駅本屋は、大正13年(1924)2月に出雲大社参詣の表玄関にふさわしい建物として建て替えられました。
　木造、平屋建で、正面中央に車寄（くるまよせ）があり、左右の両端部を前面に少し張り出した左右対称の調和のとれた建築です。全体に和風の意匠でまとめられ、玄関を入ると一段高い折り上げ格天井のある広い待合室があります。変化に富んだ屋根や漆喰（しっくい）壁や窓があり華やかな外観です。
　日本を代表する優れた意匠を持つ木造和風鉄道駅舎で、廃線後も旧地にほぼ建築当初のまま良好に保存され、地方駅舎の姿をよくとどめています。

No.19 建造物

重文 出雲大社　楼門／神饌所／玉垣／摂社大神大后神社本殿／摂社神魂御子神社本殿
摂社神魂伊能知比売神社本殿／摂社門神社本殿／八足門／観祭楼及び廻廊／西廻廊／瑞垣
摂社素鵞社本殿／摂社氏社本殿／末社釜社本殿／末社十九社本殿／宝庫／会所／銅鳥居

指定年月日　平成16年(2004)7月6日
21棟・1基／所有者　出雲大社／所在地　出雲市大社町

　出雲大社は、出雲平野の北西端に鎮座する古社です。国宝本殿を中心に垣根により三重に区画されています。最も外側にある荒垣には銅鳥居がつき、その南東に会所があります。八足門（やつあしもん）にとりつく瑞垣（みずがき）と荒垣との間に摂末社（せつまっしゃ）や宝庫（ほうこ）が配されます。内側には楼門にとりつく玉垣があり、本殿と神饌所（しんせん）を囲っています。銅鳥居は寛文度造営、楼門、八足門、観祭楼などは寛文度の建物を延享度造営時に解体移築、他は延享度造営の新築と考えられています。
　これら出雲大社の社殿群は、国宝本殿と同時期に造営された建築物で、江戸時代中期に行なわれた大規模な神社の造営や整備について考えるうえで貴重な資料を提供してくれます。

No.20 建造物

重文 八幡宮　本殿／拝殿／楼門

指定年月日　平成23年(2011)11月29日
3棟／所有者　八幡宮(鷲原八幡宮)／所在地　津和野町鷲原

　津和野城跡の南西麓に鎮座する神社で、鷲原（わしばら）八幡宮とも呼ばれています。本殿、拝殿、楼門を一直線上に並べ、木部を赤色に塗っています。社殿は、16世紀中頃に再建された社殿を基本として、18世紀初頭に手が加えられたものです。
　本殿は、三間社流造（さんげんしゃながれづくり）で、背面を除く3面に縁を廻らしています。正面中央には唐破風（からはふ）が付きます。拝殿は、楼門との間に池を設けて潔斎橋を架けています。楼門は、左右に翼廊を付けています。翼廊をもつ楼門は山口市周辺に分布しますが、随神像を祀るなどの独特な特徴があります。本殿と楼門は、細部の様式や技法に室町時代後期の特徴をよく示し、社殿構成や翼廊をもつ楼門の形態に顕著な地域的な特徴があります。中国地方西部の神社建築を考えるうえで重要です。

建造物

No.21 建造物
重文 雲樹寺四脚門（大門）
うんじゅじ し きゃくもん だいもん

指定年月日　明治37年(1904)2月18日
1棟／所有者　雲樹寺／所在地　安来市清井町

　雲樹寺は臨済宗妙心寺派の古刹で、寺伝によれば南北朝時代の名僧である孤峰覚明（三光国師）により元亨2年(1322)に開山されたと伝わります。

　四脚門（大門）は、創建当初のものと伝わり、切妻造、本瓦葺の構造で全体に木割の太い豪放な構えです。本柱、控柱ともに丸柱で、本柱は大斗、実肘木などの組物を乗せて棟木を支えています。室町時代前期の禅宗様式の四脚門として、構造が非常に特徴的で他に類例を見ないものとして評価されています。

No.22 建造物
重文 染羽天石勝神社本殿
そめば あまのいわかつじんじゃほんでん

指定年月日　昭和4年(1929)4月6日
1棟／所有者　染羽天石勝神社／所在地　益田市染羽町

　染羽天石勝神社は神亀2年(725)の創建と伝えられる式内社です。本殿は三間社流造、檜皮葺で棟札（写）によって天正11年(1583)に益田元祥によって再建されたことが知られます。本殿の蟇股の透彫り、手挟の彫刻には優美な趣があり、本殿の前に床を張り出し、縁が両側面のみ廻る平面構成は独特であり、桃山時代初期の神社建築を良く伝える社殿として評価されています。

No.23 建造物
重文 堀江家住宅

指定年月日　昭和44年(1969)6月20日
1棟／所有者　個人／所在地　雲南市吉田町

　堀江家住宅は出雲地方南部に所在し、堀江家は近世以来この地に居住する一般農家です。建物は西面する桁行9間半、梁間4間の規模で茅葺の寄棟造のもので、18世紀前半の建築と考えられています。建物面積の半分程度を占める広い土間とそこからみた牛梁や大梁等を用いた構造は意匠的に注目されるものです。江戸時代中期の旧状が良く保存され、出雲地方農家の典型的なものとして価値が高い建造物です。

No.24 建造物
重文 旧道面家住宅
きゅうどうめんけじゅうたく

指定年月日　昭和44年(1969)6月20日
1棟／所有者　吉賀町／所在地　吉賀町注連川

　旧道面家住宅は、石見地方山間部に所在する江戸時代後期（19世紀前半）の建築と考えられている民家です。建物は桁行4間、梁間3間の二間取り形式の小規模な平面構成で、屋根は入母屋造の茅葺の構造です。

　近世民家の数少ない石見地方にあって、当時の一般農家建築の特徴を良く残している重要な古民家になります。

No.25 建造物
県 古門堂茶室及び厳松軒茶室
附・露地
指定年月日　昭和37年(1962)6月12日
1棟1室／所有者　蓮乗院／所在地　安来市清水町

　2つの茶室は安来市の清水寺山内の蓮乗院に所在します。古門堂茶室は松平不昧の知遇を得ていた得故庵恵教が文化年間（1804～1818年）に清水寺大門の古材を巧みに利用し建築した入母屋造茅葺建物です。内部の本席、水屋、台所の3室の交点に配された太い丸柱は三方から缺き取られ、3室を照らす行灯とされており非常に特徴的で独特のものです。三重塔を望む厳松軒茶室、岩山の崖地を利用した露地と併せて、他には見られない優れた景観を構成している山陰を代表する茶室になります。

No.26 建造物
県 須佐神社本殿
指定年月日　昭和41年(1966)5月31日
1棟／所有者　須佐神社／所在地　出雲市佐田町

　須佐川の辺に建つ延喜式所載の神社です。本殿は文久元年(1861)に建てられ、切妻造、妻入り栃葺の大社造りで、正面（梁行）、側面（桁行）とも2間です。四方に縁を廻らし、千木、勝男木、大棟（鬼板）をもちます。内部の床は畳敷きで、神座の間の床は、外陣床より2段高くするなど江戸時代後期の大社造本殿の典型的な構造です。高さ10.7メートル、梁行4.7メートル、桁行4.85メートルで、出雲大社、神魂神社に次ぐ規模を持ち、大社造の模式的なものです。

No.27 建造物
県 物部神社本殿
指定年月日　昭和45年(1970)10月27日
1棟／所有者　物部神社／所在地　大田市川合町

　八百山を背に東向きに建ち、本殿、弊殿、拝殿からなります。本殿は安政3年(1856)に建てられ、正面3間、背面2間、側面2間の身舎の前に、正面3間、側面1間の前室があり、周囲に縁を廻らしています。屋根形状に特徴があり、切妻造、妻入りの身舎屋根に片流れの庇屋根を加えた形態で、深い軒を支えるために隅木を入れ、大屋根と庇屋根を一体に造っています。屋根は銅板葺きで、建物の床は高く、本殿の高さは16.3メートルと、出雲大社に次ぐ規模です。出雲地域に多い神社建築の影響を受けています。

No.28 建造物
県 真名井神社本殿
指定年月日　昭和49年(1974)12月27日
1棟／所有者　真名井神社／所在地　松江市山代町

　古代に出雲国府が置かれた意宇平野の北側、茶臼山南西麓に鎮座する式内社で、中世以降、近世末まで伊弉諾社と呼称されていました。本殿は寛永2年(1662)に建てられ、切妻造、妻入り檜皮葺の大社造りで、正面（梁行）が側面（桁行）に比べわずかに短くなっています。宇豆柱が隅柱を結んだ線より著しく張り出しているのが特徴です。桁や垂木、床下柱の一部に彩色が施されています。建物内部の木部は彩色され、向かう龍や牡丹、唐草が描かれ、板壁の一部には壁画があります。

No.29 建造物
県 富田八幡宮社殿
とだ

指定年月日 昭和50年(1975)8月12日
3棟／所有者 富田八幡宮／所在地 安来市広瀬町

　寛政2年(1790)の大火後、広瀬藩が用材と職人を大阪に求めて造営しました。本殿は流造、檜皮葺です。正面3間、側面2間の身舎に前面1間通りを吹放しの板張りの庇の間としています。軒回り、妻飾りには彫刻を多用し、内陣を極彩色で仕上げた華麗な本殿です。県下の流造社殿のなかでも特に優れており、大阪在住の職人の手による神社建築として近世後期の大工技術を知る上でも貴重です。

No.30 建造物
県 城上神社拝殿
きがみ

指定年月日 昭和52年(1977)5月4日
1棟／所有者 城上神社／所在地 大田市大森町

　城上神社は世界遺産大森銀山地区に位置しています。拝殿は非常に大規模な二重の瓦葺建物です。下層は正面を四方流造平入、背面を入母屋造妻入、上層は入母屋造平入としています。下層の正面向拝は軒唐破風を付け、その上に千鳥破風を重ねています。内部は前後に二分し、前方を拝殿、後方を幣殿・神楽殿・直会殿とする珍しい平面構成となっています。大森銀山地区で突出した規模と独特の形式を持つ当地区を代表する神社建築です。

No.31 建造物
県 金屋子神社社殿
かなやご

指定年月日 昭和59年(1984)5月4日
3棟／所有者 金屋子神社／所在地 安来市広瀬町

　たたら製鉄の守護神「金屋子神」を祀る古社で、製鉄業者の寄進により造営・修繕が重ねられてきました。本殿は切妻造妻入で、正面、側面2間の大社造、銅板葺です。拝殿は入母屋造銅板葺で、正面に唐破風付向拝を付けています。妻飾りや欄間のほか、向拝回りに彫刻を多用し壮麗な社殿に仕上げています。地元の大工と彫物師の手による装飾・意匠のすぐれた神社建築です。

No.32 建造物
県 藤間家住宅　主屋（1棟）／勅使門（1棟）
とうま

附・絵図面11枚・棟札1枚・短冊1枚・本営立札箱付1枚

指定年月日 昭和62年(1987)8月18日
2棟／所有者 個人／所在地 出雲市大社町

　藤間家は松江藩御用を勤める廻船問屋として繁栄しました。松江・浜田藩の本陣宿を勤め、明治維新の黎明期には勅使の本営ともなっています。主屋は木造切妻造、本瓦葺塗屋造です。材は太くて大きいものが用いられており、広い土間には径73㌢の大梁を架け径53㌢の巨大な大黒柱で支えています。江戸時代中期の代表的な大型民家建築です。勅使門は唐破風二脚門、杮葺で棟石に来待石を用いています。明治維新の記念物としても貴重です。

No.33 建造物

県 永明寺（ようめいじ） 附・棟札2枚

指定年月日　平成5年(1993)12月28日
3棟／所有者　永明寺／所在地　津和野町後田

　津和野歴代城主の菩提寺でもあった曹洞宗の古刹です。本堂は木造平屋建、寄棟造です。桁行22.09㍍、梁間16.1㍍の中国地方では数少ない壮大な規模をもつ茅葺（かやぶき）の建造物です。本堂に施された彫刻、襖絵・板戸絵は地元を代表する美術工芸家の手によるものです。庫裏（くり）は壮大な内部空間を有し、鐘楼は軽快で美しい建築となっています。特色ある建築様式と江戸時代の津和野の文化をうかがうことができる貴重な建造物です。

No.34 建造物

県 櫻井家住宅（さくらいけ）
主屋後座敷間廊下(1棟)／茶亭(1棟)／前座敷(廊下を含む)(1棟)
一丈庵(1棟)／土蔵(4棟)／物置(2棟)／作業場(1棟)／便所(1棟)
塀(1か所延34.05m)／鎮守神社／敷地(5,610.77㎡)
附・家相図1枚

指定年月日　平成9年(1997)12月26日
所有者　個人／所在地　奥出雲町上阿井

　櫻井家（屋号：可部屋）は松江藩鉄師頭取を務めていた家で、藩主の御成りも度々おこなわれ、庭園の小瀑布は七代藩主松平治郷（不昧）（はるさと・ふまい）によって「岩浪」と名付けられています。この庭園に建つ茶亭「菊掬亭」（きくそうてい）は南画家の田能村直入の作で、離れ座敷「一丈庵」も直入の命名による。このほか鎮守社（江戸中期）、土蔵4棟（明治以降）、前座敷（昭和15年(1940)）など各時代のすぐれた建築が残されています。

No.35 建造物

県 内神社（うちじんじゃ）（高野宮）本殿 附・棟札13枚

指定年月日　平成16年(2004)4月16日
1棟／所有者　内神社／所在地　松江市大垣町

　島根半島のほぼ中央、宍道湖を望む本宮山（ほんぐうざん）の南麓に境内を構えています。内神社は『出雲国風土記』に記載された古社としても知られています。本殿は切妻造（きりづまづくり）、妻入の大社造です。正面2間、側面2間、棟までの高さ10.2㍍の雄大な規模を誇ります。屋根は栗栃（とち）で、柱そのほかの材料は彫刻を用いない素木（しらき）です。造営修繕の沿革を伝える棟札も残されています。大社造本殿を良く現し大型の規模をもつ貴重な神社建築です。

No.36 建造物

県 医光寺総門

指定年月日 昭和34年(1959)9月1日
1棟／所有者 医光寺／所在地 益田市染羽町

医光寺の総門は、中世石見の領主益田氏が拠点とした七尾城の大手門を、関ヶ原の戦いの後に現在地に移されたものと伝えられています。
門は高麗門（きりづまづくり）の形式になり、屋根は切妻造で中央が一段高い段違いになっています。構造・意匠ともに簡潔ですが、本柱・冠木ともに太く、豪壮な威容を誇っており、戦国末期の高麗門の姿を現在に伝えています。

No.37 建造物

県 福王寺石造十三重塔

指定年月日 昭和38年(1967)7月2日
1基／所有者 福王寺／所在地 益田市中須町

この石塔は、もと安福寺（現萬福寺）のあった寺屋敷地内から江戸時代に発見されました。安福寺は万寿3年(1026)の津波によって破壊され、移転されたことをふまえると、石塔はそれ以前の制作と考えられ、県内の石造美術の中では最古のものと考えられています。塔身の周囲には千手観音などの梵字1字ずつを刻んでいます。

No.38 建造物

県 鉄塔　附・経堂1

指定年月日 昭和39年(1964)5月6日
1基／所有者 八幡宮／所在地 大田市大田町

大田南八幡宮境内にあるこの鉄塔は、16世紀から19世紀にかけて経筒などが奉納されました。内部には経筒、銅板納札、経石、懸仏、泥塔、銭貨が納められており、いずれも県指定文化財となっています。一連の文化財から、南八幡宮が石見の霊場として全国的な位置を確保していたことが分かります。

No.39 建造物

県 清水寺三重塔　附・工作図板1面

指定年月日 昭和41年(1966)5月31日
1棟／所有者 清水寺／所在地 安来市清水町

清水寺境内に所在する三重塔は、土地の大工が三代にわたって手がけ、33年の年月を費やして安政6年(1859)に完成したとされています。江戸末期の手法によっていますが、軒の勾配や三手先（みてさき）、枡組（ますぐみ）など各所に独創的な手法も見られます。年代的に古いとはいえませんが、山陰に現存する唯一の木造多塔として貴重です。

No.40 建造物

県 北島国造家四脚門

指定年月日 昭和43(1968)6月7日
1棟／所有者 出雲教／所在地 出雲市大社町

この門は、もともと母屋その他の附属建物とともに、同家の元屋敷（現在の出雲大社本殿の背後の地）にあったものを、大社の寛文度の造営遷宮に際して現在地に遷したものとされています。現存する門は、木鼻の形態など多くは江戸期の手法によっていますが、蟇股（かえるまた）や控柱（ひかえばしら）の面取りの具合に、なお中世の様式を見ることができます。

No.41 建造物

県 興雲閣

指定年月日 昭和44年(1969)2月18日
1棟／所有者 松江市／所在地 松江市殿町

明治36年(1903)、松江市が工芸品陳列所の名目で建設した洋風建築です。その後、皇太子（のちの大正天皇）の山陰行啓には宿舎として使用され、以降は展覧会場や松江市教育委員会事務所、松江郷土館として平成23年(2011)まで使用されました。平成27年(2015)には、保存修理工事を終え一般公開されています。

No.42 建造物
県 明々庵　本席・水屋・鎖の間
附・掛額1面　・待合掛版1面　・板木1面　・雲版1面
　・撞木2本　・水屋瓶2口　・釜1口　・書1幅

指定年月日　昭和44年(1969)5月23日
1棟／所有者　松江市／所在地　松江市北堀町

　松江松平藩7代藩主の松平治郷（不昧）が、自らの好みによって城下殿町の家老有澤弌善の邸内につくらせた庵です。明治時代以降、所有者が変わるたびに移築され、昭和41年(1966)から現在地に所在しています。不昧流と呼ばれる茶を創出した、治郷独自の境地が示された貴重な茶室です。

No.43 建造物
県 旧周吉外三郡役所庁舎
指定年月日　昭和45年(1970)10月27日
1棟／所有者　隠岐の島町／所在地　隠岐の島町郡

　明治18年(1885)、隠岐四郡町村連合会によって周吉外三郡役所として建設されました。その後、郡役所から隠岐島庁となり、大正15年(1926)から島根県隠岐支庁となりました。昭和43年(1968)に新支庁舎が建設され、役所としての役目を終えました。現在は隠岐郷土館として活用されています。

No.44 建造物
県 旧津和野藩家老多胡家表門
表門（1棟）／番所（2棟）／土塀（延長35.4m）

指定年月日　昭和52年(1977)5月4日
所有者　津和野町／所在地　津和野町後田

　多胡家は、津和野藩主亀井家で家老職をつとめた家柄で、かつて城下殿町の一角に広大な屋敷を構えていました。屋敷地は昭和期の道路建設によって分断され、当時の面影はこの表門周辺にとどめるのみです。今日残る表門は、津和野城下全域が見舞われた嘉永の大火（1853年）の後に再建されたものです。

No.45 建造物
県 高真院（松平直政）廟門
指定年月日　昭和53年(1978)6月23日
1棟／所有者　月照寺／所在地　松江市外中原町

　松江市外中原町の月照寺境内にある、松江松平初代藩主松平直政墓所の廟門です。薬医門形式で、2本の本柱と背後の2本の控柱からなり、切妻造の屋根の正面と背面には軒唐破風が付き、側面から見ると、棟が本柱より前に位置します。三代藩主綱近の建立と考えられる江戸時代前期の延宝7年(1679)の建物です。

No.46 建造物
県 大円庵（松平治郷）廟門
指定年月日　昭和53年(1978)6月23日
1棟／所有者　月照寺／所在地　松江市外中原町

　松江市外中原町の月照寺境内にある、松江松平第7代藩主松平治郷（不昧）墓所の廟門です。唐破風造の破風を、正面と背面に見せる向唐門形式で、2本の本柱と2本の控柱からなります。
　建造年代は、記録がないためはっきりしませんが、他の藩主の廟門建造の事例から、文政2年(1819)頃と考えられています。

No.47 建造物
県 柿本神社本殿
指定年月日　昭和57年(1982)6月18日
1棟／所有者　柿本神社／所在地　益田市高津町

　万葉歌人で歌聖と称えられた柿本人麻呂を祭神とする神社で、現在の本殿は、正徳2年(1712)に津和野藩主亀井茲親により造替されたものです。正面三間、側面三間の入母屋造妻入りで、正面に唐破風造の向拝が付く本殿は、岡山県津山市一帯に見られる神社本殿様式の中山造に共通し、県内では珍しい建築様式の建物です。

No.48 建造物

県 木谷(きたに)石塔　附・埋納甕及び甕内遺物1括・石塔収納孔中遺物1括・石造供物台1基

指定年月日　平成2年(1990)5月23日
1基／所有者　木谷組中／所在地　川本町川下

　　邑智郡川本町に所在する石造八重塔で、元々は九重塔でした。総高270㌢で、基壇下には甕(かめ)が埋納され、また初層の笠部分には収納孔があり、それぞれに経石など多くの遺物が納められていました。
　　石塔に刻まれた銘文から、南北朝期の延文3年(1358)の建立で、県内でも数少ない中世期の多層塔です。

No.49 建造物

県 三渡(みわたり)八幡宮本殿　附・棟梁之記(松材)1枚

指定年月日　平成7年(1995)10月27日
1棟／所有者　八幡宮(三渡八幡宮)／所在地　津和野町池村

　　棟札等によれば、永享元年(1429)の造営が最も古い記録としてありますが、今日残る社殿は寛保元年(1743)のものです。神社本殿としては比較的小規模ですが、全体に均整のとれた本格的な社寺建築の工法によって造られています。手の込んだ彫刻や、派手な彩色はレベルが高く、江戸時代中期の優れた神社建築です。

No.50 建造物

県 並河(なびかけ)家住宅　主屋(1棟)／土蔵(3棟)
宅地(2,221.38㎡)正面東土塀20.7㎡、井戸3か所、灯籠8基を含む
附・家相図1枚・算用帳1冊・主屋棟札1枚
・主屋祈祷札1枚・土蔵祈祷札1枚・土蔵棟札1枚

指定年月日　平成9年(1997)3月28日
所有者　㈲並河不動産／所在地　安来市安来町

　　並河家は、元禄年間(1688〜1701)にはすでに現在地に居を構え、酒造業を営んでいました。安来地方屈指の商家となった同家は、松江藩の主要な宿駅であった安来町において、本陣宿としての役割も担いました。現在の主屋は、天明3年(1783)に建築されたものです。安来地方だけでなく、広く山陰地方の上層商人の商家としても優れた建物です。

No.51 建造物

県 旧大社駅　鉄道施設(1構え)
附・備品調度品一式　旧鉄道敷地(14,671㎡)

指定年月日　平成9年(1997)3月28日
所有者　出雲市／所在地　出雲市大社町

　　大社駅は、明治45年(1912)に大社線の終着駅として開業しました。本物件は、その鉄道施設ひと構えおよび旧鉄道敷地を対象とするもので、プラットホームやレール、車輌止め、団体改札口などが含まれます。なお、大正13年(1924)に建設された駅舎は、平成16年(2004)に重要文化財に指定されています。

No.52 建造物

県 恵比須(えびす)神社　本殿(1棟)／拝殿(1棟)
附・棟札3枚・古材2個

指定年月日　平成14年(2002)5月14日
所有者　龍御前神社／所在地　大田市温泉津町

　　沖泊(おきどまり)港の埠頭から東へ100㍍ほどの北斜面に所在しています。当社の由緒として、大永6年(1526)に小祠が創建されたと言われており、また建築的な特徴から見ても、16世紀前期から中期頃の建築と考えられています。これは博多の豪商神谷寿禎(かみやじゅてい)が石見銀山の開発を始めた時期と一致しており、石見銀山の歴史を考える上で重要です。

No.53 建造物

県 出雲大社境外(けいがい)社
神魂伊能知奴志神社本殿(1棟)／大穴持御子玉江神社本殿(1棟)
大穴持御子神社本殿(1棟)／上宮本殿(1棟)／上宮拝殿(1棟)
出雲井神社本殿(1棟)

指定年月日　平成22年(2010)4月16日
所有者　出雲大社／所在地　出雲市大社町

　　神魂伊能知奴志(かみむすびいのちぬしのかみのやしろ)神社、大穴持御子玉江(おおなもちみこのたまえのかみのやしろ)神社、大穴持御子(おおなもちみこのかみのやしろ)神社、上宮(かみのみや)、出雲井(いずもいのかみのやしろ)神社の5社6棟が指定されています。出雲大社や周辺地域にとって重要な神事が継承されているこれらの社は、『出雲国風土記』などの文献史料に記載があるうえ、建築史学的には出雲地方に多く分布している社殿形式の大社造りの変遷を考えるうえでも重要です。

No.54 絵画
重文 絹本著色二河白道図
（けんぽんちゃくしょくにがびゃくどう）

指定年月日　明治37年(1904)2月18日
1幅／所有者　萬福寺／所在地　益田市東町

仏を信じれば極楽へ往生できるという教えを分かりやすく表した絵画

　縦110.4㌢、横42.0㌢の二河白道図です。二河白道図とは、浄土教の仏画で、唐の僧善導（ぜんどう）が説いた説話をあらわしたもので、極楽信仰の一念に徹するとき、二河すなわち水の河と火の河にかかる白道を経て彼岸の浄土に導かれるというものです。二河は貪欲と怒りを象徴していると言われています。

　二河白道図は、通例、画面上部に極楽浄土、下部に歓楽や苦悩の娑婆（しゃば）世界をあらわしていますが、本図は、この上下の表現が省略されていて、珍しいものです。

　上部には、画面左に来迎印（らいごういん）を結ぶ阿弥陀如来立像と、右に施無畏（せむい）・与願印（よがんいん）を結ぶ釈迦如来坐像が描かれています。白道上には宋風の俗体女人が合掌して阿弥陀を仰ぎながら進んで行きます。火の河の火焔（かえん）は蓮池（れんち）で表されています。この仏画を見たものは、合掌する女性を自分に置き換えて、善導の説いた説話を理解したのでしょう。

No.55 絵画
重文 絹本著色聖観音像
（けんぽんちゃくしょくしょうかんのん）

指定年月日　明治43年(1910)4月20日
1幅／所有者　峯寺／所在地　京都国立博物館寄託

装飾的技法の粋を尽くした、絢爛豪華な平安仏画

　縦102.9㌢、横57.5㌢。観音菩薩が七重蓮台に結跏趺坐（けっかふざ）し、左手に未敷（みふ）蓮華（れんげ）を持ち、右手を優しく花に添えています。観音の被る宝冠の一部が剥落していて、観音の象徴である化仏（けぶつ）が認められませんが、像の姿から観音菩薩と考えられます。

　観音の肉身は、白と朱暈（しゅぼかし）を施し、輪郭は朱線で描きます。また、条帛、天衣、裳、蓮台に施されている繧繝彩色（うんげん）や截金（きりかね）文様は、藤原時代の仏画の華やかさをよく表しています。他にも、光背は菱形の金箔で葉を表し、髪の毛のように細い銀箔で菊花文を配しています。観音の装身具は金銀の切箔で、衣は朱、緑青、白緑、群青、黄土で彩色し、膝には銀泥で照暈（てりぐま）を表し、衣の文様は七宝文、田字石畳文、寄合花文、三本格子に菱形文、立桶文（たてわくもん）など繊細な截金で施されています。さらに蓮台の蓮弁や反花（かえりばな）にも繧繝彩色を施して装飾的技法の粋を尽くしています。

No.56 絵画
重文 絹本著色一字金輪曼荼羅図
指定年月日　明治43年(1910)4月20日
1幅／所有者　鰐淵寺／所在地　出雲市別所町

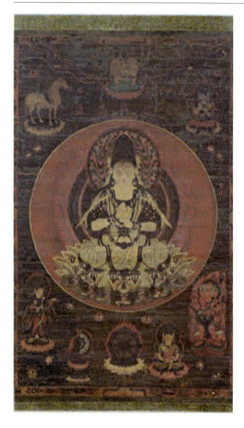

日輪の中に描かれた金剛界の大日如来像の華麗な姿。

　縦73.4㌢、横45.2㌢。ボロンという真言を神格化したものを一字金輪仏頂と呼びます。金輪には釈迦金輪と大日金輪の二種類があり、本図は大日金輪です。中央の大円相の中に五智宝冠を戴き、智拳印を結び、七頭の獅子の背に乗る白蓮華座に坐す大日金輪を描き、円相の周囲に転輪聖王（理想的な王）の七つの宝と言われる輪宝、珠宝、女宝、馬宝、象宝、主蔵宝、主兵宝と仏眼尊を配しています。

　大日金輪は繧繝彩色の蕨手文の頭光をつけ、光背のまわりを火焔で包み、淡紅色の暈をつけた肉身は朱線で輪郭がとられ、大円相は截金をひいています。大日金輪の着衣には、銀泥で細かい文様（亀甲文・田字石畳文・矢筈文・珠文・小花文等）を描き込んだ華麗な仏画です。藤原時代の仏画の雰囲気は残していますが、実際の制作は鎌倉時代に入っていると考えられます。残念なことに平成17年(2005)に盗難に遭い、以来不明です。

No.57 絵画
重文 板絵著色神像
指定年月日　昭和34年(1959)12月18日
3面／所有者　八重垣神社／所在地　松江市佐草町

スサノヲとその妻イナタヒメを描いた板絵。

　この板絵は、もと本殿内の御神体を囲む三方の板壁に描かれたものです。(1)アマテラスとイチキシマヒメ（縦173.5㌢、横128.0㌢）、(2)アシナヅチとテナヅチ（縦173.5㌢、横177.0㌢）、(3)スサノヲとイナタヒメ（縦174.0㌢、横149.0㌢）をそれぞれ描いたものと言われています。

　(2)の板絵を年輪年代法で調査したところ、最も新しい1枚の年代が1262年で、他の板絵も同じ木からとられているので、すべて鎌倉時代の建築材を用いていることが分かります。本殿は応永元年(1394)、天文11年(1542)、天正13年(1585)に造替されたことが分かっています。現在の板絵はその作風から天正時に制作されたと考えられますが、鎌倉時代に既に描かれていた板絵が天正時に補修された可能性もあります。

No.58 絵画

重文 絹本著色三光国師像（賛アリ）

指定年月日　明治37年(1904)2月18日
1幅／所有者　雲樹寺／所在地　安来市清井町

　縦126.7㌢、横60.9㌢。曲彔に座る三光国師すなわち雲樹寺の開山孤峰覚明（1271～1361）を描いたものです。孤峰覚明は、比叡山で天台を学び、臨済宗法燈派の祖である法燈国師のもとで禅を学びます。応長元年(1311)入元し、帰国後は雲樹寺を創建しています。南北朝動乱の時代に後醍醐天皇や後村上天皇ら南朝方の帰崇を得ています。三光国師という国師号は後村上天皇から賜ったものです。

　画面上部の賛文は、孤峰覚明の初期の高弟であった古剣智訥（？～1382）が、正平25年(1370)に書したものです。画像もほぼ同じ頃に描かれたものと考えられています。画面に損傷が目立ちますが、鋭い両目や固く閉じられた口など、三光国師の厳しさが伝わってきます。

No.59 絵画

重文 絹本著色山王本地仏像

指定年月日　明治37年(1904)2月18日
1幅／所有者　鰐淵寺／所在地　出雲市別所町

　最澄が比叡山に一宗をたてるにおよんで大比叡神を日吉大神宮、小比叡神を二宮神として一山の鎮守と伽藍の守護神としました。それが山王権現です。のちに山王二十一社が成立します。この山王本地仏像は山王二十一社の本地仏と祭神を描いたものです。

　画面中央が大宮、その向かって右上から十禅師、客人、二宮、向かって左上から三宮、八王子、聖真子の上七社の神を描きます。

　さらに画面上下の十四の円相は、中七社と下七社の本地仏を種子で書いたものです。画面の樹木は大和絵風に描いています。制作は室町時代と考えられます。残念なことに平成17年(2005)に盗難に遭い、以来不明です。

No.60 絵画

重文 絹本著色毛利元就像

指定年月日　明治43年(1910)4月20日
1幅／所有者　鰐淵寺／所在地　島根県立古代出雲歴史博物館寄託

　縦120.0㌢、横38.0㌢。侍烏帽子をかぶり一文字に三ツ星の毛利家の家紋をつけた大紋を着用し、右手に扇を握り、左脇に太刀を置き、床座に座る白髪の毛利元就（1497～1571）を描いています。

　元就は、戦国時代安芸国高田郡郡山の武将です。石見に侵入し、尼子を駆逐し、石見を平定した直後の永禄5年(1562)に出雲西部に侵入しました。その際に支援したのが鰐淵寺和多坊の栄藝でした。

　元就は永禄9年(1566)引き上げる際に本像を栄藝に贈り、栄藝は元亀2年(1571)の元就の死後、鰐淵寺内に元就の菩提を弔う日頼院を営み、本像を安置したと伝えます。

No.61 絵画

重文 板絵著色神馬図
狩野秀頼筆
永禄十二年八月奉納の記がある

指定年月日　昭和52年(1977)6月11日
2面／所有者　賀茂神社／所在地　島根県立古代出雲歴史博物館寄託

各縦60.0㌢、横71.5㌢。それぞれに連銭芦毛馬と黒毛馬を描く2面の絵馬です。連銭芦毛馬は、両前足を地面につけ、両後ろ足を空中に蹴り上げています。黒毛馬は、前足を跳ね上げたかたちに描いています。

両面に記された墨書銘によると、筆者は狩野秀頼で、永禄12年(1569)に髙橋就光が寄進したことが分かります。秀頼は当時の狩野派を代表する画家です。高橋氏は、賀茂神社のある邑南町阿須那を含む石見東南部と安芸高田郡北部地域を領域としていた国人です。高橋氏は享禄2年(1529)に毛利・大内連合軍に攻められ滅亡していますが、就光は毛利家の家臣としてその名跡を継いだのでしょう。

No.62 絵画

重文 紙本著色益田兼堯像
雪舟ノ印アリ
文明十一年十一月十五日周鼎賛

指定年月日　昭和9年(1934)1月30日
1幅／所有者　益田市／所在地　益田市立雪舟の郷記念館

縦82.8㌢、横40.9㌢。烏帽子を被り、大紋を着て、右手に扇子を持ち、左に腰刀を差し、武家の正装姿で座る益田兼堯（？〜1485）の肖像画です。兼堯は、益田家15代当主で、応仁の乱では大内政弘に従って西軍に属しました。

兼堯は雪舟と親交があったといわれ、本像も雪舟の落款等はありませんが、その作風から研究者の間では雪舟作とされています。

画面上部には、石見東光寺の僧竹心周鼎の文明11年(1479)の賛があり、兼堯の生前に描かれたことが分かります。

No.63 絵画

重文 絹本著色益田元祥像
狩野松栄筆
如天玄勳の賛がある

指定年月日　平成元年(1989)6月12日
1幅／所有者　島根県／所在地　島根県立石見美術館

縦108.4㌢、横51.7㌢。腹巻を着用し、龍の前立の阿古陀形星兜を被り、馬に乗る益田家第20代当主である益田元祥（1558〜1640）を描いた肖像画です。益田家は石見国益田を本拠として、毛利家と同盟を結んでいました。元祥は永禄11年(1569)毛利元就から元の字を与えられ、元服して元祥を名乗っています。

画面上部に山口洞春寺の住職如天玄勳の手になる賛が記されています。賛が記されたのは、元祥の死後のことです。

「直信」印が押されていることから、本図は狩野松栄が描いたことが分かります。松栄の事跡などから、晩年の作と考えられ、元祥が30歳前後の血気盛んな頃に描かれたものです。

（県立石見美術館提供）

No.64 絵画
県 紙本墨画大応国師図 白隠筆
指定年月日 昭和38年(1963)7月2日
1幅／所有者 天倫寺／所在地 松江市堂形町

縦132.9センチ、横58.5センチ。大応国師は、鎌倉時代の臨済宗大応寺派の僧です。駿河国の生まれで、中国（宋）に渡って修行し、のちに建長寺の十三世となりました。作者は白隠慧鶴（1686～1769）です。白隠は臨済宗妙心寺派の僧で、駿河国の生まれで、34歳で妙心寺の第一座に転位しました。日本臨済禅中興の祖と呼ばれています。画面に書かれた讚により、白隠81歳の作であることが分かります。

No.65 絵画
県 絹本著色十六羅漢像図
指定年月日 昭和47年(1972)3月31日
16幅／所有者 永明寺／所在地 津和野町後田

縦87.2～91.0センチ、横42.2～42.6センチ。人物を肥痩のない線で細密に描き、背景を水墨画風に描く彩色画で、いわゆる李竜眠様といわれる十六羅漢像です。16幅揃っています。李竜眠は、11世紀末から12世紀初頭の宋の人で、室町時代の日本において羅漢図の名手とされています。本作を納める箱に由来が書かれていて、本作はもと常陸国金竜寺にあり、のち石見国霊光寺に移されたようです。永明寺へ移された時期は不明です。室町時代の制作と考えられます。

No.66 絵画
県 紙本金地著色舞楽図
指定年月日 昭和47年(1972)3月31日
6曲1双／所有者 出雲大社／所在地 出雲市大社町

各縦163.5センチ、各横365.2センチ。宮廷や神社などで行われる舞楽を24種描いています。これらの舞いが同時に演じられることはありませんが、舞の場面集になっています。画面に著名と印があり、落合利兵衛の作であることが分かります。落合利兵衛は、松江の狩野派の絵師で、狩野安信の弟子といわれています。旧箱蓋表に貼り付けられた紙に寛文7年(1667)と記され、寛文度の遷宮に際して制作されたものと思われます。

No.67 絵画
県 絹本著色不動明王二童子像
指定年月日 昭和47年(1972)7月28日
1幅／所有者 峯寺／所在地 雲南市三刀屋町

各縦85.1センチ、横38.6センチ。中央に不動明王、右下に矜羯羅童子、左下に制叱迦童子を配し、それぞれ岩座に立っています。不動明王は右手に剣、左手に羂索を執り、両目は見開き、二牙は上下に唇を噛んでいます。また頭上には蓮華を置き、左に辮髪を垂らし、身は火焔に包まれます。矜羯羅童子は右手に蓮華、左手に独鈷杵を執り、制叱迦童子は右手に金剛棒、左手は肩の高さに掲げています。彼らの下方には波濤が描かれています。鎌倉時代の制作と考えられます。

No.68 絵画
県 紙本墨画著色書院障壁画
指定年月日　昭和47年(1972)7月28日
22面／所有者　一畑寺／所在地　出雲市小境町

　一畑寺の書院大襖22枚に描かれた障壁画です。内訳は、楼閣山水図が8面、琴棋書画図が10面、芦雁図が4面となります。何面かの襖に「文化乙亥」「此君衡山」などの文字が見え、此君衡山が文化12年(1815)に制作したことが分かります。此君衡山（竹内栄甫）は松江雑賀の人です。父は竹内春山という画家で狩野栄川院の門人、祖父は竹内甫記で狩野隋川の門人です。代々狩野派の画家でした。

No.69 絵画
県 紙本著色勅使代参向図
指定年月日　昭和47年(1972)7月28日
5幅、1面／所有者　六所神社／所在地　島根県立古代出雲歴史博物館寄託

　六所神社に伝わる勅使代参向図です。祭礼図2幅、参向図1幅、内裏図1幅、雅楽図1幅、そして祭礼図2幅をまとめた横長の作品が1面あります。たとえば、祭礼図の1面には、中央に勅使の乗る輿があり、それを取り囲むように騎馬武者をはじめとする多くの人物を描いています。もう1面の祭礼図には、勅使に先立つ先頭を描いていて、狩衣を着た神人が手にそれぞれ鉾や錦旗などを持ち歩いています。江戸時代の制作です。

No.70 絵画
県 絹本著色十二天像
指定年月日　昭和49年(1974)12月27日
12幅／所有者　峯寺／所在地　雲南市三刀屋町

　各縦83.8センチ、横41.5センチ。十二天とは、密教における方位の神で、八方と上下に日月を加えたものです。詳しくは、東方帝釈天、東南方火天、南方焔魔天、西南方羅刹天、西方水天、西北方風天、北方毘沙門天、東北方伊舎那天、上方梵天、下方地天、そして日天、月天です。本十二天像は東寺所蔵の国宝十二天屏風に近く、同じような作品を基に作られたことが想像できます。制作期は室町時代ですが、十二天とも残っているのは貴重です。

No.71 絵画
県 絹本著色真言八祖像
指定年月日　昭和49年(1974)12月27日
8幅／所有者　峯寺／所在地　雲南市三刀屋町

　各縦85.5センチ、横39.2センチ。真言八祖像とは、インドで生まれた真言密教が、中国を経由して、弘法大師すなわち空海に伝わるまでの祖師たちのことです。具体的には、龍猛菩薩、龍智菩薩、金剛智三蔵、不空三蔵、善無畏三蔵、一行禅師、恵果阿闍梨、弘法大師です。金剛智三蔵は肉身を黒にしていますが、それ以外は白で表しています。制作は室町時代と考えられますが、この時代の真言八祖が揃っているのは県内には他にありません。

No.72 絵画
県 絹本著色尼子経久像（けんぼんちゃくしょくあまごつねひさ）

指定年月日　昭和52年(1977)5月4日
1幅／所有者　洞光寺／所在地　島根県立古代出雲歴史博物館寄託

縦90.7㌢、横38.7㌢。衣冠束帯に威儀を正した尼子経久の肖像画です。画面上部に大徳寺第40世春浦宗熙の賛に延徳2年(1490)の年紀が記されています。それを制作年とすると、経久33歳頃の像と思われます。

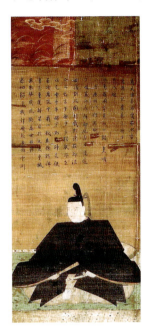

経久はそのころ出雲において勢力を拡大しつつある時期で、その力強い像主にふさわしく面貌は鋭く、若々しい姿となっています。賛の上には色紙形が描かれ、右には雲とススキ、左には雲と萩が金泥で描かれています。

No.73 絵画
県 絹本著色釈迦十六善神像（けんぼんちゃくしょく）

指定年月日　昭和53年(1978)5月19日
1幅／所有者　泉光寺／所在地　益田市三宅町

縦114.9㌢、横59.7㌢。十六善神とは四天王と十二神将をあわせた般若経を守る護法善神のことです。中央に釈迦、文殊、普賢の三尊を描き、左右には十六善神を配しています。釈迦の手前には、笈を背負う玄奘

三蔵の他、法涌菩薩、常啼菩薩、深紗大将をそれぞれ配しています。かつては軸裏に墨書があり（近年の修復後は切り取り貼り付けてある。）、それによるとかつては染羽天石勝神社の別当寺で、現在廃寺となった勝達寺の什宝であったことが分かります。

No.74 絵画
県 絹本著色両界曼荼羅図（ちゃくしょくまんだら）

指定年月日　昭和54年(1979)8月24日
2幅／所有者　迎接寺／所在地　島根県立古代出雲歴史博物館寄託

島根県では数少ない、中世に遡る本格的な両界曼荼羅です。大きさは、それぞれ縦190㌢、横171㌢程度。旧表装の裏に書かれた墨書銘などにより大永4年(1524)、尼子経久の重臣であった亀井秀綱により、松江の平浜八幡宮に寄進され、その別当寺である宝光寺で保管されたことが知られます。宝光寺の廃寺後は、同じく別当寺の1つであった迎接寺に移されました。近年修理が施された際、軸木から、本作が至徳3年(1386)に描かれたとする墨書銘が発見されました。

No.75 絵画

県 絵馬

指定年月日　昭和36年(1961)6月13日
2面／所有者　清水寺／所在地　島根県立古代出雲歴史博物館寄託

縦106.0㌢、横123.0㌢。天正20年(1592)に熱田平右衛門が清水寺に寄進した絵馬で、狩野重信の作です。平右衛門は「銀山六人衆」として銀山・温泉津の諸役の徴収を請け負った人物です。重信は狩野宗秀の門人ともいわれますが、詳しくは分かっていません。たくましい繋馬(つなぎうま)を躍動感いっぱいに描いています。

No.76 絵画

県 紙本墨画大燈国師図　白隠筆

指定年月日　昭和38年(1963)7月2日
1幅／所有者　天倫寺／所在地　松江市堂形町

縦146.0㌢、横64.0㌢。大燈国師(1282〜1338)は、鎌倉時代末期の臨済宗の僧。大応国師の弟子で、大徳寺の開山です。曲彔(きょくろく)に座り、警策をとる通例の肖像画ですが、白隠らしく、頭部を大きくデフォルメして描き、ユーモアにあふれた作品です。

No.77 絵画

県 紙本墨画関山国師図　白隠筆

指定年月日　昭和38年(1963)7月2日
1幅／所有者　天倫寺／所在地　松江市堂形町

縦146.0㌢、横64.0㌢。関山国師(1277〜1361)は、鎌倉時代末期から南北朝時代の臨済宗の僧。大応国師と大燈国師の弟子で、妙心寺の開山です。白隠晩年の傑作です。

No.78 絵画

県 紙本墨画出山釈迦図　白隠筆

指定年月日　昭和38年(1963)7月2日
1幅／所有者　天倫寺／所在地　松江市堂形町

縦127.4㌢、横53.5㌢。出山釈迦図とは、釈迦が山林での苦行を終えて、山から出てきた姿を描いたものです。骨と皮ばかりになっており、絵画や彫刻の題材となりました。本作もひげを伸ばし、肋骨をあらわにした釈迦を、白隠独特のやさしいまなざしで描いています。

No.79 絵画

県 絹本著色両界曼荼羅図

指定年月日　昭和43年(1968)6月7日
2幅／所有者　鰐淵寺／所在地　島根県立古代出雲歴史博物館寄託

各縦142.5㌢、横116.4㌢。両界曼荼羅とは、胎蔵界(たいぞうかい)曼荼羅と金剛界(こんごうかい)曼荼羅をあわせたもので、密教の教義を大日如来を中心とした諸尊の配置によって図示したものです。胎蔵界は、中央に主尊である胎蔵界大日如来を描き、金剛界は、画面中央上方に主尊である金剛界大日如来を描いています。室町時代の制作です。

No.80 絵画

県 絹本著色天台大師像

指定年月日　昭和43年(1968)6月7日
1幅／所有者　鰐淵寺／所在地　島根県立古代出雲歴史博物館寄託

縦96.4㌢、横56.5㌢。天台大師とは、天台宗の実質的な開祖である智顗(ちぎ)(538〜597)のことです。曲彔(きょくろく)に趺坐(ふざ)し、正面を向き、左手に如意を持ち、右手は曲彔に置きます。南北朝時代に描かれたものと考えられていますが、宋風の影響を強く受けた作品です。

No.81 絵画
県 絹本著色釈迦三尊十六善神像
指定年月日 昭和43年(1968)6月7日
1幅／所有者 鰐淵寺／所在地 島根県立古代出雲歴史博物館寄託

縦104.5センチ、横56.9センチ。画面上方に釈迦如来像を描き、左右に脇持像と十六善神像を描き、釈迦の前方に文殊菩薩像、普賢菩薩像、玄奘像、深沙大将像を描いています。室町時代の制作と考えられています。本図は大般若経を転読する際の本尊として使用しました。

No.82 絵画
県 絹本著色不動明王像
指定年月日 昭和43年(1968)6月7日
1幅／所有者 鰐淵寺／所在地 島根県立古代出雲歴史博物館寄託

縦128.0センチ、横56.7センチ。岩座の上に正面向きに裸形で立ち、両眼を見開き、双牙は両方とも上出し、右手に剣、左手に羂索を執る不動明王像です。この像は、智証大師円珍の感得により描かれた園城寺の黄不動(国宝)の写しです。室町時代の制作ですが、裏面に貼り付けられた墨書銘から、慶長15年(1610)に寄進されたことが分かります。

No.83 絵画
県 絹本著色文殊菩薩像
指定年月日 昭和43年(1968)6月7日
1幅／所有者 鰐淵寺／所在地 島根県立古代出雲歴史博物館寄託

縦69.9センチ、横35.0センチ。獅子の背に乗せた蓮台上に結跏趺坐する文殊菩薩像です。右手に剣、左手に経巻を持っています。文殊菩薩は智慧を司る仏とされています。頭は五髻といって、五カ所の髪を結っています。これは文殊菩薩によく見られるスタイルです。本像は全体に宋風を思わせ、南北朝時代の制作と考えられます。

No.84 絵画
県 絹本著色種子両界曼荼羅図
指定年月日 昭和43年(1968)6月7日
2幅／所有者 鰐淵寺／所在地 島根県立古代出雲歴史博物館寄託

金剛界縦73.2センチ、横57.8センチ、胎蔵界縦72.6センチ、横57.8センチ。種子両界曼荼羅図とは、種子すなわち梵字で諸尊を表現した曼荼羅のことです。金剛界の種子は、金泥で縁取りした白地円形文の中に墨書し、種子の下部に台座は描きません。胎蔵界の種子も同様ですが、種子の下部に楕円形の台座を描いています。

No.85 絵画
県 絹本著色仏涅槃図
指定年月日 昭和43年(1968)6月7日
1幅／所有者 清水寺／所在地 島根県立古代出雲歴史博物館寄託

縦162.5センチ、横113.3センチ(写真は部分)。仏涅槃とは、釈迦が入滅する様を絵画で表したものです。沙羅双樹の元に北頭西面して横臥する釈迦を大きく描きます。左上方には釈迦の母親である摩耶夫人が描かれます。室町時代の制作と考えられます。

No.86 絵画
県 老女　石橋和訓筆　油絵　麻布
指定年月日 昭和44年(1969)2月18日
1面／所有者 島根県／所在地 島根県立美術館

縦77.2センチ、横39.2センチ。老女の上半身を描いた油彩画です。右下に「K.ISHIBASHI.1919」と書かれています。石橋和訓(1876〜1928)は、現在の島根県佐田町生まれ、南画家滝和亭の弟子となり、その後イギリスに渡り、肖像画を多く残しています。キャンバスの裏の記載により、和訓が援助を受けた佐田町の家の家族を描いたことが分かります。

No.87 絵画

県 西周肖像 高橋由一筆　油絵　麻布

指定年月日　昭和44年(1969)2月18日
1面／所有者　津和野町／所在地　津和野町森村

縦115.0㌢、横80.0㌢。晩年の西周(1829～1897)が勅任官の大礼服姿で、右手に礼帽を持ち、左手に儀礼刀をいだき、首に勲三等旭日桐花章をかけた姿を描いています。西周は、津和野出身の啓蒙思想家です。日本洋画の草分けである高橋由一(1828～1894)が明治26年(1893)に描いた作品です。

No.88 絵画

県 書院襖絵
紙本墨画楼閣山水図(8面)／紙本墨画山水図(12面)
紙本墨画淡彩仕女図(4面)／紙本墨画淡彩芦雁図(8面)

指定年月日　昭和47年(1972)3月31日
32面／所有者　萬福寺／所在地　益田市東町

襖絵の構成は、襖の両面に描かれたもの24面、片面だけに描かれたもの8面で、面数の合計は32面、襖の枚数は全部で20面あります。各室の画題は、一の間が楼閣山水8面、二の間が山水図12面、三の間が仕女図4面、控えの間が芦雁図8面となっています。雪舟の流れを汲む雲谷派の画家による江戸時代の作品です。

No.89 絵画

県 絹本著色阿弥陀三尊像

指定年月日　昭和47年(1972)7月28日
1幅／所有者　一畑寺／所在地　出雲市小境町

縦91.2㌢、横52.2㌢。高麗時代(918～1392)の朝鮮半島で制作された仏画で、一般的に高麗仏画と呼ばれています。画面中央に阿弥陀如来、向かって右に観音菩薩、左に勢至菩薩を配し、三尊共に斜め右を向き踏割蓮華に立ちます。両脇侍に対して中尊がかなり大きく、高麗時代も末頃の制作と考えられています。

No.90 絵画

県 紙本墨画淡彩大麻山縁起

指定年月日　昭和47年(1972)7月28日
1巻／所有者　大麻山神社／所在地　浜田市三隅町

縦32.5㌢、横387.7㌢。廃寺となった大麻山神社の別当寺である尊勝寺を含む、16世紀末の大麻山の全容を描いた絵巻です。右から左へ見てゆくことにより、あたかも実際に参詣しているかのように描かれています。巻末に年紀が記され、それによると天正20年(1592)に制作された事がわかります。

No.91 絵画

県 絹本著色騎獅子文殊像
附・養法院寄進状　1通

指定年月日　昭和51年(1976)4月30日
1幅／所有者　月照寺／所在地　松江市外中原町

縦89.6㌢、横42.4㌢。五髻を結い、左手に開敷蓮華を、右手に三鈷を執り、獅子に乗る文殊菩薩像を描いています。本図はもと出雲大社にありましたが、寛文7年(1667)の造替に際し出雲大社から流出し、松江藩主綱隆が入手し、その後同側室養法院によって月照寺に奉納されました。鎌倉時代の制作です。

No.92 絵画

県 絹本著色不動明王像

指定年月日　昭和52年(1977)5月4日
1幅／所有者　清水寺／所在地　島根県立古代出雲歴史博物館寄託

縦107.2㌢、横49.4㌢。画面中央に両眼を見開き、下の牙で右上の唇を、上の牙で左下の唇を噛み合う面貌で、右手に剣、左手に羂索を執り、火焔光背を背にし、瑟瑟座に坐る不動明王を描いています。その向かって右に矜羯羅童子、左に制吒迦童子を描いています。截金の多用が目立ちます。室町時代中期の制作と考えられます。

No.93 絵画
県 絹本著色不動明王像
指定年月日 昭和55年(1980)6月27日
1幅／所有者 清水寺／所在地 島根県立古代出雲歴史博物館寄託

縦128.0㌢、横56.7㌢。画面中央に両眼を見開き、上の歯で下の唇を嚙み、右手に剣、左手に羂索を執り、火焰光背を背にし、岩座に立つ不動明王を描いています。その向かって右に矜羯羅童子、左に制吒迦童子を描いています。不動明王の頭髪、釧、胸飾等に金泥を用いています。室町時代中期の制作と考えられます。

No.94 絵画
県 美人読詩（額装）
石橋和訓筆／カンバス・油彩
指定年月日 昭和57年(1982)6月18日
1面／所有者 島根県／所在地 島根県立美術館

縦103.0㌢、横90.0㌢。クッションにもたれた横向きの女性が読書にふける姿を描いています。画面右下に「1906 K.Ishibashi」の署名があり、石橋和訓（1876～1928）が1906年に描いたものであることが分かります。このころ和訓は英国に滞在していました。現在も和訓の作品は大英博物館をはじめ英国に数多く残っています。

No.95 絵画
県 版画東海道五十三次
歌川広重筆／錦絵横大判
指定年月日 昭和59年(1984)5月4日
55枚／所有者 島根県／所在地 島根県立美術館

浮世絵師歌川広重（1797～1858）による浮世絵木版画の連作です。広重は東海道五十三次をテーマとした連作を30種ほど制作していますが、本作はもっとも有名な保永堂版で、天保3～4年（1833～1834）に出されました。本作で広重は浮世絵に名所絵のジャンルを確立したといわれています。

No.96 絵画
県 版画凱風快晴図
葛飾北斎筆／錦絵横大判
指定年月日 昭和59年(1984)5月4日
1枚／所有者 島根県／所在地 島根県立美術館

浮世絵師葛飾北斎（1760～1849）による富嶽三十六景全46図の内の1枚です。富嶽三十六景は天保2～4年（1831～1833）頃に刊行された北斎の代表作です。本図は「赤富士」ともいわれるように、夏の早朝朝日を受けた富士が一瞬赤みを帯びた姿を描いています。本図は最初に刷った200枚、すなわち初刷りだといわれています。

No.97 絵画
県 版画神奈川沖浪裏図
葛飾北斎筆／錦絵横大判
指定年月日 昭和59年(1984)5月4日
1枚／所有者 島根県／所在地 島根県立美術館

浮世絵師葛飾北斎（1760～1849）による富嶽三十六景全46図の内の1枚です。巨大な波と、その波に翻弄される小舟を描き、その背景に小さく富士を描いています。北斎の代表作で、もっともよく知られた作品です。北斎は享和3年（1803）頃から巨大な波を描いていますが、本作の波の表現が最も優れています。

No.98 絵画
県 版画山下白雨図
葛飾北斎筆／錦絵横大判
指定年月日 昭和59年(1984)5月4日
1枚／所有者 島根県／所在地 島根県立美術館

浮世絵師葛飾北斎（1760～1849）による富嶽三十六景全46図の内の1枚です。本作は、「神奈川沖浪裏」「凱風快晴」とともに富嶽三十六景の代表作です。白雨とは夕立のことで、山頂は晴れているが、山麓は真っ暗で稲妻が光っています。富士山の雄大さを表現した傑作といえます。

No.99 絵画

県 絹本著色多胡辰敬像
（けんぽんちゃくしょくたごときたか）

指定年月日　平成19年(2007)5月7日
1幅／所有者　円光寺／所在地　大田市久手町

縦68.0㌢、横34.0㌢。素襖と折烏帽子を着けて、打刀を差し、右手に扇を持つ多胡辰敬（1494～1562）を描いた肖像画です。辰敬は戦国武将で尼子氏の家臣です。賛文によると天文22年(1553)に京都五山の僧が記したことがわかります。辰敬はそのころ50歳代後半です。なぜ若年の画像を描かせたのかは分かりません。

No.100 彫刻

重文 木造十一面観音立像(りゅうぞう)

指定年月日 明治35年(1902)7月31日
1躯／所有者 清水寺／所在地 安来市清水町

平安時代初期に遡る霊像

安来市に所在する天台宗の古刹・清水寺に伝わりました。現在は宝物館に安置されていますが、もともとは同寺の根本堂に安置される秘仏本尊でした。

像高168.6㌢。頭髪の上に頭上面(けぶつ)や化仏を戴き、条帛(じょうはく)、天衣(てんね)、裙(くん)といった着衣を身にまとい、左手で未敷蓮華(みふれんげ)を挿した水瓶を持ち、右手は垂下して、腰をわずかに左に捻り、右膝を少しゆるめて立っています。構造は、頭部から体幹部までを一材から彫り出した一木造りです。深く、かつ細かく複雑に刻まれた衣文表現や、特に側面観で顕著な体軀のしなやかさなどに、平安時代初期彫刻の特徴がみられます。

加えて、あまり類例のない異国的な面貌をしているのも本像の大きな特徴であり、それゆえか『雲陽誌』などでは本像にまつわるさまざまな伝説が特に強調されています。本像は木彫仏像として県下屈指の古像であると同時に、信仰上も独自の価値を有しています。

No.101 彫刻

重文 木造薬師如来坐像

指定年月日 明治35年(1902)7月31日
1幅／所有者 華蔵寺／所在地 松江市枕木町

華蔵寺薬師堂に長らく秘仏として安置されている平安時代の薬師如来像。

像高86.3㌢。衲衣(のうえ)を偏袒右肩(へんたんうけん)に着け、右手は掌を前にして胸の高さに掲げ、左手は膝の上に置き薬壺(やっこ)をとり、右足を外側にして結跏趺坐(けっかふざ)する薬師如来像です。

螺髪(らほつ)や眉、眼、唇、髭に彩色を施していますが、それ以外に彩色はなく、ほぼ素木の像です。その構造は、頭体部を一材で造り、後頭部と背面を割剥(わりは)ぎ、内刳(うちぐり)りを施し、膝前、裳先、両腕を別材で造っています。平安時代後期の制作と考えられます。

天台宗の寺院には本像のように平安時代の像で、彩色をほとんど施さない素木の薬師如来像がしばしば見られます。華蔵寺は現在臨済宗ですが、鎌倉時代末まで天台宗でした。本像もそのような天台宗の薬師如来像として造られたと考えられます。

現在は日光月光菩薩像と一緒に祀られていますが、この脇侍像の制作は鎌倉時代と思われます。

No.102 彫刻

重文 銅造観世音菩薩立像

指定年月日　明治35年(1902)7月31日
2躯／所有者　鰐淵寺／所在地　島根県立古代出雲歴史博物館寄託

692年に出雲国の若倭部臣徳太理が両親のために造らせた観音菩薩像

総高94.6㌢と像高42.5㌢。前者の像は、頭から台座まで含めて一鋳で造っています。本像で注目すべき部分は、台座の框(かまち)部分に刻まれた銘文です。「壬辰年五月出雲国若倭部臣徳太理為父母作奉菩薩」とあります。この銘により、壬辰年(じんしん)(西暦692年と考えられています。)に出雲国の若倭部臣徳太理(わかやまとべのおみとくたり)という人物が両親のために造らせた事が分かります。飛鳥時代の仏像で制作された年号が分かるものは珍しいのですが、出雲国の人物が関与していることも分かり、一層貴重です。

後者の像は、頭体部と天衣や瓔珞(ようらく)も含めて一鋳で造り、腰を大きく捻り、重心を右足にかけて木製の台座(後補)の上に立っています。瓔珞を手に取る姿などから飛鳥時代の制作と考えられます。どちらも島根県だけでなく国内において貴重な像と言えます。

No.103 彫刻

重文 木造薬師如来坐像

指定年月日　大正9年(1920)4月15日
1躯／所有者　仏谷寺／所在地　松江市美保関町

存在感あふれる平安時代前期の薬師如来坐像

美保関港の北奥に所在する仏谷寺に伝来します。共に伝わる4躯の菩薩立像とともに、その制作年代は平安時代前期まで遡ります。

像高108.2㌢。構造は一木造り。頭部は、肉髻部(にっけいぶ)と地髪部の境目を明確にせずならだかに表す点に特徴があり、こうした薬師如来坐像は天台系寺院に安置されることが多いという指摘があります。眼は細くやや吊り上り、厳しい表情をしています。首は太く、肩はいかり気味で、胸や腹は厚みがあります。また側面から観ると体奥が顕著であることがはっきりと分かります。このような存在感や重量感あふれる姿こそ、本像最大の特徴といえるでしょう。しかし腕や足はすらりと細長く、着衣表現をみると、薄い衣をぴったりと身に着ける様子がよく表されています。洗練さも兼ね備えた、島根の代表的な平安時代前期彫刻です。

No.104 彫刻

重文 木造阿弥陀如来坐像

指定年月日　昭和47年(1972)5月30日
1躯／所有者　清水寺／所在地　安来市清水町

山陰地方を代表する丈六仏。

　像高281.5㌢。寄木造りの阿弥陀如来像。このような大きさの像を丈六仏といいます。丈六とは約4.8㍍ですが、それは仏像が立ったときの大きさで、坐像の場合はその半分で丈六仏となります。

　球体を思わせる丸い頭部に伏し目がちの眼、ゆったりとした浅い衣文、安定した姿勢など平安時代後期の特徴がよく表れています。

　本像は、元は清水寺常行堂の本尊でしたが、傷みが激しかったため、昭和49～50年に解体修理が実施され、その際に後補の漆箔や彩色、まぶたに盛られた木屎漆などを除去し、平安時代の雰囲気を取り戻しました。

　山陰地方において、平安時代の丈六の阿弥陀如来像は本像の他に、大山寺にあるだけで、本像は山陰地方を代表する丈六仏といえます。

No.105 彫刻

重文 木造聖観音脇士帝釈天立像

指定年月日 明治35年(1902)7月31日
2躯／所有者 巌倉寺／所在地 安来市広瀬町

聖観音像は、像高175.8㌢、宝冠をかぶり、右手を垂下させ、左手は屈臂して蓮華を執り台座に立っています。頭体部と右腕（手先は別材）、左腕の肘まで、さらに台座の蓮台までも含んで一材から木取りした一木造りの像です。内刳りはありません。像の姿勢はややぎこちなく、右腕を一緒に木取りするためにやや無理をしているようです。帝釈天像は、像高156.0㌢、左右の手を腰から胸の高さで構え、腰を大きく捻って台座に立っています。一木造りの像で、内刳りが施されています。

両像は像の雰囲気や、衣文等の処理の仕方も異なりますが、両像共平安時代の制作と考えられます。

No.106 彫刻

重文 木造薬師如来両脇士像

指定年月日 明治35年(1902)7月31日
3躯／所有者 萬福寺／所在地 出雲市東林木町

萬福寺には、かつて近隣の大寺にあったという大小さまざまな仏像が伝わり、大寺薬師の愛称で知られています。薬師如来坐像はその主尊で、像高は133.9㌢。一木造り。頭体幹部を一材から造り、背中から内刳りをし、両足部は別に横木一材から造っています。袈裟と覆肩衣を着け、左手に薬壺を執り、右手は掌を前にして立て、右足を前に結跏趺坐しています。平安時代前期の仏像らしい堂々とした体つきをしています。

加えて萬福寺には平安時代作の等身大の菩薩立像が4躯伝わり、そのうち2躯が薬師如来坐像の脇士である日光・月光菩薩立像とされています。それぞれ一木造りで内刳りはありません。像高は日光菩薩像が162.1㌢、月光菩薩像が159.7㌢。

No.107 彫刻

重文 木造阿弥陀如来立像 体内ニ建長七年六月十八日ノ銘アリ

指定年月日 大正9年(1920)4月15日
1躯／所有者 心覚院／所在地 浜田市松原町

像高98.5㌢。来迎印を結び台座に立つ阿弥陀如来像です。頭体部を両袖、足柄まで含めて一材より彫成し、背面から内刳りを施し上下二枚の蓋板でふさいでいます。頭は面部を割矧ぎ玉眼をはめています。下側の蓋板に銘があり、それにより建長7年(1255)の制作であることが分かります。

鎌倉時代の仏師快慶の作り出した安阿弥様の形に範を仰いでいるようですが、衣文等が硬く、一木造りであることなどから、当時の主流の仏師による制作とは考えにくいです。

銘に「往生極楽のためにこの御仏を造立し奉る。」という意味の言葉が記されていて、当時の人々の切実な願いが込められています。

No.108 彫刻

重文 木造聖観音立像
しょうかんのんりゅうぞう

指定年月日　昭和17年(1942)12月22日
1躯／所有者　禅定寺／所在地　雲南市三刀屋町

　禅定寺は雲南市三刀屋町に所在する天台宗の古刹。本像は現在収蔵庫に安置されていますが、かつては本堂に安置されていました。像高は227.3㌢。一木造り。頭体幹部を針葉樹の一材から造り出しており、内刳りはありません。表面は黒漆で覆われていますが、一部に金箔も認められます。円筒形の宝冠と天冠台を戴き、正面を向き、条帛、天衣、裙（折り返しつき）、腰布などを身にまとい、左手は肘を曲げて掌を正面に向けて立て、右手は垂下し、直立しています。巨木を用いた一木造りならではの圧倒的な量感や、深く規則正しく刻まれた衣文表現が大きな特徴です。平安時代中頃の制作とみられます。

No.109 彫刻

重文 銅造阿弥陀如来立像　光背に線刻両脇侍像がある
りゅうぞう

指定年月日　昭和39年(1964)1月28日
1躯／所有者　善光寺／所在地　奈良国立博物館寄託

　像高53.7㌢。右手は肘を曲げて手のひらを前に向けて胸の高さに掲げ、左手は垂下して台座に立つ阿弥陀如来像です。舟形の光背を背にしていますが、この光背には、両手を水平に重ねた観音勢至の菩薩像を左右に刻んでいます。この独特のポーズを取る観音勢至を従う阿弥陀如来は善光寺式阿弥陀如来像と呼ばれ、長野県善光寺の本尊を模した阿弥陀如来像のことで、善光寺の信仰が全国に広がる中で鎌倉時代以降、日本各地で制作されました。
　通例の善光寺式阿弥陀如来像は、観音勢至像も彫像で表されますが、本像は光背に描かれているところが、極めて珍しいと言えます。鎌倉時代の初期に制作されたと考えられています。

No.110 彫刻
[重文] 木造阿弥陀如来両脇士坐像
指定年月日 明治35年(1902)7月31日
3躯／所有者 清水寺／所在地 安来市清水町

　阿弥陀如来像は、像高87.2㌢、寄木造。来迎印を結び台座に坐ります。脇士の観音菩薩像は、像高67.8㌢、寄木造。両手で蓮華を捧げ持つ形にし、膝は揃えて屈する跪坐という正座のような姿勢をとっています。勢至菩薩像は、像高68.3㌢、寄木造。両手を胸前で合掌し、観音菩薩像と同じ姿勢で坐ります。伏し目がちの両目、丸い顔の輪郭、彫りの浅い衣文、ゆったりとした膝など、平安時代後期の特徴がよく表れています。

No.111 彫刻
[重文] 木造広目天立像
指定年月日 明治35年(1902)7月31日
1躯／所有者 城安寺／所在地 安来市広瀬町

　城安寺は臨済宗南禅寺派の寺院、山号は雲龍寺といいます。像高93.8㌢、鎧を着用し、右手に筆、左手に戟を執り、左足を踏み上げ邪鬼の上に立つ広目天像です。寄木造で眼には玉眼をはめ、体全体に彩色が施されています。

　着衣や天衣が風をはらんではためき、鎧の細部にまで技巧が施されています。

　彫刻№114の木造多聞天立像と一具のものとして寺院に祀られています。

No.112 彫刻
[重文] 木造観世音菩薩立像
指定年月日 明治35年(1902)7月31日
2躯／所有者 萬福寺／所在地 出雲市東林木町

　萬福寺の薬師如来両脇士像や四天王立像と共に伝わる2躯の菩薩立像です。両像とも一木造りで、内刳りはありません。像高はそれぞれ161.5㌢、148.0㌢と差があります。作風にも違いがあり、大きい像は平安時代前期彫刻らしい量感を有するのに対し、小さい像は肉付きが大人しい細身の体軀をしており、制作年代が少し降るかもしれません。節の多い材を用いているのも特徴です。

No.113 彫刻
[重文] 木造四天王立像
指定年月日 明治35年(1902)7月31日
4躯／所有者 萬福寺／所在地 出雲市東林木町

　迫真的な表情と動きのある身体表現が大きな特徴で、萬福寺の諸像の中でも造形の水準がひときわ高い像として広く知られています。像高はそれぞれ180～190㌢程度。一木造りで、内刳りはなく、両肩から先などを別材製とします。制作年代は平安時代前期頃とみられますが、様式は奈良時代の都の四天王像から受け継がれたものとも言われています。

No.114 彫刻
重文 木造多聞天立像
指定年月日 明治36年(1903)4月15日
1躯／所有者 城安寺／所在地 安来市広瀬町

　像高93.7センチ、鎧を着用し、兜を被り、右手に戟を執り、左手は腰に当て、右足を踏み上げ邪鬼の上に立つ多聞天像です。寄木造で眼には玉眼をはめ、体全体に彩色が施されています。

　着衣や天衣が風をはらんではためき、鎧の細部にまで技巧が施されています。

　彫刻No.111の木造広目天立像と一具のものとして寺院に祀られています。

No.115 彫刻
重文 木造十一面観音立像
指定年月日 明治36年(1903)4月15日
1躯／所有者 浄音寺／所在地 松江市大庭町

　像高141.0センチ、頭部に十面を乗せ右手を垂下させ、左手で水瓶を捧げ持ち、右足をかるく遊ばせて台座に立つ十一面観音菩薩像です。寄木造りで、眼は彫眼です。

　大正時代の修理の際、胎内に仏師院豪の名前と文永の文字が見えたといわれています。仏師院豪は京都妙法院の千手観音を数体文永年間(1264～1274)に制作したことが分かっており、ほぼ同じ頃の制作と考えられます。ほっそりとして女性的な美しい観音像です。

No.116 彫刻
重文 木造聖観音立像
指定年月日 大正9年(1920)4月15日
1躯／所有者 仏谷寺／所在地 松江市美保関町

　仏谷寺の薬師如来坐像と共に伝わる4軀の菩薩立像のうちの1軀。寺伝では聖観音菩薩像とされます。像高170.0センチ。一木造りで、内刳りはありません。

　この4軀は、基本的な姿を同じくしながらも、作風に大きな違いがある点が特徴です。本像は、体軀が太く堂々としていて、衣文表現は深く太く明瞭に刻まれています。胸飾りが丁寧に彫り出されているのも他像と異なる特徴です。

No.117 彫刻
重文 木造聖観音立像
指定年月日 大正9年(1920)4月15日
1躯／所有者 仏谷寺／所在地 松江市美保関町

　寺伝では虚空蔵菩薩像とされます。像高170.1センチ。一木造りで、内刳りはありません。体奥が深く、重量感のある体軀をしています。

　面貌や衣文表現は、他の3軀と比べて特に個性的です。両眉が繋がった連眉式に近い表現をとり、着衣の各所には翻波式衣文(大小の波が繰り返し現れる衣文)を深くはっきりと刻んでいます。膝の前を二段に亘る天衣は、下段のものが一旦上段にかかる複雑な動きを示しています。

No.118 彫刻
重文 木造聖観音立像
指定年月日　大正9年(1920)4月15日
1躯／所有者　仏谷寺／所在地　松江市美保関町

寺伝では日光菩薩像とされます。像高168.0㌢。一木造りで、内刳りはありません。

他の3躯と比べて、頭部は小さく、体幹部や手足はすらりと細長いところが特徴です。衣文表現は細くなめらかで、洗練されています。目尻がつり上がった三日月形の目をした厳しい表情をし、頭部全体が丸みを帯びている点は、共に伝わる薬師如来坐像に通ずるかもしれません。同じく平安時代前期の作とみられます。

No.119 彫刻
重文 木造菩薩形立像
指定年月日　大正9年(1920)4月15日
1躯／所有者　仏谷寺／所在地　松江市美保関町

寺伝では月光菩薩像とされます。像高157.6㌢。一木造りで、内刳りはありません。

基本的な姿勢や着衣は他の聖観音菩薩像3躯と共通しますが、彫技は全体的に他の3躯と比べて素朴であり、地方色を帯びた像だとされています。頭は大きく、手は太めですが、体幹部や足は細めで、あまり量感は強調されません。右膝を少しゆるめて立つように表現されています。

No.120 彫刻
重文 木造八幡神坐像・木造息長足姫坐像・木造比売神坐像
附・木札2枚　・内1枚に御正躰造立、嘉暦元年八月十二日　・他1枚に大仏師鏡覚の銘がある
指定年月日　昭和34年(1959)6月27日
3躯／所有者　赤穴八幡宮／所在地　東京国立博物館寄託

八幡神像は像高72.4㌢、息長足姫像は44.2㌢、比売神像は44.8㌢。寄木造で内刳りがあり、眼は彫眼です。八幡神像の胎内に木札が納められており、それによると嘉暦元年(1326)に大仏師山城国鏡覚によって制作され、赤穴庄の地頭紀季実が赤穴八幡宮の再建に際して奉納したことが事が分かります。八幡神像は男神らしく衣文をざっくりと彫り、女神像は衣文が細やかで穏やかな表現としています。

No.121 彫刻
重文 木造摩多羅神坐像
指定年月日　平成25年(2013)6月19日
1躯／所有者　清水寺／所在地　安来市清水町

冠を被り、袍と袴を着け、笑った表情で坐る変わった姿をしています。像高54.3㌢。像の構造は複雑で、背面や両側面に別材が足されています。幹部材は背面から刳られており、体部には空洞ができています。そこには本像が嘉暦4年(1329)、仏師・覚清により、清水寺常行堂の摩多羅神像として造像されたという墨書銘があります。摩多羅神は天台寺院の常行堂の守護神。本像はその最古の作例として貴重です。

No.122 彫刻

県 木造阿弥陀如来坐像

指定年月日　昭和35年(1960)9月30日
1躯／所有者　禅定寺／所在地　雲南市三刀屋町

　像高135.0㌢。一木造りで、頭部と体幹部は通して一材製とし、内刳りはありません。それに横木一材製の両足部を矧ぎ足しています。印を結んでいる両前膊（ぜんぱく）から先も別材製です。

　体奥や膝の張りが厚く、両手は太く、重量感のある体つきをしています。左右の襟の上下に2つずつ、渦文（かもん）が表されている点が特徴的で、その他の衣文も太く、強調されています。平安時代中頃の制作と考えられています。

No.123 彫刻

県 木造神像群

指定年月日　昭和36年(1961)6月13日
23躯／所有者　成相寺／所在地　松江市荘成町

　男神坐像9躯、女神坐像6躯、僧形坐像5躯、童子形坐像1躯、騎馬神像1躯、蔵王権現立像（ざおうごんげんりゅうぞう）1躯の計23躯です。すべて一木造りで平安時代の制作です。これらの像は成相寺境内の熊野権現に祀られていましたが、明治4年に同寺本堂に移されたといいます。23躯の像は作風でいくつかのグループに分けることが可能で、かつては複数の宮に祀られていた可能性もあります。

No.124 彫刻

県 木造十一面観音立像（りゅうぞう）

指定年月日　昭和43年(1968)6月7日
1躯／所有者　報恩寺／所在地　松江市玉湯町

　像高422.0㌢。寄木造りで、頭に十一面をのせ、右手に錫杖（しゃくじょう）、左手に水瓶を持ち台座に立っています。足柄（あしほぞ）の墨書銘によると仏師康運が天文7年(1538)に造像したことがわかります。右手に錫杖を執る姿は、いわゆる長谷寺式十一面観音といわれ、奈良長谷寺の十一面観音の信仰が全国に広まると共に各地で造られました。焼失した奈良長谷寺像は、本像の制作年である天文7年に大仏師運宗らによって再興されています。決して偶然では無いように感じます。

No.125 彫刻

県 舞楽面（ぶがく）　陵王（りょうおう）

指定年月日　昭和47年(1972)7月28日
1面／所有者　佐太神社／所在地　松江市鹿島町

　縦21.2㌢、面幅17.3㌢、面奥12.8㌢。舞楽に使用する陵王の面です。中国北斉の蘭陵王（らんりょうおう）・高長恭（こうちょうきょう）の逸話にちなんだもので、美男の蘭陵王が恐ろしい仮面をかぶり戦いに挑んだといいます。大きく見開いた目、とがった鼻、波打つしわなどが刻まれ、頭上には通常龍が置かれますが、本作は失われています。目が動くように造られています。顎も本来は動くように造られていましたが、現在は失われています。鎌倉時代の制作と考えられます。

No.126 彫刻

県 舞楽面　納曽利（なそり）

指定年月日　昭和47年(1972)7月28日
1面／所有者　須佐神社／所在地　島根県立古代出雲歴史博物館寄託

　縦24.5㌢。納曽利は、舞楽で蘭陵王（らんりょうおう）の番舞（つがいまい）すなわちセットで舞われるものです。須佐神社では、4月19日の祭礼で陵王舞が行われますが、この面はその神事に使用されたものです。通常であれば眼を動くように造り、顎も吊顎とするのですが、そうなっていません。眉には毛が植えられていたようですが、現在はなくなっています。牙も上下4本ともなくなっています。室町時代の制作と考えられます。

No.127 彫刻

県 能面　白式尉（はくしきじょう）

指定年月日　昭和47年7月28日
1画／所有者　個人／所在地　島根県立古代出雲歴史博物館寄託

　縦18.8㌢。白式尉とは翁面ともいわれますが、翁舞は能が完成する以前の古い形を残していて、神事としての性格が近いと言われます。顎は下唇以下を別材とするいわゆる切り顎と呼ばれる顎としています。面は胡粉下地に肌色を塗っています。眉には毛を植えていたようですが、現在はなくなっています。顎には長い髭が植えられています。室町時代の制作と考えられます。

No.128 彫刻

県 能面　朝倉尉（あさくらじょう）

指定年月日　昭和47年(1972)7月28日
1画／所有者　個人／所在地　島根県立古代出雲歴史博物館寄託

　縦20.8㌢。朝倉尉は、庶民の老人役の面のことです。室町時代に面打師福来が朝倉氏に献じたためこの名前があります。面表の彩色がはがれ、「永禄十□」と読めます。面裏には「国造北嶋秀孝為秘蔵／里田山城守源家任作是」と印刻があります。秀孝は永禄11年(1568)に亡くなっているので、永禄10年か11年に制作されたのでしょう。里田山城守は広島県に残る獅子頭に名が残るので、中国地方で活躍した面打師なのでしょう。

No.129 彫刻

県 木造随身立像（ずいじんりゅうぞう）

指定年月日　昭和48年(1973)9月25日
2躯／所有者　伊賀多気神社／所在地　島根県立古代出雲歴史博物館寄託

　像高112.9㌢、111.1㌢。二躯ともに大きな巾子をつけた冠をかぶり、沓（くつ）をはき直立しています。弓矢を手に取っていたと考えられますが、両腕が袖の途中から失われているので、分かりません。また随身像は床几（しょうぎ）に両足を踏み下げて坐るのが一般的ですが、このように直立しているものはあまり見ません。たっぷりとした下半身から制作は平安時代と考えられます。

No.130 彫刻

[県] 木造観音菩薩立像・木造勢至菩薩立像

指定年月日　昭和49年(1974)12月27日
2躯／所有者　禅定寺／所在地　雲南市三刀屋町

　禅定寺の木造阿弥陀如来坐像の両脇侍として伝わる2軀ですが、作風はそれぞれで少し異なります。観音菩薩立像は像高169.3㌢、勢至菩薩立像は像高166.1㌢。共に一木造りで、内刳りはありません。

　観音菩薩立像は頭部が大きめで、腕が太く、手足や腰に動きをつけますがあまり強調されていません。全体に個性的な作風をみせています。勢至菩薩立像は整った顔立ちをし、小顔で胴体はすらりと長く、ゆるやかなカーブを描いており、洗練された作風を見せています。

No.131 彫刻

[県] 木造神馬(しんめ)

指定年月日　昭和50年(1975)8月12日
3具／所有者　平浜八幡宮／所在地　松江市八幡町

　総高39.2㌢、43.2㌢、42.4㌢の三具。長方形の框(かまち)の上にしつらえた、歩行する飾馬と武官装束(ぶかんしょうぞく)の口取りの組み合わせですが、内一具は口取りが失われています。内二具の框の裏面に墨書銘があり、それによると、宝徳2年(1450)に仏師息阿ミ仏と西阿ミ仏によって制作された事が分かります。神馬は、古くは神の乗用に供するために神社に奉納していた馬のことですが、時代とともにこのような木彫の馬や絵馬に取って代わられます。

No.132 彫刻

[県] 能面　孫次郎／中将

指定年月日　昭和50年(1975)8月12日
2面／所有者　富田八幡宮／所在地　安来市広瀬町

　孫次郎縦21.3㌢、中将縦23.0㌢。孫次郎は女面で、品のよい若い女役に用いられます。顔面が剥落していて墨書が見えます。また裏面には銘が刻まれています。それによると、因幡毛利家の家臣大江忠真(おおえただざね)が天文2年(1533)に制作したことがわかります。中将は在原業平の相貌を写したものといわれ、業平の官位である右近衛権中将(うこんえごんのちゅうじょう)から来ています。裏面には「五ツノ内／富田八幡神主」の墨書が記されています。

No.133 彫刻

[県] 木造十一面観音立像

指定年月日　昭和58年(1983)6月7日
1躯／所有者　長谷寺／所在地　雲南市加茂町

　像高167.0㌢。頭体部を一材で造り、前後に割矧(わりは)ぎ、内刳りを施しています。首は割首とし、眼には玉眼をはめています。右手に錫杖(しゃくじょう)を持つ本像のようなスタイルの十一面観音像は、長谷寺式十一面観音像と言われ、奈良長谷寺の信仰が全国に広まるにつれ、像も全国に造られました。玉眼や衣文表現などから制作は鎌倉時代と考えられます。

No.134 彫刻
県 木造馬頭観世音菩薩坐像
指定年月日　昭和34年(1959)9月1日
1躯／所有者　金剛寺／所在地　松江市東長江町

像高108.0センチ。頭上に馬頭をのせ、正面と右面は憤怒面、左面は菩薩面で、両腕は胸の前でいわゆる馬口印を結び、結跏趺坐する馬頭観音像です。像の構造は、膝前と左右の面は別材ですが、馬頭から体部、それに合掌した両腕まで一材で彫っています。衣文が浅く穏やかに表現され、平安時代後期の制作と考えられます。

No.135 彫刻
県 木造大日如来坐像・木造如来坐像
指定年月日　昭和35年(1960)9月30日
1躯、3躯／所有者　万福寺(極楽寺)／所在地　雲南市大東町

現在は万福寺境内の収蔵庫に安置されていますが、元々は同寺の北方の山に所在した極楽寺に伝わりました。大日如来坐像は像高141.0センチ、一木割矧ぎ造り。如来坐像はいずれも像高85センチ程度の一木造り。薬師如来像、釈迦如来像、阿弥陀如来像とされています。いずれも平安時代後期らしい洗練された作風をみせています。

No.136 彫刻
県 木造雨宝童子立像
指定年月日　昭和37年(1962)6月12日
1躯／所有者　正法寺／所在地　浜田市三隅町

像高57.9センチ。袍と裳を着けて、沓を履いて立つ雨宝童子像です。雨宝童子は神仏習合の像で、大日如来の化身とも、天照大神が日向に現れたときの姿ともいわれます。正法寺奥の院には伊勢神宮の内宮・外宮を祀ったといわれる岩窟があり、そこに祀られていたものかも知れません。鎌倉時代の制作です。

No.137 彫刻
県 金銅聖観音菩薩立像
指定年月日　昭和37年(1962)6月12日
1躯／所有者　法王寺／所在地　島根県立古代出雲歴史博物館寄託

総高32.7センチ。頭から台座まで一鋳すなわち全体を一度に鋳製した像です。両手先と天衣の一部が失われています。胸一杯に胸飾りを表し、珠帯を垂らす他は飾りがなく簡素です。幼い顔つきやめがねの縁のような形をした胸飾りなどから、制作は飛鳥時代と考えられます。

No.138 彫刻
県 金銅聖観音菩薩坐像
指定年月日　昭和38年(1963)7月2日
1躯／所有者　本願寺／所在地　出雲市多伎町

像高68.8センチ。一鋳の像です。装飾品や垂髪などに手の込んだ表現が見られ、朝鮮半島の高麗時代に制作された、いわゆる高麗仏と呼ばれる像です。寺伝では、開山の秀関が高麗に渡り、銅鐘などと共に持ち帰った像といいます。この銅鐘は現在松江市天倫寺にあり重要文化財です。

No.139 彫刻
県 木造聖観音菩薩立像
指定年月日　昭和39年(1964)5月26日
1躯／所有者　清水寺／所在地　海士町保々見

像高184.9センチ。一木造りで、左手先や両足先辺りを別材製とするほかは基本的に一材から彫成されています。内刳りはありません。円筒形の宝冠を被り、少し厳しい表情を見せ、左手屈臂、右手は垂下し、腰をひねって右膝を緩めて立っています。制作年代は平安時代前期とみられ、隠岐地方では屈指の古像です。

No.140 彫刻
県 木造十一面観音立像（りゅうぞう）
指定年月日　昭和41年(1966)5月31日
1躯／所有者　清水寺／所在地　安来市清水町

　像高184.5センチ。頭に十一面を乗せ、台座に立つ十一面観音像ですが、腕が4本ある、いわゆる四臂の十一面観音像です。四臂の十一面観音像は全国的にも珍しく、貴重です。顔が丸く、眼が伏し目がちで、衣文が浅く制作年代は平安時代後期と考えられます。普段は秘仏ですが、日を限定して公開しています。

No.141 彫刻
県 木造阿弥陀如来坐像
指定年月日　昭和41年(1966)5月31日
1躯／所有者　極楽寺／所在地　出雲市芦渡町

　像高144.0センチ。両手を膝の上に乗せ上品上生印（じょうぼんじょうしょういん）を結び、結跏趺坐（けっかふざ）する阿弥陀如来像です。一木造りの像で、制作は平安時代後期と考えられます。現在は修理を施したので見ることはできませんが、「行基菩薩作の阿弥陀如来像で、破損していたので明暦3年(1657)に修復をした」ことが胎内に記されています。

No.142 彫刻
県 木造薬師如来坐像
指定年月日　昭和41年(1966)5月31日
1躯／所有者　仁王寺（富貴寺）／所在地　雲南市加茂町

　像高143.3センチ。一木造りで背面から内刳りをし、両足部に横木一材を矧ぎ足しています。両手先なども別材製。螺髪は規則正しく彫出され（但し背面で一部を省略）、表情は穏やかです。なで肩で、体躯の肉付きはなめらかであり、衣文表現は浅く流麗です。構造は古様ですが、平安時代後期、11世紀頃の洗練された作風を見せています。

No.143 彫刻
県 石造五百羅漢坐像群
附・石窟3所　・石造釈迦三尊像3躯
　・石造宝篋印塔1基　・石橋3基
指定年月日　昭和41年(1966)5月31日
500躯／所有者　羅漢寺／所在地　大田市大森町

　羅漢寺境内の岩壁に掘られた石窟に安置されています。中央に釈迦如来像、文殊菩薩像、普賢菩薩像が置かれ、左右にそれぞれ250体の羅漢像が置かれています。一体一体ポーズや表情が異なります。現在の大田市温泉津町福光でとれる福光石を使って、地元の石工坪内平七一門の手によって、18世紀の半ばに造られたものです。

No.144 彫刻
県 金銅造如来形立像（ぞう ぎょうりゅうぞう）
指定年月日　昭和42年(1967)5月30日
1躯／所有者　鰐淵寺／所在地　島根県立古代出雲歴史博物館寄託

　像高20.5センチ。右手で施無畏印（せむいいん）、左手で与願印（よがんいん）を結び台座に立つ如来像です。ただし、頭部が螺髪（らほつ）ではなく毛筋を刻んでいて、まるで菩薩のような表現となっています。偏衫（へんさん）という上身衣と、裙子（くんす）という下身衣を着けた上に、大衣（だいえ）という布をまとっています。飛鳥時代の制作と考えられます。

No.145 彫刻
県 木造天部像群
指定年月日　昭和42年(1967)5月30日
27躯／所有者　多陀寺／所在地　浜田市生湯町

　多陀寺には59躯もの天部の仏像が伝わり、うち保存状態が良好な27躯が県指定文化財とされています。像高は概ね140センチ程度。目を怒らせ、鎧を着けている像がほとんどですが、兜の有無など作風は複数に分かれます。制作年代は平安時代の中頃とみられます。

No.146 彫刻
県 石造線刻大日如来坐像
指定年月日　昭和42年(1967)5月30日
1面／所有者　清水寺／所在地　安来市清水町

高117.0㌢、幅70～75.0㌢、厚9.8～7.6㌢。板石に、宝冠をかぶり両手を膝の上に乗せ、法界定印（ほっかいじょういん）を結び、蓮華坐に坐る胎蔵界（たいぞうかい）の大日如来像が線刻されています。正嘉元年(1257)の紀年銘があり、制作年が分かります。県内に残る石造資料の中では最も古いものです。

No.147 彫刻
県 木造薬師如来坐像
指定年月日　昭和43年(1968)6月7日
1躯／所有者　正法寺／所在地　浜田市三隅町

像高109.0㌢。右手を屈臂して胸の高さに掲げ、左手は膝の上に置き薬壺（やっこ）を執り、結跏趺坐（けっかふざ）する薬師如来像です。寄木造の像で、彩色はほとんど失われています。頭部は丸く、螺髪（らほつ）を細かく刻み、目は伏し目がちで、衣文が浅く、藤原時代の作風を示しています。石見部においてこの時代の像は多いといえず、貴重な作例です。

No.148 彫刻
県 木造地蔵菩薩立像（りゅうぞう）
指定年月日　昭和43年(1968)6月7日
1躯／所有者　松養寺／所在地　知夫村知夫

像高78.2㌢。頭を円頂にし、右手で錫杖（しゃくじょう）を執り、左手は胸の高さに掲げ、台座に立つ地蔵菩薩像です。左手の上には当初宝珠が載っていたと思われます。眼には玉眼（ぎょくがん）と呼ばれる玉を嵌めています。目鼻口を端正に刻み、衣文は鎬（しのぎ）立ち鎌倉時代末期の制作と考えられます。隠岐にこの時代の仏像は少なく、貴重です。

No.149 彫刻
県 月　米原雲海作／台付
指定年月日　昭和44年(1969)2月18日
1箇／所有者　個人／所在地　安来市安来町

（安来市教育委員会提供）

総高36.1㌢。右足を踏み出して手を打ち、月見に唱踊する老人の姿を表現しています。台の裏に「雲海作」とあり米原雲海(1869～1925)の作と分かります。雲海は安来市生まれ。高村光雲の弟子になっています。その後東京美術学校の助教授となり、山崎朝雲や平櫛田中（ひらぐしでんちゅう）などと日本彫刻会を結成した、島根県を代表する彫刻家です。

No.150 彫刻
県 木造女神坐像（じょしん）
指定年月日　昭和47年(1972)7月28日
1躯／所有者　個人／所在地　出雲市大社町

像高24.0㌢。髪を中央で振り分け、両肩にかけ、背面は腰まで垂れる髪を墨で表しています。首には三道を表現し、胸と腹を大きくはだけています。胸には墨で胸飾りを描いています。膝は神像によく見られる窮屈な表現となっています。女神像でありながら胸を大きくはだけていて、三道同様仏像的な表現となっています。

No.151 彫刻
県 木造四天王立像（りゅうぞう）
指定年月日　昭和48年(1973)3月30日
4躯／所有者　清水寺／所在地　安来市清水町

清水寺根本堂の本尊像を納める厨子の周りに安置されています。像高はいずれも165㌢程度。構造は一木造りで、彩色は後の時代に補われたものです。目を怒らせた表情や、量感ある体躯に大きく動きをつけた身体表現は、たいへん迫真的です。制作年代は平安時代中頃とみられ、当時の島根の四天王像として代表的な存在の1つです。

No.152 彫刻

県 木造阿弥陀如来立像(りゅうぞう)

指定年月日　昭和52年(1977)5月4日
1躯／所有者　清泰寺／所在地　島根県立古代出雲歴史博物館寄託

像高90.0㌢。来迎印を結び台座に立つ阿弥陀如来像です。胎内に墨書銘があり、それによると仏師院豪(いんごう)がその弟子の院快、院静、院弥達と文永7年(1270)に造ったことが分かります。院豪は松江市浄音寺十一面観音立像を文永年間に制作したことが分かっており、京都で活躍していた仏師の作が島根に2躯あることになります。

No.153 彫刻

県 金銅観音菩薩坐像

指定年月日　昭和52(1977)年5月4日
1躯／所有者　福泉寺／所在地　島根県立古代出雲歴史博物館寄託

像高31.5㌢。右手は肘を曲げて手のひらを上にして前方に差しだし、左手は左脇腹に添わせて指を捻じています。右足は岩座に乗せ安坐し、左足を踏み下げています。岩座に乗せた足の形や、頭部の形など、本像は高麗仏といわれる、朝鮮半島で制作された像の特徴を持ちます。現在は秘仏となっています。

No.154 彫刻

県 木造観音菩薩立像(りゅうぞう)

指定年月日　昭和53年(1978)5月19日
1躯／所有者　大喜庵世話人会／所在地　益田市乙吉町

像高161.0㌢。右手を垂下させ、左手を屈臂して胸の高さで蓮華か何かを捧げ持つような形で構え、右足をわずかに遊ばせて台座に立つ観音菩薩像です。着衣の折り返しや天衣(てんね)は薄く表現されており、衣文は全くといってよいほど刻まれておらず、他にあまり例を見ない表現となっています。平安時代後期の制作と考えられます。

No.155 彫刻

県 木造薬師如来坐像

指定年月日　昭和56年(1981)6月9日
1躯／所有者　荘厳寺／所在地　出雲市斐川町

像高55.1㌢。右手で施無畏印(むいいん)を結び、左手に薬壺(やっこ)を乗せて結跏趺坐(けっかふざ)する薬師如来像です。胎内銘に元徳2年(1330)の年紀が見えます。頭体部を一材で造り、面部を割りはなし玉眼(ぎょくがん)を嵌(は)めています。背面から内刳りを浅く施し、背板を被せています。構造は古い形式ですが、若々しい面貌は鎌倉時代末の像によく見られるものです。

No.156 彫刻

県 木造薬師如来坐像　蓮法作(れんぼう)

指定年月日　昭和62年(1987)4月3日
1躯／所有者　東陽庵薬師如来保存会／所在地　益田市大草町

像高72.6㌢。右手で施無畏印(むいいん)を結び、左手は薬壺(やっこ)を執り、結跏趺坐(けっかふざ)する薬師如来像です。膝前の裏面に墨書銘があり、それによると蓮法という仏師が延慶4年(1311)に制作したことがわかります。また、蓮法は「安阿(あんな)弥陀仏流(みだぶつりゅう)」すなわち快慶の嫡流を自称していますが、本像の作風は快慶のものとは異なります。

No.157 彫刻

県 木造大日如来坐像(胎蔵界)(たいぞう)

指定年月日　平成5年(1993)12月28日
1躯／所有者　万福寺／所在地　雲南市大東町

共に万福寺境内の収蔵庫に安置される金剛界の大日如来坐像や3躯の如来坐像と同じく、もとは極楽寺に伝わった仏像です。像高140.5㌢。一木造りで、背中から像底にかけて内刳(うち)りを施しています。全体に平安時代後期らしい落ち着いた表現をみせており、制作年代は11世紀前半頃と考えられています。

No.158 彫刻
県 木造阿弥陀如来立像（りゅうぞう）
指定年月日　平成6年(1994)12月13日
1躯／所有者　勝源寺／所在地　大田市大森町

像高99.0㌢。来迎印を結び、台座に立つ阿弥陀如来像です。鎌倉時代の快慶が確立した安阿弥様（あんなみょう）とよばれる様式の像です。髪際の高さがほぼ三尺で、いわゆる三尺阿弥陀といわれる像です。このような大きさの像は、人の臨終の際に枕元へ移動され、往生極楽を祈る臨終行事で使用されたことが知られています。

No.159 彫刻
県 木造阿弥陀如来立像（りゅうぞう）
指定年月日　平成21年(2009)4月7日
1躯／所有者　萬福寺／所在地　益田市東町

像高97.8㌢。右手を胸の高さに掲げ、左手を垂下させ、台座に立つ阿弥陀如来像です。頭体部を一材で造り、前後を割り矧（は）ぎ、首は割首にしています。頭部が左右、前方に大きく膨らんでいますが、これは宋風を意識しています。このような像は13世紀後半に多く見られ、本像もその頃の制作と考えられます。

No.160 彫刻
県 木造阿弥陀如来立像（りゅうぞう）
指定年月日　平成21年(2009)4月7日
1躯／所有者　暁音寺／所在地　益田市東町

像高77.8㌢。来迎印を結び台座に立つ阿弥陀如来像です。頭体部を一材で造り前後を割り矧ぎ、さらに割首として内剥りを施し、玉眼を嵌めています。理知的な表情や装飾的な衣文から鎌倉時代の快慶が確立した安阿弥様といわれる様式の像です。左足をわずかに前に出し、左腰を引いているのは、歩み出そうとしている表現です。

No.161 彫刻
県 古面　附・古面4面
指定年月日　平成25年(2013)4月9日
4面／所有者　清水寺／所在地　安来市清水町

尉と呼ばれる翁の面、長20.1㌢で唇下と顎に毛を植えていた痕が残ります。若い女の面、長20.1㌢と20.0㌢の2面。眉は三日月形で、口角を上げて微笑しています。男の面、長20.0㌢で眉毛の先をつり上げ、上下の歯をあらわし、下顎を前方に突き出しています。室町末期から江戸初期ごろに制作されたものと考えられます。

No.162 彫刻
県 木造神像
指定年月日　平成26年(2014)11月28日
13躯／所有者　鰐淵寺／所在地　島根県立古代出雲歴史博物館寄託

牛頭天王坐像2躯、僧形神坐像1躯、女神坐像2躯、僧形神立像1躯、女神立像1躯、男神坐像4躯、男神立像2躯の計13躯です。

様式が多様なため、一具ではなく、色々な所に祀られていた像が集められたと考えられます。一部室町時代の像もありますが、ほとんどは平安時代の像です。牛頭天王像は作例が少なく貴重です。

No.163 彫刻
県 木造僧形坐像（そうぎょう）（伝智春上人（ちしゅんしょうにん））
指定年月日　平成26年(2014)11月28日
1躯／所有者　鰐淵寺／所在地　島根県立古代出雲歴史博物館寄託

鰐淵寺の開山・智春上人の肖像として伝わっている僧形坐像です。像高48.7㌢。一木造りで内剥りはありません。面貌表現は迫真性に富み、本像が礼拝対象としての僧形像であることを感じさせます。制作年代は平安時代。体幹部と両足部の区別をはっきり表さず、なだらかに表現する点は、平安時代後期の神像彫刻にも通じます。

| No.164 工芸品 |

国宝 秋野鹿蒔絵手箱（あきのしかまきえ）

指定年月日　明治35年(1902)7月31日、国宝指定　昭和27年(1952)3月29日
1合／所有者　出雲大社／所在地　出雲市大社町

出雲大社の古神宝にして、鎌倉時代手箱の傑作

　長方形をした合口造りの手箱です。高16.1
センチ、幅29.7センチ、奥行22.7センチ。角は丸く、甲は盛り上がり、胴はふくらみを有して、全体に張りのある形をもっています。口縁には錫の縁をめぐらせ、身の側面中央には萩花房を透彫にした紐金具を打っています。内部には二重の懸子（かけご）を納めています。
　表面には、金研出蒔絵（きんとぎだし）と螺鈿（らでん）を使って秋野の情景が表されています。蓋表には1株の萩が大きく表され、周囲にはこれに群がる小鳥たちの姿があります。大きな萩の茂みの中には小鳥や虫がとまり、根元の土坡（どは）には雌雄の
鹿と子鹿がいます。四側面には、連続した2面ずつを使って州浜に萩と菊、それに群がる小鳥が表されています。
　かつて本作については、安元元年(1175)の遷宮時に高倉天皇が調進したものとして紹介されることがありました。しかし現在では、力強さのある形姿や螺鈿の高い技法、それに天板の年輪年代測定などから、本作は鎌倉時代、13世紀頃の作だと考えられています。

| No.165 工芸品 |

国宝 白糸威鎧（しろいとおどしよろい）　兜・大袖付

指定年月日　国宝指定　昭和28年(1953)3月31日
1領／所有者　日御碕神社／所在地　東京国立博物館寄託

出雲塩冶氏との関係がうかがわれ、松平不昧公が修理させた鎧。

　胴総高63.6センチ、兜鉢高10.2センチ、大袖総高39.4センチ。総体を白糸で威した古くから著名な甲冑です。現在の鎧櫃（よろいびつ）の蓋の張り紙に「頼朝甲冑」とあり、源頼朝の寄進と伝えられます。実際は各所に打たれた花菱輪違円文（はなびしわちがいえんもん）の金物を家紋とすると、家紋が花輪違文である出雲塩冶氏との関係がうかがわれます。その形状や意匠から鎌倉時代末期の制作と考えられます。胴の前面に不動明王像と二童子像が描かれています。甲冑師・明珍宗恭（みょうちんむねゆき）氏が往時の姿を再現した復元鎧を見ると、白糸が眼にまぶしい美しい鎧であったことが分かります。
　文化2年(1805)に松江藩主松平不昧公が甲冑師・寺本安宅に命じて修理させています。この時に新調した部分にはひとつひとつに「文化二年修補」の文字を染めさせ、取り外した残存も保存し、修理の記録も残されています。この時の修理は、当時主流である改造が多いものではなく、古い状態を損なうことなく行われています。

No.166　工芸品

重文 銅鐘　辛亥四月八日ノ銘アリ

指定年月日　明治42年(1909)9月22日
1口／所有者　天倫寺／所在地　松江市堂形町

　総高87.1センチ。朝鮮の高麗で制作された銅鐘です。銘がありそれによると「三千人の浄財を集めて、東京（慶州）の廻真寺の僧が辛亥の年に作った。」ことがわかり、辛亥年は顕宗2年(1011)とされています。応永年間（1394～1428）に出雲市多伎町の本願寺の開山である秀関が高麗へ渡り、銅造観音菩薩坐像などと共に持ち帰ったものと言います。その後この銅鐘は、慶長14年(1609)堀尾吉晴が松江城に備え付けのために徴し、寛永年間（1624～44）に天倫寺に寄進されたと言います。

　如来像や、天衣に結ばれた楽器と華鬘が下降する様などが抽出されている美しい銅鐘です。

No.167　工芸品

重文 太刀（たち）　銘了戒（りょうかい）

指定年月日　明治43年(1910)4月20日
1口／所有者　物部神社／所在地　大田市川合町

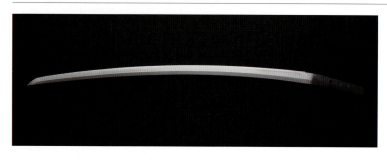

　「了戒」銘のある、長さ64.5センチ、反り2.3センチの太刀です。目釘穴は3個あき、下方の2個は埋金がされています。粒子が肉眼でも確認できるいわゆる小沸出来（こにえでき）といわれる刃文がついた直刃です。地鉄は柾目がかった小杢目（こもくめ）としています。

　了戒は、正応から永仁の頃（13世紀後半）に活躍した山城の刀工で、鎌倉時代中期から南北朝にかけて活躍した刀工諸派来派の来国俊の子または弟子といわれています。出家して了戒と名乗ったようです。

　社伝によると天文11年(1542)大内義隆が、小笠原長隆に占領された銀山奪回のために兵を起こし、この時奉納した太刀と言われています。

No.168　工芸品

重文 兵庫鎖太刀（ひょうごくさりたち）　中身無銘

指定年月日　大正元年(1912)9月3日
1口／所有者　須佐神社／所在地　出雲市佐田町

　兵庫鎖太刀とは、腰に下げる帯取が革ではなく、針金を編んだ兵具用の鎖を用いたことによりこの名前があります。平安時代から鎌倉時代にかけて、公家や高級武将の間に流行しました。はじめは実用でしたが、そこに表された文様の流麗さから、やがて社寺への奉納太刀としての性格が強まりました。

　この太刀は、鞘などに鍍銀が施されていたようで、当初は光り輝く華やかな拵えであったようです。

　太刀箱の蓋裏に「十三所大明神御宝前　天文廿一年壬子四月吉日　民部少輔晴久」の墨書銘があり、天文21年(1552)に尼子晴久によって奉納されたことを伝えています。

No.169 工芸品

重文 銅鐘　伯耆大日寺上院之鐘寿永二年五月十九日ノ銘アリ

指定年月日　昭和13年(1938)8月26日
1口／所有者　鰐淵寺／所在地　島根県立古代出雲歴史博物館寄託

　総高113.0㌢、龍頭(りゅうず)と撞座(つきざ)との方向が同一の新様式の和鐘です。
　池の間の二区には、次の通り各6行に渡って銘文が陽鋳されます。
　(第一区)「伯耆洲櫻山大／日寺上院之鐘／壽永二年癸卯／五月戊午十九／日壬午改小成／大之矣」(第二区)「守護六所權現／十二大天十八／善神等別熊野／權現王子等若／有奪取人誅罰／身命焉」
　この銘によると、寿永二年(1183)に制作され、当初は伯耆国桜山（現在の鳥取県倉吉市）の大日寺上院の鐘であったことがわかります。その後どのような経緯で現在の鰐淵寺に移されたのかは分かりませんが、寺伝では弁慶が一夜のうちに大山から運んだといいます。

No.170 工芸品

重文 色々威胴丸(いろいろおどしどうまる)　兜・大袖付　附・鎧唐櫃1合

指定年月日　昭和30年(1955)2月2日
1領／所有者　佐太神社／所在地　島根県立古代出雲歴史博物館寄託

　胴高56.9㌢、兜鉢高14.0㌢をはかる色々威胴丸です。胴丸とは、右脇から体を入れて引き合わせる形式の甲冑のことです。もとは中・下級の歩行武者用の甲冑でしたが、のちには上級武者も着用するようになりました。
　本胴丸は、浅葱(あさぎ)糸、紅糸、白糸で威しています。兜は、頂部が少し窪んだいわゆる阿古陀形(あこだなり)という筋兜です。中央の前立には「天照皇大神宮」、向かって右には「八幡大菩薩」、左には「春日大明神」の文字が透かし彫りされています。格調高く、戦国期を代表する胴丸です。
　社伝では、尼子経久が奉納したとされています。

No.171 工芸品

重文 彩絵檜扇・龍胆瑞花鳥蝶文扇箱(さいえひおうぎ・りんどうずいかちょうちょうもんおうぎばこ)

指定年月日　昭和41年(1966)6月11日
1柄、1合／所有者　佐太神社／所在地　島根県立古代出雲歴史博物館寄託

　彩絵檜扇は、現状二十三枚の檜の薄板を橋(ほね)として綴じ、片方の面には流水、菖蒲(しょうぶ)、松と鶴が、もう片方の面には楓、桜、萩、蝶などが描かれています。平安時代の作ながら鮮やかな色彩が残っている点で大変貴重です。橋長30.0㌢、末幅3.2㌢、元幅1.8㌢。
　龍胆瑞花鳥蝶文扇箱は、扇が開いたような形をした扇箱。全面に黒漆を施し、蓋表には五羽の尾長鳥、周辺に蔓龍胆(つるりんどう)や宝相華唐草、側面には円状に舞う五頭の蝶が表されています。高7.4㌢、幅52.0㌢、奥行36.0㌢。こちらも文様表現などに平安時代末の和様を残すとされ、当初から彩絵檜扇と一具だったとみられています。共に佐太神社の神宝として厳重に伝わりました。

No.172 工芸品

重文 銅鐘 応安七年甲寅十月一日願主宗順寄附

指定年月日 明治37年(1904)2月18日
1口／所有者 雲樹寺／所在地 安来市清井町

　総高75.3㌢。この銅鐘は朝鮮鐘といわれ、朝鮮半島で制作された鐘です。鐘の上部に筒状のものがついていますが、これは旗挿しといわれるもので、日本の鐘には見られません。また、雲の上に乗る飛天を鋳出していて大変美しい表現となっています。8世紀の統一新羅時代に制作されたと考えられますが、その後、日本に渡ってきてから刻まれた銘があり、それによると応安7年(1374)に雲樹寺に納められたようです。

No.173 工芸品

重文 絲巻太刀（いとまきたち） 銘光忠（みつただ）

指定年月日 明治42年(1909)9月22日
1口／所有者 出雲大社／所在地 出雲市大社町

　身の刃長69.3㌢、拵の総長103.3㌢。社伝によると豊臣秀吉の佩刀（はいとう）で、慶長14年(1609)の杵築大社遷宮に際して、秀頼が奉納したものといいます。身には「光忠」の銘が刻まれています。光忠は備前長船（おさふね）派の祖といわれ、鎌倉時代の刀工です。拵は神社の奉納によく見られる絲巻太刀で、美しい蒔絵が施されています。この蒔絵は秀吉の遺品とされる高台寺伝来品の蒔絵と遜色がなく、時代も桃山時代と考えられます。

No.174 工芸品

重文 銅鐘
耆州富田下郷増輝禅院公用康暦元麦秋ノ後銘竝ニ報徳禅寺公用応永十五霜月及雲州大竹山光明禅寺洪鐘明応元年十一月吉日ノ追銘アリ

指定年月日 昭和14年(1939)9月8日
1口／所有者 光明寺／所在地 雲南市加茂町

　総高87.7㌢。新羅時代の9世紀に制作されたと考えられる、いわゆる朝鮮鐘です。天衣をなびかせた楽天を左右にそれぞれ鋳出してあります。また、上部に側帯と呼ばれる帯状の区画の上に甲冑をつけた天部立像、そしてその下には合掌する童子坐像を鋳出してあります。銘により日本に伝来後、康暦元年(1379)に伯耆の寺に納められ、応永15年(1408)伯耆の別の寺に移され、明応元年(1492)に現在の光明寺に移されたことが分かります。

No.175 工芸品

重文 赤糸威肩白鎧（おどしかたじろよろい） 兜・大袖付

指定年月日 昭和28年(1953)3月31日
1領／所有者 出雲大社／所在地 出雲市大社町

　胴高48.5㌢、兜高13.0㌢。平安時代後期に成立した大鎧の形式を踏襲したものですが、実用武具として大鎧が盛んであった時代より下って、室町時代前期頃の製作と考えられます。兜の胴に、丸に竪二つ引両文と唐草透彫りを組み合わせた金具が装着されています。社伝では足利義政の寄進とされていますが、時代的に大きな矛盾はありません。

No.176 工芸品

重文 藍革威腹巻

指定年月日　昭和28年(1953)3月31日
1領／所有者　日御碕神社／所在地　出雲市大社町

　胴高28.0㌢。濃い藍染めの革で威す、すなわちつづり合わせた腹巻です。腹巻とは背中が開閉する形式の鎧のことです。腹巻は背中があくので、それを保護するために背板をつけることがありますが、本作もついています。本来は袖と兜も備わっていたのでしょうが、現在は失われています。修理箇所に安政3年(1856)の墨書が記されています。社伝では元弘3年(1333)名和長年が奉納したものといいます。南北朝時代の製作です。

No.177 工芸品

重文 色々威五十八間筋兜

指定年月日　昭和30年(1955)2月2日
1頭／所有者　佐太神社／所在地　島根県立古代出雲歴史博物館寄託

　鉢高10.5㌢。色々威とは、3色から5色の多色の糸で威す、すなわち糸でつづり合わせたことで、五十八間筋兜とは、58枚の鉄片をつなぎ合わせた兜のことです。この兜はアコダウリの形をしているところから阿古陀形兜と呼ばれます。鍬形は鍍金切透かしで「八幡大菩薩」「春日大明神」の文字を透かしています。前立の剣形には「天照皇大神宮」を透かしています。

No.178 工芸品

重文 色々威腹巻　兜・大袖付

指定年月日　昭和30年(1955)2月2日
1領／所有者　佐太神社／所在地　島根県立古代出雲歴史博物館寄託

　胴高56.7㌢、鉢高14.3㌢。腹巻は鎧の一種で、胴を囲み、背中で開閉するようにしたものです。胴は本小札で黒漆塗り革札で紫、白、紅の威毛が用いられています。兜は阿古陀形で三十二枚張りです。鍬形は梶の葉をかたどっています。社伝では尼子経久（1458～1541）の寄進となっていますが、本作の年代と矛盾はありません。

No.179 工芸品

重文 金銅観音菩薩像御正躰
　　　金銅蔵王権現像御正躰
　　　金銅蔵王権現像御正躰

指定年月日　昭和33年(1958)2月8日
3面／所有者　法王寺／所在地　島根県立古代出雲歴史博物館寄託

　神仏習合の考えのもと、本地仏を表した鏡像や懸仏（鏡に見立てた円盤の中央に仏像を取り付けた工芸品）のことを御正体といいます。本作は観音菩薩像と2体の蔵王権現像からなる3面1組の懸仏。円盤と仏像はそれぞれ一鋳の銅造で、鍍金がされています。それぞれ直径は約37㌢。懸仏としては比較的大型で、仏像は非常に丁寧に鋳造されています。平安時代後期、12世紀頃の作と考えられています。

No.180 工芸品

重文 銅板線刻十一面観音像懸仏（かけぼとけ）
裏面に保元二年正月日の籠字銘がある

指定年月日　昭和40年(1965)5月29日
1面／所有者　村方地区／所在地　雲南市木次町

　薄い円形の銅板の表面に、十一面観音菩薩像が蹴彫（けりぼり）で表されています。径20.9㌢。観音像は光背を負い、正面を向いて左手に蓮華を持ち、右手をそれに添え、蓮華座の上に坐った姿をしています。裏面は縁に耳をつくり、上方に吊掛用の鈕を付けています。また縦一行で「保元二年丁丑正月　日大施主藤原親光」という籠字（かごじ）の刻銘があり、本作が保元2年(1157)の作であることがわかります。

No.181 工芸品

重文 櫨匂威鎧残闕（はじにおいおどしよろいざんけつ）

指定年月日　昭和41年(1966)6月11日
1括／所有者　甘南備寺／所在地　江津市桜江町

　大鎧の残闕です。残っている部分は、胴が前後、栴檀（せんだん）の板、袖と鞘の一部ですが、もとは大鎧で豪壮なものだったようです。甘南備寺の寺伝によると、佐々木四郎高綱(1160～1214)のものといいますが、実際の製作はそれよりも古いものと考えられます。櫨匂威鎧とは、櫨色（はじいろ）（くすんだ黄茶色）などの糸を使用し、ぼかしたように威した鎧のことです。

No.182 工芸品

重文 辻が花染丁字文道服（つじがはなぞめちょうじもんどうふく）

指定年月日　昭和43年(1968)4月25日
1領／所有者　清水寺／所在地　京都国立博物館寄託

　胴服とは、小袖の上から羽織る武家の上着です。辻が花染という絞り染めの技法で染められています。丁字文とは、丁字すなわち香辛料のクローブを文様化させたものです。この道服は、石見銀山の開発に成功し、3600貫(13.5㌧)もの銀を幕府へ上納した安原伝兵衛が、その功績から慶長8年(1603)に徳川家康より拝領したものです。その後伝兵衛の菩提寺である清水寺に奉納されました。

No.183 工芸品

県 太刀（たち）　銘雲生（うんしょう）

指定年月日　昭和34年(1959)9月1日
1口／所有者　物部神社／所在地　大田市川合町

　刃長69.7㌢、反り2.2㌢。作者の雲生は、鎌倉時代末期の刀工で、備前国宇甘の住人です。雲生の名は乾元年間から貞治年間（1302～1367）に三代続いています。彼らは同じ備前でも長船（おさふね）ではなく、鵜飼派などと呼ばれています。会津騒動を起こしたことで知られる陸奥国会津藩主加藤明成の旧蔵で、明成が息子の石見吉永藩主明友と共に石見に下った際に、物部国造三十七代の良忠に贈っています。

No.184 工芸品

県 なぎなた

指定年月日　昭和35年(1960)9月30日
1振／所有者　佐太神社／所在地　松江市鹿島町

　総長189.4㌢、柄長137.8㌢。柄の全体を幅約3.5㌢の銀鍍金を施した銅板をらせん状に巻いて固めています。このような技法を蛭巻と呼び、柄を衝撃から守っています。刀身が柄から抜けないため銘の有無は不明ですが、制作年代は室町時代頃と考えられ、古風ななぎなたといえます。松江藩主の松平綱近(1659～1709)が佐太神社に奉納しました。

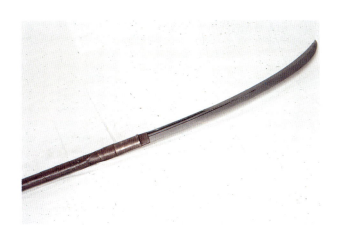

No.185 工芸品

県 戒体箱(1合)・居箱 大永四年亀井秀綱寄進 如意一提(1合)
**　　香炉箱** 大永四年亀井秀綱寄進 柄香炉一柄(1合)
**　　鋲子** 大永四年亀井秀綱寄進(1合)

指定年月日　昭和35年(1960)9月30日
所有者　迎接寺／所在地　島根県立古代出雲歴史博物館寄託

　戒体箱は戒文を納めるもので縦15.9㌢、横37.2㌢、高15.7㌢、居箱は衣や法具を納めるもので縦36.0㌢、横30.5㌢、高17.0㌢、香炉箱は柄香炉を置くもので縦29.5㌢、横23.3㌢、高13.7㌢。戒体箱に銘があり、それによると天文3年(1534)に国嶌が石見の長明寺のために造ったことが分かります。国嶌の来歴等は不明ですが、佐賀県の寺院には、天文元年(1532)に国嶌が造ったことが分かるそっくりな戒体箱が伝わります。

No.186 工芸品

県 太刀 銘来国光

指定年月日　昭和38年(1963)7月2日
1口／所有者　隠岐神社／所在地　海士町海士

　刃長67.0㌢、反り1.9㌢。鎌倉時代末期の太刀です。銘は来国光で、鎌倉時代末期から南北朝時代の刀工です。来派といわれる刀工の流派で、山城国（現在の京都府）で活躍しました。来国光は数多くの作品を残していて、国宝や重要文化財に指定されているものも少なくありません。この太刀は、松江藩主松平斎貴が参内の際に天皇から御下賜になったもので、昭和13年(1938)に伯爵松平直亮が隠岐神社に奉納しました。

No.187 工芸品

県 銅鐘

指定年月日　昭和41年(1966)5月31日
1口／所有者　焼火神社／所在地　西ノ島町浦郷

　総高71.0㌢、口径47.0㌢。長文の銘があり、元和4年(1618)に雲州宇波の鋳物師が焼火山雲上寺の鐘として鋳造したことが分かります。この鋳物師は現在の安来市広瀬町で活躍した加藤氏で、県内に他の作例が残っています。雲上寺は明治維新の廃仏毀釈の際に破却されました。この鐘は一時期取り上げられていたものを、明治3年(1870)に非常報知用の鐘として焼火神社に渡されたといいます。

No.188 工芸品

県 天目形金銀盌　附・天目台1脚

指定年月日　昭和43年(1968)6月7日
2口／所有者　個人／所在地　出雲市大社町

金天目盌口径12.0㌢、高7.4㌢、銀天目盌口径11.9㌢、7.0㌢。木材で胎を造り、そこに鍍金、鍍銀を施した真鍮の薄板をかぶせた金銀の天目盌です。足利義政から贈られたものと伝えますが、本品に施された彫金の技法は桃山時代以前には見られないもので、江戸時代前期の作と思われます。金銀揃いの作例は全国的にも珍しいものです。

No.189 工芸品

県 大野太刀

指定年月日　昭和45年(1970)10月27日
1口／所有者　佐太神社／所在地　松江市鹿島町

刃長108.3㌢、反り3.5㌢。大野太刀とは野戦用の刀のことです。社伝では室町幕府において出雲国の守護であった塩冶高貞の寄進といわれています。銘はありませんが、社伝では刀工を備中住人家次としています。家次は南北朝頃に活躍した刀工で、この作品の作風と大きなずれはないようです。

No.190 工芸品

県 銅鐘

指定年月日　昭和47年(1972)7月28日
1口／所有者　清水寺／所在地　安来市清水町

総高103.8㌢、口径59.0㌢。長文の銘があり、それによると応永28年(1421)に大和鋳物師の大工友光によって清水寺の鐘として造られたことがわかります。鳥取県日野郡日南町の15世紀前半の遺跡の中に、銅鐘鋳造に使用された土坑が含まれていました。この土坑の中から見つかった鋳型の破片が、本梵鐘と共通する原型を使って造られたことが分かっています。この鋳型も同じ鋳物師集団によって造られたと考えられます。

No.191 工芸品

県 銅鐘

指定年月日　昭和47年(1972)7月28日
1口／所有者　迎接寺／所在地　島根県立古代出雲歴史博物館寄託

総高101.5㌢、口径59.2㌢。長文の銘があり、それによると天正3年(1575)に平浜八幡宮に奉納されたものです。鋳物師は藤原久家、本願は三徳山の僧寂忍で、検校は三位紀朝臣義氏、施主は大野紀伊守藤原朝臣隆重と地頭野村信濃守藤原朝臣士悦です。銘を刻んだのは甲冑師の明珍藤原宗家とあります。鋳物師の藤原久家については不明ですが、焼火神社の銅鐘と近く、同じく宇波の鋳物師である可能性が高いといわれています。

No.192 工芸品

県 色々威腹巻　附袖鎧1双
（いろいろおどしはらまき）

指定年月日　昭和51年(1976)4月30日
1領／所有者　神魂神社／所在地　松江市大庭町

　腹巻とは背中が縦に割れる形式の鎧のことです。本品は緋、緑、緋白などの糸で威した色々威です。小型軽量で装飾も簡素なため実践的な腹巻といえます。実用的なこしらえから室町時代中期の製作と考えられています。社伝によると、尼子経久着初の鎧で尼子氏の寄進といいます。製作年代との年代的な開きはありません。

No.193 工芸品

県 梨子地輪宝蒔絵合口拵
（なしじりんぼうまきえあいくちこしらえ）
附・両鎬造剣

指定年月日　昭和55年(1980)6月27日
1口／所有者　個人／所在地　出雲市大社町

　拵総長44.5センチ、身刃長27.2センチ。合口とは鍔（つば）のない短刀のことです。拵は金梨子地に輪宝文を金蒔絵で散らし、金物には毛彫で輪宝文を表しています。柄には鮫皮と呼ばれるエイの皮を巻き、そこに茶色糸を菱巻に巻いています。精緻な造りで、輪宝文の散らし方などから室町時代末から桃山時代の制作と考えられます。身は両刀造の剣で拵と同じ頃の作です。茎（なかご）に「空海」「神正」と銘が切られていますが、これは追刻と思われます。

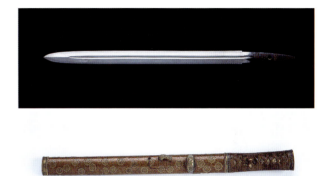

No.194 工芸品

県 黒韋威鎧残欠
（くろかわおどしよろい）

指定年月日　平成17年(2005)4月15日
一括／所有者　須佐神社／所在地　出雲市佐田町

　黒韋威鎧とは藍で濃く染めた黒韋で威した鎧のことです。兜のしころ、草摺、袖の札板（さねいた）と韋所（かわどころ）の一部が残る残欠です。威は鹿韋を藍で濃く染めて黒韋威としています。社伝では、源実朝の奉納と伝えますが、実際の製作は、札の大きさや仕立てから、南北朝時代から室町時代初期と考えられます。この時代の鎧は少なく、残欠といえども貴重なものです。

No.195 工芸品

県 二十五条袈裟及び九条袈裟・孤峰覚明寄進
（けさ　　　　けさ　こほうかくみょう）

指定年月日　平成28年(2016)12月2日
2領／所有者　個人／所在地　島根県立古代出雲歴史博物館寄託

　二十五条袈裟は丈115.5センチ、幅188.0センチ。裏面に墨書がありそれによると、康永2年(1343)に孤峰覚明が出雲国造清孝（きよのり）を通じて寄進したことが分かります。九条袈裟は短丈98.0センチ、長丈124.5センチ、幅302.0センチ。こちらにも裏面に銘があり、同じ康永2年に孤峰覚明が清孝に授与したものです。前者は日本製ですが、こちらは当時日本では栽培されていなかった木綿製で、中国製と考えられています。

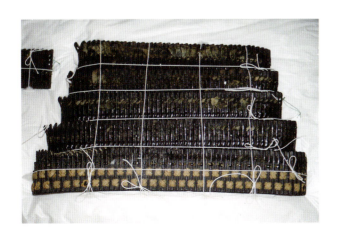

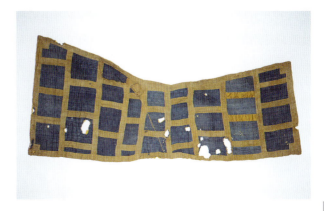

No.196 工芸品
県 鏡像　地蔵菩薩
指定年月日　昭和34年(1959)9月1日
1面／所有者　宮島神社／所在地　島根県立古代出雲歴史博物館寄託

径20.9センチ。鋳銅製の円形鏡板に、銅版を打ち出し半肉彫とした地蔵菩薩坐像を鋲留（びょうどめ）しています。像は二重光背を負い、右手は施無畏（せむい）にし、左手は宝珠を執り、蓮華坐に坐っています。裏面に「保元元年丙子（ひのえね）十二月日」と陽鋳されており、保元元年(1156)の制作と分かります。この年号は在銘の懸仏の中では最も古いものです。

No.197 工芸品
県 備前焼花瓶
指定年月日　昭和35年(1960)9月30日
1対／所有者　清水寺／所在地　島根県立古代出雲歴史博物館寄託

高さ59.0センチの堂々とした無傷で完好な状態の備前焼一対の花瓶です。銘があり備前伊部の医師木村道意が元和2年(1616)に清水寺に寄進したことが分かります。木村家の記録によると道意は一国一寺を選んで花瓶を寄進したといいます。しかし本花瓶以外には道意寄進の花瓶は見つかっていません。

No.198 工芸品
県 鰐口（わにぐち）
指定年月日　昭和36年(1961)6月13日
1口／所有者　本覚寺／所在地　吉賀町六日市

径27.7センチ、厚9.4センチ。鰐口とは仏堂や社殿の前に掛け、打ち鳴らす金属の道具です。銘があり、それによると、応永28年(1421)に現在の吉賀町新熊野宮（那智神社）に奉納されたことが分かります。その後那智神社の別当寺であった本覚寺の大日如来堂に掛けられるようになり、現在に伝わっています。

No.199 工芸品
県 銅鐘
指定年月日　昭和36年(1961)6月13日
1口／所有者　宝照院／所在地　島根県立古代出雲歴史博物館寄託

総高74.3センチ、口径48.0センチ。肥前の上松浦山下庄で鎌倉時代後期から南北朝にかけて鋳造されたいわゆる肥前（ひぜん）鐘といわれるもので、龍頭や駒の爪形、乳などに肥前鐘の特色が見られます。陰刻銘から嘉元2年(1304)に肥前の禅定寺のために造られたことが分かります。肥前鐘の中では最も古い紀年銘であり、貴重な作例です。

No.200 工芸品
県 鉄砲（清尭（きよたか）作）　附・銃箱及び関係文書
指定年月日　昭和37年(1962)6月12日
1括／所有者　日御碕神社／所在地　出雲市大社町

長66.0センチ。いわゆる火縄銃です。銘がありそれによると慶長17年(1612)に鉄砲鍛冶の野田善四郎清尭が造ったことがわかります。清尭は徳川家康・秀忠のお抱え鉄砲鍛冶といわれ、この年に秀忠の命で全国の大きな神社へ鉄砲を奉納しています。この鉄砲はそのうちの一つです。実用に徹した初期の火縄銃です。

No.201 工芸品
県 鉄砲　清尭（きよたか）作　附銃箱
指定年月日　昭和38年(1963)7月2日
1挺／所有者　出雲大社／所在地　出雲市大社町

総長66.7センチ。徳川家康・秀忠親子に仕えた江戸の鉄砲師野田善四郎清尭の製作した火縄銃です。銃身に銘があり慶長17年(1612)に清尭が寄進したことが分かります。清尭はこの年全国の主な神社へ鉄砲を寄進しています。日御碕神社の鉄砲も同じ年の寄進です。

No.202　工芸品

県　鏡像　方鏡著彩阿弥陀如来来迎図
　　　　　　　円鏡線刻十一面観音坐像

指定年月日　昭和41年(1966)5月31日
2面／所有者　佐太神社／所在地　松江市鹿島町

　方鏡著彩阿弥陀如来来迎図は縦14.7㌢、横13.5㌢。鏡面には頭光を負い、来迎印を結び、蓮華座上に立つ阿弥陀如来像と、本尊に向かって坐る両脇侍像を描きます。円鏡線刻十一面観音坐像は径22.6㌢。鏡面には蓮華座上に坐った千手観音菩薩像を線刻します。その図はおおらかで、像の後ろ側の左手は11手、右手は10手と、左右の数が合いません。

No.203　工芸品

県　大野太刀（たち）

指定年月日　昭和42年(1967)5月30日
1口／所有者　佐太神社／所在地　松江市鹿島町

　刃長108.3㌢、反り3.5㌢。無銘ですが、備前長船(おさふね)あたりの作と考えられ、時代は室町時代初期と思われます。拵は柄(つか)、鞘(さや)ともに黒漆塗りで千段巻、縁、頭、胴金、鍔(つば)、鯉口(こじり)、鐺などはすべて煮黒目(にぐろめ)に唐草模様の毛彫りが施してあります。鞘は二本継ぎになっています。

No.204　工芸品

県　刀　銘清則（きよのり）

指定年月日　昭和42年(1967)5月30日
1口／所有者　井戸神社／所在地　大田市大森町

　刃長60.9㌢、反り2.1㌢。表に「藤原清則」、裏に「文安二年三月日」の銘があります。藤原清則は室町時代から戦国時代まで五代続いた刀工で、文安2年(1445)の年紀があることから初代だと考えられます。初代清則は備前吉井の人ですが出雲に活動の場を移しています。

No.205　工芸品

県　銅鐘

指定年月日　昭和42年(1967)5月30日
1口／所有者　心光院／所在地　大田市鳥井町

　総高103.6㌢。竜頭(りゅうず)は双頭式で火焔(かえん)と宝珠がついています。銘によると観応(かんのう)元年(1350)現在の福岡県遠賀郡芦屋町の寺院へ奉納されたものであることが分かります。芦屋町といえば中世以降優れた鋳物師が大勢いた地域で知られています。作者の名は宗貞と記されており、彼も芦屋の鋳物師であったかもしれません。

No.206　工芸品

県　銅鐘

指定年月日　昭和42年(1967)5月30日
1口／所有者　高野寺／所在地　大田市温泉津町

　総高97.6㌢、口径56.8㌢。竜頭(りゅうず)は双頭式です。上帯の文様は、宝相華(ほうそうげ)が一周し、下帯には忍冬唐草文(にんどうからくさもん)が一周しています。和鐘に特有な駒の爪はみられません。乳は複弁五葉の蓮華文です。撞座の文様は、宝相華、蓮華文、連珠文で構成されています。一般的な和鐘とは形式が異なり、朝鮮鐘を参考に造られています。

No.207　工芸品

県　刀　表銘　元治元子年八月吉日雲州住長信(ながのぶ)作
　　　　　　裏銘　君萬歳(きみばんざい)

指定年月日　昭和44年(1969)2月18日
1口／所有者　個人／所在地　松江市内中原町

　刃長66.3㌢、反り1.7㌢。表に「元治元子年八月吉日雲州住長信作」、裏に「君萬歳」の銘があります。元治元年(1864)に出雲の刀工長信(1816〜1878)が製作しています。長信は現在の出雲市斐川町に生まれ、雲州冬広五代目高橋幸助冬広の跡を継ぎ高橋長信と称しました。その後江戸に出ますが、本作は帰国直後の作です。

No.208 工芸品

県 縹糸威肩白四十八間筋兜
（はなだいとおどしかたじろしじゅうはっけんすじかぶと）
附・鳩尾板1枚

指定年月日 昭和44年(1969)5月23日
1頭／所有者 日御碕神社／所在地 出雲市大社町

兜鉢の周囲に垂れたしころが、短冊状の薄板金を縹糸すなわち薄い藍色の糸でつづり合わせてあり、上の一段だけは白糸となっているので、この名前があります。社伝では塩冶判官高貞の寄進となっていますが、高貞より時代が下がる室町初期の作と考えられます。しかし、造りから上級武士のものであったことは間違いありません。

No.209 工芸品

県 熏韋威喉輪
（ふすべかわおどしのどわ）

指定年月日 昭和44年(1969)5月23日
1懸／所有者 日御碕神社／所在地 出雲市大社町

喉輪とは、鎧の小具足のひとつで、首にかけて、喉の周囲の隙間を覆うものです。熏韋とは、皮をやわらかくなめしたもので、その皮で小札を威してあるのでその名前があります。社伝では源義家（1039〜1106）の寄進とありますが、製作は南北朝頃と考えられます。

No.210 工芸品

県 白糸威肩紅喉輪
（しろいとおどしかたべにのどわ）

指定年月日 昭和44年(1969)5月23日
1懸／所有者 日御碕神社／所在地 出雲市大社町

白糸で威し、菱縫すなわち下二段を×状に紅糸で綴じているので、この名前があります。奉納者は不明ですが、小札の数や技法などから製作は室町時代末期頃と考えられています。古い時代の喉輪は全国的にも稀少で、重要な作例です。

No.211 工芸品

県 雲版（うんぱん）

指定年月日 昭和44年(1969)5月23日
1面／所有者 崇福寺／所在地 島根県立古代出雲歴史博物館寄託

縦44.8センチ、幅43.0センチ。雲板とは中国から鎌倉時代に日本へ伝わったもので、主に禅宗で使用された仏具のひとつで、坐禅や食事などの時間を知らせました。銘があり、それによると応永14年(1407)に了範が大雲禅寺に寄進したことが分かりますが、大雲禅寺がどこなのか分からず、崇福寺へ伝わった事情も分かりません。

No.212 工芸品

県 鰐口（わにぐち）

指定年月日 昭和44年(1969)5.23
1口／所有者 清水寺／所在地 島根県立古代出雲歴史博物館寄託

総径39.2センチ。この鰐口は青銅製で、長文の銘が書かれています。それによると、永禄6年(1563)に伯州久米郡（倉吉市）の南条兵庫介宗影が大工九良左衛門に作らせて長谷山に寄進し、その後慶長2年(1597)に改めて藤原元種によって現在の清水寺に寄進されています。

No.213 工芸品

県 鰐口（わにぐち）

指定年月日 昭和45年(1970)10月27日
1口／所有者 宮内八幡宮／所在地 島根県立古代出雲歴史博物館寄託

総径34.3センチ。この鰐口は青銅製で、中心の撞座は子弁をもつ六葉蓮花文を陽鋳し、中房は六花文蓮子を中心に一つ、その周囲に六つ配しています。銘があり、それによると、長禄4年(1460)に丹波多紀郡曽我部村（篠山市）の大工妙蓮が作り、俊満が願主となり長久寺に寄進したことが分かります。長久寺については不明です。

No.214 工芸品

県 鉄腹巻　兜／頬当／筒袖／肩当／籠手／膝鎧付

指定年月日　昭和45年(1970)10月27日
1領／所有者　西村神社／所在地　隠岐の島町西村

鉄製の腹巻です。兜、頬当、筒袖、肩当、籠手、膝鎧も残っています。隠岐守護職佐々木定綱(1142～1205)の着用と伝わりますが、実際の製作は戦国期頃と考えられます。隠岐の島町中村で行われる武良祭の際に行司役が着用します。

No.215 工芸品

県 刀　表銘　守貞作　裏銘　主三沢二良左衛門為景　天正二年二月十二日

指定年月日　昭和47年(1972)3月31日
1口／所有者　個人／所在地　松江市内中原町

刃長70.0㌢、反り2.2㌢。銘によると三沢二良左衛門為景が天正2年(1574)に守貞に作らせたことが分かります。為景は三沢城主為虎の若いときの名前ともいわれています。守貞は仁多郡三沢住の初代安部忠定の子です。

No.216 工芸品

県 黒漆御供台

指定年月日　昭和48年(1973)9月25日
3基／所有者　佐太神社／所在地　島根県立古代出雲歴史博物館寄託

総高42.9㌢。御供台とは、神饌をお供えする台で、中近世には漆の椀に盛り、このような漆の台に供えました。三基ありますが、これは佐太神社の本殿が三社であることによるものかもしれません。銘があり、応安2年(1369)に平高長が大工清原宗正に作らせ、佐太神社に寄進しています。

No.217 工芸品

県 刀　銘　石州長濱住林喜作

指定年月日　昭和48年(1973)9月25日
1口／所有者　個人／所在地　江津市三宮町

刃長37.3㌢、反り2.5㌢。「石州長濱住林喜作」と銘があります。林喜は、天文、永禄の頃(16世紀半ば)に現在の浜田市長浜に居住した刀匠です。この刀は林喜が長浜の天神に願いをかけてつくったもので、「天神林喜」といわれるものです。石州刀の中では優品として知られています。

No.218 工芸品

県 杵築大社舞楽用具

指定年月日　昭和49年(1974)12月27日
101点／所有者　出雲大社／所在地　出雲市大社町

舞楽用具一式で、楽太鼓2面、鉦鼓1面、鞨鼓胴1口、三の鼓1張、笙1管、篳篥2管、蘇芳染闕腋袍1領、萌黄染闕腋袍1領、鳥甲14頭、腕貫4組、糸鞋10、石帯が含まれます。出雲大社では、建久5年(1194)に舞楽を舞った記録が残りますが、途中廃絶し、寛文6年(1666)に再興し、明治4年まで続いています。

No.219 工芸品

県 鰐口

指定年月日　昭和49年(1974)12月27日
1口／所有者　佐太神社／所在地　松江市鹿島町

径14.5㌢。この鰐口は、昭和15年に佐太神社境内の参道整備の際に、旧護摩堂背後の鐘楼跡から発見されました。青銅製で、撞座、内区はともに素文です。区画は陽刻同心円で、撞座三条、内区二条、縁二条を抽出しています。銘がありそれによると、嘉吉2年(1442)の奉納であることが分かります。

No.220 工芸品

県 太刀 銘高包

指定年月日 昭和51年(1976)4月30日
1口／所有者 個人／所在地 大田市大田町

　刃長71.3㌢、反り2.5㌢。やや細身の鎬造りで、腰反り高く、踏張りのある平安時代末期の典雅な姿を示します。目釘穴は3個、彫物は表が素剣で裏は腰樋と梵字です。刃文は丁字乱れ、鍛は小板目、銘は高包です。高包は平安時代の古備前派の刀工です。平安時代の刀は遺品が少なく、保存状態も良好で貴重な資料といえます。

No.221 工芸品

県 鰐口

指定年月日 昭和52年(1977)5月4日
1口／所有者 寿福寺／所在地 島根県立古代出雲歴史博物館寄託

　径57.0㌢。青銅製で、面を撞座区、中区、銘帯区に分けています。銘によると、永禄5年(1562)に仁多郡三沢庄源朝臣為貞が三沢庄釈迦堂に寄付したとあります。数カ所に穴が開き、一部は補修が施してありますが、これは製作の際に溶けた青銅が回りきれずに開いてしまった穴です。これほど大きいと製作も困難だったようです。

No.222 工芸品

県 二重亀甲剣花菱紋蒔絵文台硯箱

内容品：甲州硯(2面)／金紋入黒塗軸笠付筆(3本)／金紋入黒塗軸墨さし(2本)
金紋入黒塗軸刀子(1本)／金紋入黒塗軸錐(1本)
亀甲紋形金銅水滴座金(1筥)(附・外箱1合)

指定年月日 昭和53年(1978)5月19日
2具／所有者 出雲大社／所在地 出雲市大社町

　文房具を入れる硯箱と文台です。硯箱の見込みと文台裏に銘があり、それによると寛文7年(1667)に京都の蒔絵師田村長兵衛が製作したものと分かります。寛文7年は徳川幕府が支援した遷宮の年です。社伝では将軍家綱寄進となっていますが、様々な資料から家綱の出資により松江藩が調えた神宝であることがうかがえます。

No.223 工芸品

県 金銅十一面観音像懸仏

指定年月日 昭和54年(1979)8月24日
1面／所有者 清水寺／所在地 安来市清水町

　径105.5㌢。5枚の板を繋ぎ合わせ円形とし、それに13枚の薄い銅板を張り合わせて鏡板としています。中央に光背を背にして台座に立つ鋳造した丸彫の十一面観音像をつけています。像の下方に扁額が取り付けられそこに銘があり、応永20年(1413)の奉納であることが分かります。県内では最大の懸仏です。

No.224 工芸品

県 鰐口

指定年月日 昭和54年(1979)8月24日
1口／所有者 清水寺／所在地 安来市清水町

　径20.5㌢。鋳銅製の鰐口で、撞座には十一葉複弁の蓮華文を表しています。次の通り銘があります。「奉懸鰐口水田庄井土天神願主辰蔵」「嘉吉三年癸亥十二月吉日」この銘によると嘉吉三年(1443)に水田庄井土天神に奉納されていますが、清水寺に移された事情は不明です。

No.225 工芸品

県 小太刀 額銘 長光

附・銀荘葵紋散毛抜太刀拵

指定年月日 昭和55年(1980)6月27日
1口／所有者 松江市／所在地 松江市末次町

　刃長49.9㌢、反り1.1㌢。拵は総長86.1㌢。小太刀には長光の銘があります。長光は鎌倉時代中期備前長船の刀工です。この小太刀は、太刀を磨り上げたものです。鞘箱に「越前中納言秀康卿譲リノ内　代々譲リ」とあり、結城秀康から松平直正に譲られ、松平家に伝わっていましたが、戦後同家から松江市に寄贈されました。

No.226 工芸品
県 鰐口（わにぐち）
指定年月日 昭和58年(1983)6月7日
1口／所有者 清水寺／所在地 安来市清水町

径60.0㌢。青銅製で、撞座は九曜星形の蓮華が表現されています。長文の銘があり、それによると文禄4年(1595)に宇波（うなみ）の鋳物師賀藤善兵衛が製作し清水寺に奉納されたことが分かります。善兵衛は天正20年(1592)に安来市巖倉寺の鉄釣燈籠、元和4年(1618)に西ノ島町焼火神社の銅鐘を製作しています。

No.227 工芸品
県 越前康継作大小刀（やすつぐだいしょうかたな）
梨地大小太刀拵（なしじだいしょうたちこしらえ）
附・「出雲國日御碕太神宮正殿御遷宮次第事」1巻
指定年月日 平成8年(1996)4月26日
2口1組／所有者 日御碕神社／所在地 出雲市大社町

越前康継作の太刀と脇差、梨地の太刀拵と脇差拵です。太刀と脇差は、日御碕神社の遷宮が行われた寛永21年(1644)に神宝として将軍家光から奉納されたものです。太刀には日御碕遷宮奉納太刀と記され、しかも目釘孔がなく、当初から奉納するために製作されたことがわかり、大変珍しい作例です。

No.228 工芸品
県 太刀（たち） 銘 直綱 附・糸巻太刀拵
指定年月日 平成10年(1998)3月27日
1口／所有者 津和野町／所在地 津和野町中座

刃長69.6㌢、反り2.2㌢、拵総長99.8㌢。太刀には「直綱」の銘があります。直綱は石見国を代表する刀工で、南北朝から室町時代にかけて三代以上の継承者がいたといわれています。拵は柄を紺地金襴で包みその上を茶糸で柄巻した絲巻太刀拵です。江戸中期の制作です。津和野藩主亀井茲親（これちか）が中御門天皇から下賜されました。

No.229 工芸品
県 鏡像（きょうぞう）
指定年月日 平成26年(2014)11月28日
20面／所有者 鰐淵寺／所在地 島根県立古代出雲歴史博物館寄託

平安時代から鎌倉時代に製作された20面の鏡像です。鏡胎は、裏面に文様を表した和鏡と、何も表さない素文（そもん）のものとがあります。鏡面には仏像や神像を描いたものと、種子（しゅじ）（梵字）を書いたものとがあります。懸垂用の孔や吊り手があり、実際に寺院の壁面などに懸けられていたと考えられ、鏡像の祀られ方を考える上で貴重です。

No.230 工芸品
県 懸仏（かけぼとけ）
指定年月日 平成26年(2014)11月28日
4面／所有者 鰐淵寺／所在地 島根県立古代出雲歴史博物館寄託

地蔵菩薩懸仏、十一面観音懸仏、山王七社本地（さんのうしちしゃほんじ）懸仏、地蔵菩薩及び二神像墨画懸仏の4面です。地蔵菩薩懸仏は平安末期の製作と考えられ、山王七社本地懸仏は文明6年(1474)の奉納銘が記されています。地蔵菩薩及び二神像墨画懸仏は、地蔵菩薩の左右に男神像と女神像を配置する全国的にも珍しい作例です。

No.231 工芸品
県 密教法具（みっきょうほうぐ）
指定年月日 平成26年(2014)11月28日
2口／所有者 鰐淵寺／所在地 島根県立古代出雲歴史博物館寄託

金銅五鈷鈴が総高17.1㌢、金銅五鈷杵が長さ17.6㌢。いずれの製作も鎌倉時代と考えられます。表面には一部鍍金が認められますが、手擦れなどの使用痕が見られることから、実際に僧侶が使用していたことが分かり、鰐淵寺での密教法具を使った修法のあり方を考える上では貴重な作品です。

No.232 書跡

重文 大般若経（内補写経四帖） 自正応元年至同五年宋人浄蓮一筆経

指定年月日　昭和61年(1986)6月6日
599帖／所有者　高野寺／所在地　島根県立古代出雲歴史博物館

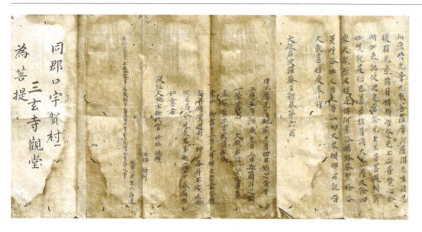

鎌倉時代の出雲地方と中国（宋）との文化交流の一端が分かる貴重な資料。

法量　（巻第六百）縦25.0センチ　横8.5センチ
（全長6.87メートル）　紙数15紙

宋人浄蓮が一筆に書写した大般若経で補写経4帖をあわせ599帖が伝わります。もとは巻子装であったものを改装し折本装にしたもので、速筆であるが、丁寧な筆致で書写されています。

　巻第六百にある奥書によれば、沙弥政願、沙弥助阿を施主として、宋人浄蓮が正応元年(1288)から四カ年を費やして書写し、須佐郷（現出雲市佐田町周辺）の十三所大明神（須佐神社）の宝前に納め、毎年転読廻向がなされたものであることがわかります。

　当時、須佐郷は北条得宗家の所領であり、沙弥政願は得宗被官人で須佐郷の地頭代であった可能性が高い。浄蓮はこの得宗被官人の保護のもとに写経作業をしたものと思われます。

　本経が高野寺に納められたのは、巻第六百に奥書についである別筆のなかに「宝暦十年」とみえることから、江戸時代の宝暦10年(1760)頃とみられます。

No.233 書跡

重文 庭訓往来（ていきん） 至徳三年霜月三日豊前守朝英書写奥書

指定年月日　平成24年(2012)9月6日
2巻／所有者　神門寺／所在地　島根県立古代出雲歴史博物館

現存最古の南北朝期の『庭訓往来』

　『庭訓往来』とは、南北朝時代に撰述された往来物を代表するものです。一年にわたってやり取りされた手紙を集めた形式で編纂されており、手紙を通して日常生活に必要な用語や一般常識を教える基礎教育書として、あるいは手習書として広く用いられてきました。

　本書は、至徳3年(1386)11月3日に豊前守朝英（出自来歴は未詳）が書写したものです。巻子装で現在は上下2巻に分巻されていますが、もとは54紙からなる1巻であったことが判明しています。後世、折本に改装された形跡が見られますが、後に巻子装に復されています。料紙は楮紙打紙を用い、丁寧な行書で雄渾かつ流麗な筆跡で書かれています。巻中には墨汚れが認められ、実際に書道の手本として使用された痕跡と考えられています。

　本書は現存する最古の写本として価値が高く、また中世武家や地方寺院の子弟教育における基礎教育書、および習字の手本とされたことが明らかな点で、歴史・教育史上にも貴重とされています。

No.234 書跡

重文 孤峰覚明墨蹟（正平辛丑仲春日）

指定年月日　昭和18年(1943)6月9日
1幅／所有者　雲樹寺／所在地　安来市清井町

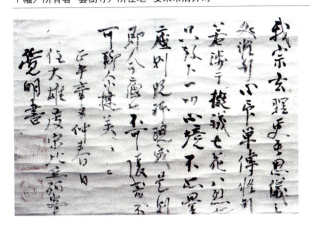

法量　縦31センチ　横44センチ

孤峰覚明は、雲樹寺の開山で、応長元年(1311)に元に渡航し、10年間禅学を修して帰朝し建長寺に入ります。のち出雲国に来て雲樹寺を創建しました。後醍醐、後村上天皇の帰依が厚く、後村上天皇の懇請により和泉国大雄寺の開創となり正平16年(1361)5月24日91歳で没しました。

この墨蹟は、臨済禅僧孤峰覚明が亡くなる直前の正平16年2月に宗理を記述して遺法を示した、絶筆とみなされています。宗理を記述し付法を弟子古剣智訥に与えたものとみられています。

No.235 書跡

県 紙本墨書高田明神百首和歌

指定年月日　昭和44年(1969)5月23日
1巻／所有者　高田神社／所在地　隠岐の島町都万

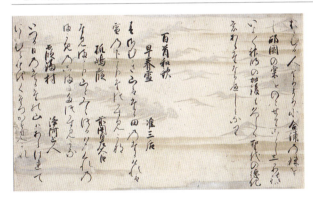

本書は序文の巻頭を欠いていますが、「高田大明神縁起」から補ってその由緒を記すと、時宗の僧が高田大明神に参籠中、神の託宣により連歌の発句を授かります。このことを京都金蓮寺に報告すると、同寺の浄阿上人は感激し、神託の発句をもって千句の連歌と百首の和歌を勧進しようと思い立ちます。それを受けて二条良基は歌会を催し、当代名だたる公家、武家、僧俗の歌人43人がこれに応えて歌を詠んだといいます。千句連歌と百首和歌は麗筆で浄書された後、都万へ送られ、至徳4年(1387)8月3日、高田大明神の神前で披講されたといいます。千句連歌は早くに失われたようですが、百首和歌は天和3年(1683)に補修され、和歌史上、また書道史上重要な資料として今に伝えられています。

No.236 書跡

県 紙本墨書手鑑

指定年月日　昭和47年(1972)3月31日
1帖／所有者　美保神社／所在地　松江市美保関町

天皇、親王、公卿、女房、武将、法師、文人など多様な人々の筆跡（古筆切）を集成した手鑑です。表裏各61面に短冊や色紙を貼付し、表149点、裏135点、合計284点の筆跡を集成しています。

特に奈良時代の唐からの舶載古経と考えられるいわゆる大聖武（表側第1面）、鎌倉時代後期の後伏見天皇の宸筆を伝える広沢切（表側第4面）、藤原定家の自筆日記『明月記』天福元年(1233)四月条の断簡（表側第30面）など、著名な筆跡を多く収載しています。

美保神社への奉納の経緯などは未詳ですが、古くから宝物として伝来してきました。本県下でこれほどの古筆切を集成した手鑑は他に例がなく、書道史研究においても重要な作品です。

No.237 書跡

県 紙本墨書新古今和歌集零本(れいほん)

指定年月日 昭和49年(1974)12月27日
1帖／所有者 個人／所在地 松江市鹿島町

　後鳥羽上皇が藤原定家らに命じて編纂させた、8番目の勅撰和歌集である新古今和歌集の写本です。全巻はそろっておらず、巻9の一部から巻14の一部までにある318首の和歌を収録しています（「零本(れいほん)」とは、そろいのうち全部がそろっていない本の意味です）。

　作成年は確定できませんが、書風や使用している紙の様子から鎌倉時代末期から室町時代初期と推定されています。佐太神社（松江市）の宮司家に伝わったもので、所蔵されるに至る経緯は不明です。中世における歌書の書写本として島根県内では貴重な事例です。

No.238 書跡

県 紙本墨書日御碕神社勧化簿(かんげ)

指定年月日 昭和50年(1975)8月12日
2帖／所有者 日御碕神社／所在地 出雲市大社町

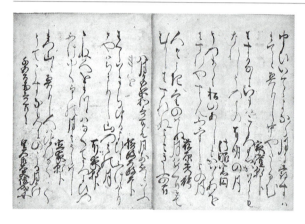

　甲本は、「権大納言」（将軍足利義稙）と「佐々木伊予守」（尼子経久）が日御崎社の修造に当たって連署連判した勧化簿です。修造費には、出雲国一国・隠岐国一国・伯耆国三郡（汗入・日野・相見）、石見国三郡（邇摩・安濃・邑智）の棟別銭を充てる旨が記されています。表紙に「万松院義晴卿」と貼紙が付されていますが、これは後世の誤りとみられています。

　乙本は、「参議左中将」（将軍足利義晴）が日御崎社の修造に当たって署判した勧化簿です。ただし、修造費に何を充てるのかは記されていません。表紙に「明応七年戊午正月十一日、征夷大将軍義澄卿」と貼紙が付されていますが、実際には大永2年(1522)以降享禄3年(1530)までの間の作製と考えられています。

No.239 書跡

県 紙本墨書藤原定家筆「明月記」断簡(ふじわらのさだいえ)

指定年月日 昭和57年(1982)6月18日
1幅／所有者 (公財)絲原記念館／所在地 奥出雲町大谷

　「明月記」とは、藤原定家が19歳の治承4年(1180年)から、74歳の嘉禎元年(1235年)まで、56年間にわたって書き綴った日記です。定家の死後、嫡流の二条家のほか、冷泉家、京極家に分割されたとみえ、後には多くが散逸しました。自筆原本の大部分は冷泉家に伝存し、国宝に指定されています。

　この断簡は、定家が52歳の建保元年(1213)5月1日から5月3日にかけてのもので、注目される箇所は、栄西に大師号が贈られるとの風聞に対し、存命贈号の先例はないとの認識を示している点です。本書が絲原家に伝来した経緯は不明ですが、江戸時代から同家所蔵となっています。定家流書法を知る上で貴重であり、かつまた「明月記」の断簡としてもその価値は高いとされています。

No.240 書跡

県 紙本墨書経巻(きょうまき)

指定年月日 昭和35年(1960)9月30日
1巻／所有者 清水寺／所在地 島根県立古代出雲歴史博物館寄託

　大田市大森町の清水寺(せいすいじ)が所蔵する古写経です。清水寺は国の重要文化財の辻が花染丁字文道服（52頁No.182）をはじめ、多数の指定文化財を所蔵しています。そのうちの本経は薬師経の上巻で、平安時代初期（弘仁期か）の書写と考えられます。巻子本でガラス製の軸を備えるなど装幀も豪華です。弘法大師の筆とも伝えられています。伝来の経緯は未詳ですが、筆勢は力強く切れ味もよく、この時代の古写経の代表的作品と言えます。

No.241 書跡

県 紙本墨書大智度論(だいちどろん)

指定年月日 昭和42年(1967)5月30日
1巻／所有者 島根県／所在地 島根県立古代出雲歴史博物館

　大智度論は大般若経の注釈書で全100巻からなり、島根県所有の本資料（古代出雲歴史博物館蔵）はそのうち第37巻にあたります。巻首には「石山寺一切」とみえ、石山寺（近江国）に伝来しており、島根大学所蔵の大智度論2巻（66頁No.247）と同じく、石山寺一切経の一部でした。また、奥書には天平6年(734)11月に播磨(はりま)国賀茂郡の既多寺(けた)で書写されたとあるため、既多寺で書写されたものが、いつ頃か石山寺にもたらされたのでしょう。

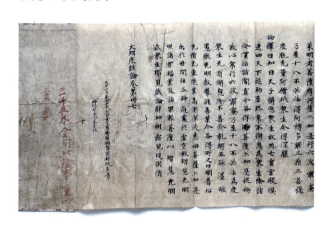

No.242 書跡

県 紺紙金泥(きんでい)妙法蓮華経

指定年月日 昭和42年(1967)5月30日
8巻／所有者 鰐淵寺／所在地 出雲市別所町

　濃紺の斐紙、天地27㌢、長さ各巻約955㌢、4巻ずつ春慶塗りの桐箱2つに納めます。本経は全8巻を伝えており、書風は中世的な風格を備えています。享徳2年(1453)権律師圓祐が仏果を得るために播磨国金剛寺に施入し、その後大永3年(1523)飛驒守勝部朝臣久秀が両親の菩提と自身の安穏後世善処を祈願して石州の僧易東景寛が代筆し日御碕神社に奉納したことが、第1巻奥書ないし卦欄外により成立や由来の大要が分かります。なお、金剛寺から日御碕神社を経て現在鰐淵寺に伝えられた事情は不明です。

　残念なことに、平成17年(2005)に盗難に遭い、以来不明です。

No.243 書跡

県 紙本墨書耕雲明魏日御崎社造営勧進記(こううんみょうぎ)(かんじんき)

指定年月日 昭和44年(1969)5月23日
1巻／所有者 日御碕神社／所在地 出雲市大社町

　巻子本、天地30.1㌢、総長230.5㌢、本紙3枚継29.4㌢、66㌢、89.5㌢
　巻表に、外題「義持将軍御判・耕運明(こううんみょうぎ)魏筆記」があり、はじめの13行に漢文で雲州日御崎霊神の縁起、沙門妙観の経緯、和歌を記す理由、和歌3首を記し、「沙門明魏拝書（判）、竜集庚子仲夏廾有六日也」とあります。第3紙に征夷大将軍（足利義持）・沙弥（管領細川満元）・治部少輔（出雲守護職京極持高）・沙弥加賀守・允能の計6人が署名花押を求めています。筆者明魏は、後村上、長慶、後亀山の3天皇に歴任した南朝の遺臣、正長元年(1429)80歳余で没しました。

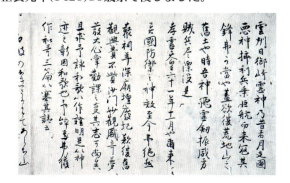

No.244 書跡
県 後村上天皇宸筆願文
しんぴつがんもん

指定年月日　昭和34年(1959)9月1日
1幅／所有者　鰐淵寺／所在地　島根県立古代出雲歴史博物館寄託

　南朝の後村上天皇が、正平6年(1351)9月8日、所願成就の際には鰐淵寺の根本薬師堂を造営せんとした自筆の願文です。同寺南院の僧頼源が記した「鰐淵寺文書送進状」によれば、本書は大和国賀名生御所において天皇より賜ったとあります。南朝側に立って尽力した頼源が、いかに天皇から信任を得ていたのかが窺える史料です。

No.245 書跡
県 紙本墨書大般若経

指定年月日　昭和37年(1962)6月12日
600巻／所有者　龍雲寺／所在地　浜田市三隅町

　浜田市三隅町の龍雲寺には大般若経600巻が伝わります。奥書等により、永和3年(1377)に石見国辰玉宮（現益田市西部か）に沙弥祥秀が奉納したことが分かりますが、龍雲寺に移動した経緯は未詳です。巻子装を折本装に改め、補完した帖があるものの、多数の書写者の多様な書風がうかがえ、ほぼ書写当初のまま伝わる貴重な写経です。

No.246 書跡
県 紙本墨書辺微意知語
へびいちご

指定年月日　昭和39年(1964)5月26日
1巻／所有者　蔭涼寺／所在地　奥出雲町三沢

　奥出雲町三沢の蔭涼寺に伝わる一巻で、江戸中期の臨済僧白隠禅師（1685～1768）の筆。辺微意知語とは宝暦4年(1754)に禅師が岡山藩主池田継政に宛てた手紙で、民のための仁政を勧めていますが、藩政批判を含むことからのちに発禁とされました。本巻は禅師の高弟から蔭涼寺住職の素経に贈られた禅師自筆本と伝えられます。

No.247 書跡
県 紙本墨書大智度論
だいちどろん

指定年月日　昭和41年(1966)5月31日
2巻／所有者　島根大学／所在地　松江市西川津町

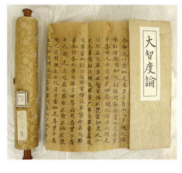

　島根大学所蔵の2巻で、巻62と巻67にあたります。奥書から、島根県所蔵のもの（65頁№241）と同じ日に播磨国の既多寺で書写されたものとわかります。近江国石山寺にもたらされ、「石山寺一切経」として収蔵されていました。両巻同筆で、雄渾・謹厳な中に伸び伸びした柔軟があり、いわゆる経体の代表的書風といえます。

No.248 書跡
県 紺紙金字妙法蓮華経安楽行品
あんらくぎょうほん

指定年月日　昭和49年(1974)12月27日
1巻（7紙）／所有者　個人／所在地　津和野町高峯

　紺紙に金泥字で書写された「妙法蓮華経安楽行品第十四」です。欄外の天地および裏面には金銀の切箔および砂子を散らし、そのところどころに金銀泥の蓮唐草や小鳥の絵模様が描かれています。作風から鎌倉時代初期のものと考えられ、首題により本来は「□軍家」（将軍家ヵ）から熊野本宮に奉納されたものであることがわかります。

No.249 書跡
県 紙本墨書新勅撰和歌集

指定年月日　平成5年(1993)5月11日
1冊／所有者　津和野町／所在地　津和野町中座

　宝永5年(1708)3月の大火により焼失した御所の再建を、他の2大名とともに、津和野藩主亀井茲親は命じられました。一年余りで竣工に漕ぎつけ、宝永6年(1709)10月16日に茲親が参内した折に拝領したものが本書です。摂政近衛家熙や正親町公通といった当代きっての文人公家ら23人が分担して書写したもので、美術的にも評価が高いものです。

No.250 典籍

県 出雲国風土記（日御碕本）

指定年月日　昭和36年(1961)6月13日
1冊／所有者　日御碕神社／所在地　出雲市大社町

島根県内で最古の書写年記の出雲国風土記の古写本。

　袋綴一冊。縦33.3㌢、横23.2㌢。本文64枚。蔵書印なし。

　大・中・小三重の箱に収められ、漆塗の中箱の表に金泥で「出雲国風土記　従二位権大納言源朝臣義直卿御寄進有御自筆奥書御判」と記されています。

　奥書により、本写本は、寛永11年(1634)7月、尾張徳川家初代徳川義直が日御碕神社に寄進したことが知られます。

　本写本は『出雲国風土記』写本の内で、慶長2年(1597)の書写年がある公益財団法人永青文庫所蔵の細川家本に次ぐ書写年が明らかな古写本です。名古屋市蓬左文庫所蔵『出雲国風土記』写本（蓬左文庫本）を書写し、それを日御碕神社に奉納したものと考えられています。

　細川家本や蓬左文庫本には全く訓点振り仮名がありませんが、本写本には全巻にわたって訓点が施され、神名・人名・地名などの語に振り仮名が施されています。

No.251 典籍

県 出雲風土記

指定年月日　昭和49年(1974)12月27日
1冊／所有者　個人／所在地　出雲市東園町

『出雲風土記抄』著者名「岸崎佐久次照時正本」と記す写本

　袋綴一冊。縦23.5㌢、横17.1㌢。本文71枚。

　巻末は一葉加えて、「岸崎佐久次照時本　出雲風土記　岸崎佐久次照時」と記されています。

　脱落している島根郡加賀郷条を貼り紙をして補い、加賀川条の脱落は行間に補書しているなど、他の写本により校合を加えています。しかも本写本は、訓法や頭注記載などに『出雲国風土記』日御碕神社所蔵本との共通点が多く、影響を受けていることが知られています。

　『田法記』『免法記』などの著作がある岸崎佐久次は、天和3年(1683)に『出雲国風土記』の最古の注釈書である『出雲風土記抄』を著しています。

No.252 古文書
重文 出雲国造北島家文書(306通)

指定年月日　昭和47年(1972)5月30日、員数変更　昭和55年(1980)6月6日
33巻／所有者　個人／所在地　出雲市大社町

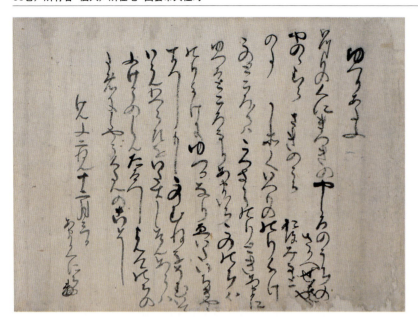

出雲国造北島家の伝える古文書が語る悠久の歴史

　天穂日命（あめのほひのみこと）を始祖と仰ぐ出雲国造は、もとは出雲氏を名乗り出雲大社の斎主としての地位を継承してきましたが、南北朝時代の初頭に北島家と千家家にわかれ、以後は両国造としてそれぞれ家職を継承しました。

　この古文書は北島家に伝わったもので、鎌倉時代から江戸時代に至るまでの306通から成っています。内容は朝廷・幕府からの文書もあれば、尼子氏などの守護や大名クラスからの文書、出雲大社の遷宮に関するものなどと多岐にわたります。北島家の由緒と長い伝統を物語るものですが、中世から近世の出雲大社とその周辺地域の歴史を知る上で欠くことの出来ない貴重な史料でもあります。

　写真は建武2年(1335)に尼覚日（国造出雲孝時の母）が書いた譲状（ゆずりじょう）（財産を子孫に譲渡することを書いた証明書）で、「さきのうら」（鷺浦）など現在に残る地名が確認できます。

No.253 古文書
重文 出雲大社并神郷図(絹本著色)

指定年月日　昭和47年(1972)5月30日
1幅／所有者　個人／所在地　出雲市大社町

出雲大社とその周辺を描く最古の絵図

　出雲大社（杵築大社）を中心に、その神領および所在の諸社を描いた最古の絵図であり、制作時期は13～14世紀頃と考えられます。また、絵図の範囲は、建武2年(1335)の「国造出雲泰孝後家尼覚日譲状（やすのりあまかくにちゆずりじょう）」にみえる四至（しいし）の範囲に該当しています。

　本図は大和絵様式による精細な画法を示していて、画面中心をなす大社本殿は千木を雄大に、床を高く描かれ、柱や高欄等は朱で着彩されており、一際目につきます。また、本殿前には楼門（ろうもん）等の建物、周囲には玉垣や築地をめぐらせて描かれています。鎌倉時代における大社の規模をよく伝え、出雲大社古絵図として貴重です。

　本図は絵画性が豊かである一方、実景を様々な角度から描き、点在する民屋、舟なども詳細に描かれ、上下に「北」「南」の墨書が存在することなどから、荘園絵図に近いものであるという指摘もあります。現状は軸装ですが、全面に格子様（こうし）の剥落がみえることから、元は衝立装（ついたて）であったと考えられます。

No.254 古文書

重文 紙本墨書後醍醐天皇御願文(ごがんもん)　元弘二年八月十九日トアリ

指定年月日　明治43年(1910)4月20日
1巻／所有者　鰐淵寺／所在地　出雲市別所町

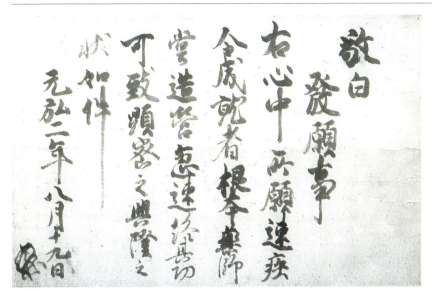

後醍醐天皇、隠岐から再起を誓う！

　後醍醐天皇が元弘2年(1332)に隠岐行在所で認めた自筆の願文で、「心中所願」すなわち倒幕の願いが成就すれば、速やかに鰐淵寺(がくえんじ)の根本薬師堂を造営すると誓ったものです。鰐淵寺では、嘉暦元年(1326)に伽藍の全てが焼失し、当時はその再建が課題となっていました。

　70頁No.256の貞治5年(1366)3月21日付「頼源文書」(らいげん)(重要文化財)によれば、この願文は鰐淵寺南院長吏頼源が隠岐国分寺の御所において授かったとあります。二つの史料を合わせると後醍醐天皇の隠岐での活動の一端を窺うことができ、たいへん貴重な史料です。

　頼源は鰐淵寺の僧兵を率いて終始後醍醐天皇方として活動した人物です。彼らとの協力関係を築いたことが翌年の天皇の隠岐脱出を成功へと導き、ひいては倒幕へと繋がります。

　残念なことに平成17年(2005)に盗難に遭い、以来不明です。

No.255 古文書

重文 紙本墨書光厳院宸翰御消息(1通)(こうごういんしんかんごしょうそく)
　　紙本墨書後村上天皇宸翰御消息(3通)

指定年月日　昭和18年(1943)6月9日
1巻／所有者　雲樹寺／所在地　安来市清井町

南朝・北朝双方の天皇から尊敬を集めた名僧 孤峰覚明

　雲樹寺(うんじゅじ)（安来市）は元亨2年(1322)に禅僧の孤峰覚明(こほうかくみょう)（三光国師とも。1271－1361）が開いた臨済宗の古刹で、多数の文化財を伝えています。そのうち、古文書では二人の天皇の宸翰（天皇の直筆の手紙）等が重要文化財に指定されています。3通ある後村上天皇宸翰御消息のうち2通は、孤峰覚明に面会して禅の教えを説いてもらいたいと求めているものです。残る1通は孤峰覚明没後に、その追善供養に関して雲樹寺住持に宛てたものであり、彼が南朝の後村上天皇（1328－68）から厚い信頼を寄せられていたことがわかります。また、これらの古文書から後村上天皇の花押が特定されており、学術上たいへん貴重な史料です。

　一方の光厳院宸翰御消息は、光厳上皇（1313－1364）の母広義門院（1292－1357）の死去に際して、孤峰覚明が弔辞を奉ったことに感謝する上皇からの返信です。光厳天皇（上皇）は北朝の天皇ですが、正平7年(1352)から約5年間、南朝によって大和国賀名生(あのう)（奈良県五條市）などに幽閉されており、その間に孤峰覚明に帰依しました。この宸翰は上皇が帰京後に出したものなので、交流は帰京後も続いていたようです。孤峰覚明が政治的な垣根を超えて尊敬を集める優れた人物であったことが窺えます。

No.256 古文書

重文 紙本墨書 名和長年執達状（なわながとししったつじょう） 1　建武三年二月九日トアリ
頼源文書（らいげんもんじょ）（2通） 1

指定年月日　明治43年(1910)4月20日
2巻／所有者　鰐淵寺／所在地　島根県立古代出雲歴史博物館寄託

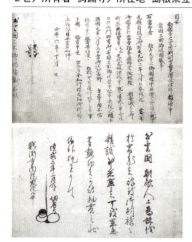

　建武3年(1336)の「名和長年執達状」は、名和長年が鰐淵寺南院に宛てたものです。出雲国内の足利尊氏方を誅伐するために、宿老には戦勝の祈祷を、若輩の者には戦場での忠節に励むよう命じています。当時の鰐淵寺は南と北の両院に別れていましたが、この史料が宛てられた南院のトップが頼源で、彼は南朝方として活動しています。貞治5年(1366)の「頼源文書」は、頼源がそれまで南朝側と交わした重要文書19通を鰐淵寺に進上するために書いた目録で、上記の「名和長年執達状」も含まれます。この「頼源文書」は、後醍醐天皇の隠岐行在所を隠岐国分寺とする説の根拠として有名です。それはこの目録には各文書が発給されるまでの過程や交渉相手の書き込みがあり、「後醍醐天皇御願文」(69頁No.254)に関しては「隠岐国国分寺御所」で授かったとの記載があるためです。

　残念なことに、「頼源文書」は平成17年(2005)に盗難に遭い、以来不明です。

No.257 古文書

重文 紙本墨書後醍醐天皇宸翰宝剣代綸旨（しんかんほうけんだいりんじ）（三月十七日）

指定年月日　昭和10年(1935)4月30日
1巻／所有者　出雲大社／所在地　出雲市大社町

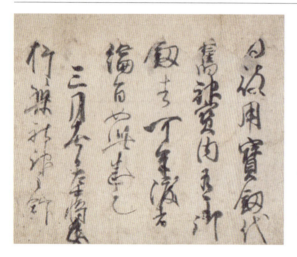

　元弘3年(1333)3月、後醍醐天皇から杵築大社に宛てて発せられた綸旨です。

　鎌倉幕府打倒に失敗し捕らえられた天皇は同2年隠岐に配流となりますが、同3年の閏2月に隠岐脱出に成功し、伯耆国船上山に拠ります。そして3月14日に王道再興と自軍の戦勝を大社に祈願し（本頁No.258）、続けて17日に本綸旨を発しました。

　天皇は宝剣（皇位の証となる神器の剣）の代わりに、大社の神宝の剣を差し出すように命じています。左中将千種忠顕（ちぐさただあき）が奉じた形になっていますが、その筆跡から天皇自ら執筆したと推定されています。天皇が大社の神威に大きな期待を寄せていたことが分かります。

No.258 古文書

重文 紙本墨書後醍醐天皇王道再興綸旨（りんじ）（元弘三年三月十四日）

指定年月日　昭和10年(1935)4月30日
1巻／所有者　出雲大社／所在地　出雲市大社町

　元弘3年(1333)に後醍醐天皇から杵築大社に宛てて発せられた綸旨（側近千種忠顕（ちぐさただあき）が天皇の意を受けて作成した文書）です。

　鎌倉幕府打倒に失敗し捕らえられた天皇は同2年隠岐に配流となりますが、同3年閏2月に隠岐脱出に成功し、伯耆国船上山に拠ります。そして3月14日本綸旨を発しました。

　王道（天皇中心の政治）を再興するには神の加護や大社の助けが必要であることを述べ、逆臣を征伐するために挙兵したので、戦いに勝利し朝廷に平穏をもたらすように祈願しています。

　17日には大社の神宝の剣を差し出すよう求めており（本頁No.257）、倒幕と自らの再起のために大社の神威を頼りにしていたことがうかがえます。

No.259 古文書

重文 紙本墨書宝治二年遷宮儀式注進状(建長元年六月日)

指定年月日 昭和10年(1935)4月30日
1巻／所有者 出雲大社／所在地 出雲市大社町

　宝治2年(1248)の杵築大社の遷宮儀式の次第について、翌建長元年(1249)に出雲国の目代・在庁官人らが都の出雲国司らに報告した文書の控えです。全長4.6㍍を超える長大な文書です。儀式は2日間にわたって行われ、1日目は仮殿から正殿への御神体の渡御、2日目は諸芸能の神前奉納や饗膳が催されました。中世最後の正殿遷宮で、神事への鰐淵寺僧や（限定的な）守護の参加など画期となる宝治度遷宮の様子を伝える重要な文書です。

No.260 古文書

県 棟札

指定年月日 昭和43年(1968)6月7日
42枚／所有者 横田八幡宮／所在地 島根県立古代出雲歴史博物館寄託

　鎌倉時代の弘安4年(1281)の棟札を最古として、南北朝時代の至徳2年(1385)や室町時代の永享11年(1439)など、中世の棟札だけでも13枚を数えます。以後、近世の棟札も幕末の文久元年(1861)まで29枚を所蔵しています。一神社の棟札を600年もの長きにわたって一覧できることから、同社の歴史のみならず、同地方の支配者層の動きや、大工や鍛冶などの工人の存在についても確認できる貴重な史料となっています。

No.261 古文書

県 紙本墨書秋上家文書

指定年月日 昭和47年(1972)3月31日
55巻、31冊／所有者 個人／所在地 松江市大庭町

　神魂神社社家・秋上氏に伝来する文書群。55巻31冊からなる文書総数は480点を数え、古くは応永21年(1414)にまでさかのぼります。出雲国造千家・北島両氏に深く関連のあった同社では国造家の家督諸職の継承に際して神火相続の祭事を執行しましたが、それに関する史実の記載が少なからず見られる点に大きな特色があります。また、秋上氏は尼子氏の家臣として宗教的・軍事的に支えていた側面も持っており、尼子氏関連の文書も残されています。

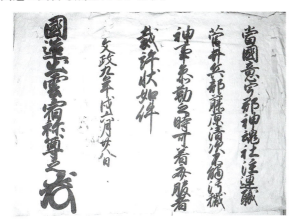

No.262 古文書

県 紙本墨書八重垣神社文書

指定年月日 昭和47年(1972)3月31日
43通、1巻2冊／所有者 個人／所在地 松江市佐草町

　松江市佐草町に鎮座する八重垣神社の伝来文書。46点からなる同文書は、永禄9年(1566)の毛利元就判物や同13年(1570)の毛利元秋書状をはじめとした中世末葉の文書を残しますが、多くは近世文書になります。天正13年(1585)毛利氏による社殿再建に関する書状や、歴代の松江藩主寄進状、社領検地帳、正徳4年(1714)の造営覚書など、中世末葉から近世全期にわたる八重垣神社の盛衰を知ることの出来る文書群です。

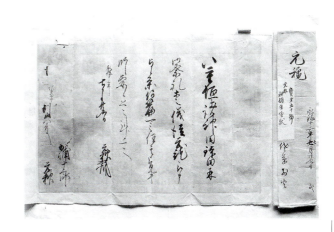

No.263 古文書

県 紙本墨書聖徒明麟置文(せいとみょうりんおきぶみ)

指定年月日　昭和47年(1972)7月28日
1幅／所有者　康国寺／所在地　島根県立古代出雲歴史博物館寄託

　出雲市の臨済宗康国寺の所蔵文書です。応永27年(1420)に和泉国大雄寺(だいゆうじ)の聖徒明麟が、先師である孤峰覚明が開いた康国寺のために、三沢前讃岐守の寄進状が師から弟子へと代々伝えられた事実を証明したものです。大雄寺は南北朝時代に孤峰覚明が開いた臨済宗の寺院ですが、彼は出雲国では康国寺以外に安来市の雲樹寺も開いています。本史料は中世における臨済宗の出雲地方への浸透を示す貴重なものです。

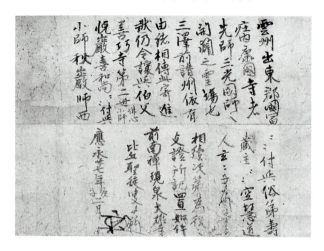

No.264 古文書

県 紙本著色杵築(きつき)大社近郷絵図

指定年月日　昭和47年(1972)7月28日
1幅／所有者　個人／所在地　出雲市大社町

　出雲国造北島家伝来の絵図で「慶長十四年御造営之図」とあり、かつて慶長度に造営された社殿の景観の図とみられます。近世初期の出雲大社周辺の景観を知るうえで貴重な絵図で、寛文4年(1664)に松江の絵師・狩野(西山)久三郎により仕上げられました。鎌倉期の「神郷図」(68頁No.253)では弥山(みせん)を大きく描いていますが、本図では本殿背後の八雲山を意識的に描画しており、この山に対する聖性意識の高まりが看取されます。

No.265 古文書

県 紙本墨書迎接寺(こうじょうじ)文書(もんじょ)

指定年月日　昭和48年(1973)9月25日
64通／所有者　迎接寺／所在地　島根県立古代出雲歴史博物館寄託

　64通からなるこの文書群は、平浜八幡宮(松江市八幡町)の関係文書が多数伝来しています。石清水八幡宮の末社である平浜八幡宮には、社役の寺として迎接寺を含む五ヶ寺が存在していましたが、迎接寺のみ現存し他の寺は退転したため、迎接寺に関係文書が一括伝存されました。したがって、他の社役の寺(宝光寺)に宛てた、大永4年(1524)亀井秀綱による灌頂法具の寄進状や、天文10年(1541)尼子晴久による安堵状なども残しています。

No.266 古文書

県 紙本墨書熊野神社文書(もんじょ)

指定年月日　昭和49年(1974)12月27日
4巻(41通)、1冊1枚／所有者　熊野大社／所在地　松江市八雲町

　4巻(41通)他からなる文書群です。天正～慶長期の祈祷、遷宮、宝物寄進に関する記述のある武将手鑑1巻や熊野神社寄進証文1巻、松江藩の山林禁制書1巻によって当神社の沿革を知ることができます。このほかにも、もともと当神社の文書ではないものの、豊臣秀吉による上杉景勝宛の小田原征伐の様子を記した書状や、徳川家康による関ヶ原合戦前夜の状況を伝える書状など、日本史上の事件に関わる文書を収めている点においても稀少なものです。

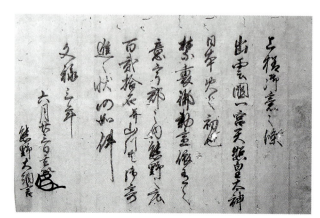

No.267 古文書
県 紙本墨書出雲大社文書（もんじょ）
指定年月日　昭和50年(1975)8月12日
237通、36冊4帖／所有者　出雲大社／所在地　出雲市大社町

　主に千家・北島両国造家から明治期に寄進を受け、出雲大社で保管されている文書群で、長寛2(1164)年から明治14(1881)年まで、中世文書約60点を含む約280点からなります。内容としては、中世の社領や造営に関するもの、近世の社領寄進や検地帳、大社法度、杵築6ヶ村の地下服忌令、舞楽、幕末攘夷御祈祷に関するもので、後醍醐天皇が兵革を祈願した綸旨など、全国史的に見ても貴重な文書が含まれています。また大社法度や地下服忌に関するものも神祇史上貴重なものといえます。

No.268 古文書
県 紙本墨書鰐淵寺文書（がくえんじもんじょ）
指定年月日　昭和50年(1975)8月12日
446通、10冊／所有者　鰐淵寺／所在地　出雲市別所町

　出雲市別所町の鰐淵寺所蔵の文書群で、約40点の鎌倉時代の文書を含む、建暦3年(1213)から明治元年(1868)までの約460の文書などから構成されており、中世鰐淵寺の所領や寺院運営、出雲大社との関係、また尼子氏や毛利氏による宗教統制を知ることができるたいへん貴重な文書群です。浮浪山の由来からはじまる当山への縁起を記した建長6年(1254)衆徒勧進状案、後醍醐天皇綸旨・後村上天皇綸旨や頼源に関わる文書などが含まれています。

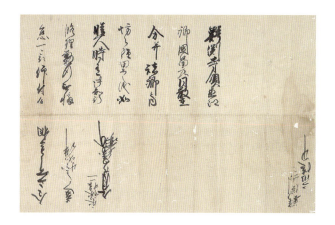

No.269 古文書
県 紙本墨書徳川家康起請文（きしょうもん）
指定年月日　昭和50年(1975)8月12日
1通／所有者　鰐淵寺／所在地　出雲市別所町

　天正16年(1588)年に北条氏に出された、「敬白、起請文…」で始まる起請文の形をとった徳川家康の書状です。家康は北条氏直の舅で、彼とその父氏政に豊臣氏への出仕を促し、叶えられない場合は娘を帰してほしいと述べています。この後、北条氏は氏規を上洛させることになります。数少ない家康の起請文であるとともに、小田原攻めの前の緊迫した政治状況を伝える貴重な文書です。鰐淵寺に伝わった理由については明らかになっていません。

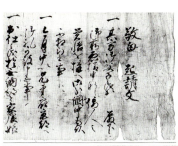
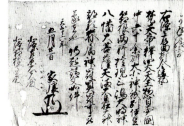

No.270 古文書
県 紙本墨書原屋家文書（はらやけもんじょ）
指定年月日　昭和50年(1975)8月12日
10通／所有者　個人／所在地　益田市美都町

　益田市美都町都茂の原屋家に伝えられた、正安2年(1300)から応永24年(1417)年までの間の10通の譲状です。内容は益田荘内の乙吉・北山道宇地の地頭職の相続に関するもので、宇地兼里が乙吉氏のおとつる女と婚姻、その子の彦三郎が両地頭職を相続した模様で、庶子家の複雑な所領相伝の様相を見て取ることができます。足利直冬・益田兼利の裏書を持つものもあります。

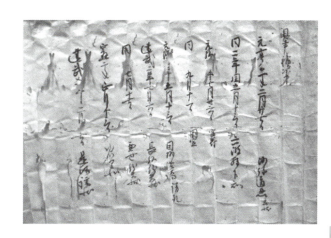

No.271 古文書
県 紙本墨書神門寺文書
指定年月日 昭和39年(1964)5月26日
18点／所有者 神門寺／所在地 出雲市塩冶町

出雲市にある浄土宗神門寺が所蔵する古文書です。神門寺は光仁天皇の勅願所で、天応元年(781)に密教寺院として創立されたと伝えられています。後に法然に帰依し、山陰地方最初の念仏布教の拠点となりました。古文書からは尼子氏・毛利氏などが神門寺を手厚く保護していたことがわかります。

No.272 古文書
県 天球儀(1個)、地球儀(1個)
指定年月日 昭和41年(1966)5月31日
所有者 太皷谷稲成神社／所在地 津和野町後田

津和野藩の天文学者・堀田仁助によるもの。文化5年(1808)作。ともに木製中空の球体に真鍮製の子午環をはめ、それを木製漆塗りの架台が支える作りになっています。描かれている図面について、天球儀の星座は古代中国天文学の渾天説に基づくものと考えられており、また地球儀は五大陸・三大洋ともほぼ正確に表現されています。

No.273 古文書
県 紙本墨書揖夜神社文書
指定年月日 昭和45年(1970)10月27日
67通／所有者 個人／所在地 松江市東出雲町

当神社に伝来する全67点の史料群。多くは江戸時代以降のものですが、中には平安・鎌倉時代にまで遡ります。内容は、社家の由緒や家譜、鎌倉期の荘園制の動向に関わるもの、大内・尼子・毛利氏の寄進状、江戸時代の松江藩関係史料などで、平安末期～明治初年に至る間の神社の動きを知ることのできる貴重な史料群です。

No.274 古文書
県 紙本著色杵築大社境内絵図
指定年月日 昭和47年(1972)7月28日
1幅／所有者 個人／所在地 出雲市大社町

出雲国造千家家伝来の絵図で「寛永御絵図」とありますが、描かれている範囲は千家家「寛文四年日記」に記載された大社領とほぼ一致します。また、北島家の絵図（72頁No.264）と同作者による作品と考えられ、寛文年間完成と目されます。近世初期の出雲大社周辺の景観とその変遷を知るうえで貴重な絵図といえます。

No.275 古文書
県 紙本墨画石見銀山絵巻
指定年月日 昭和48年(1973)9月25日
2巻／所有者 個人／所在地 大田市大森町

坑内での作業を主に描いた上巻と、精錬作業や代官所での灰吹銀の検査・保管、大坂上納の様子を描いた下巻からなっています。近年の調査によって、銀山地役人の阿部半蔵光格（1780～1848）によるものと判明し、本絵巻は19世紀前半の作製と推定されています。阿部は地役人ながら絵師としても活躍した人物でした。

No.276 古文書
県 紙本著色日本国地理測量之図
紙本著色東三拾三国沿岸測量之図
指定年月日 昭和49年(1974)12月27日
2面／所有者 太皷谷稲成神社／所在地 津和野町後田

伊能忠敬測量図を原図とした、楽水堂主人なる人物の模写図です。「日本国地理測量之図」と同種のものは国内に数点しか残存せず、全国的にも稀少な幕府天文方による実測図の一つです。幕府天文方にも勤仕した津和野藩士・堀田仁助が天球儀・地球儀とともに亀井家に献じたといわれています。

No.277 古文書
県 紙本墨書笠置家文書
かさぎけもんじょ

指定年月日　昭和50年(1975)8月12日、追加指定　平成12年(2000)3月28日
29通／所有者　島根県／所在地　松江市殿町

建治2年(1276)佐々木泰清袖判下文を最古とする文書群。中世の美多荘(西ノ島)の公文職や大山神社祢宜職に関する古文書を伝えています。

また、戦国期の古文書は、尼子氏、毛利氏による隠岐の支配の実態を知る上で貴重なものが多く、隠岐の中世を考える上で様々な素材を提示してくれる史料です。

No.278 古文書
県 紙本墨書石見銀山御料郷宿田儀屋文書
ごりょうごうやどたぎやもんじょ

指定年月日　昭和50年(1975)8月12日
10冊／所有者　個人／所在地　大田市仁摩町

石見銀山内の郷宿の一つ田儀屋に伝えられた10冊の史料で、郷宿の来歴・役割・心得方などを定めた議定書、郷宿転変後の組村や相続に関する取調書、明治3年の日記、経費の村方への割り振りを記載した村方帳7冊からなります。郷宿の由来や機能、組村との関係を知る上での基本史料です。

No.279 古文書
県 石見国絵図
紙本著色津和野城下絵図(5点)
紙本著色津和野藩領絵図(1点)
紙本著色石見国絵図(2点)
附・紙本著色石見国長門国州境絵図　3点

指定年月日　昭和60年(1985)4月23日
8点／所有者　津和野町／所在地　津和野町森村

津和野城下絵図5点、津和野藩領絵図1点、石見国絵図2点からなる、いずれも彩色豊かで描写に優れた絵図です。藩士名・社寺・城郭・村名・村高・道筋・自然などが各絵図の目的に応じて記されていて、藩政にあたって作成されたものと思われます。このほか、長門国との国境を描いた小絵図3点も共に残されています。

No.280 古文書
県 吉岡家文書
もんじょ

指定年月日　平成9年(1997)12月26日
66通、2冊／所有者　個人／所在地　島根県立古代出雲歴史博物館寄託

石見銀山の地役人吉岡家に伝えられた文書群で、全体で古文書66通と和綴2冊からなります。毛利氏の銀山支配の最末期に当たる慶長4年(1599)、銀3万枚の運上を求めた佐世元嘉書状、また関ヶ原の合戦の直後、同5年9月25日にいち早く出された徳川家康禁制など、銀山が最盛期を迎えた慶長期の文書が多く含まれています。

No.281 古文書
県 富家文書
とびけもんじょ

指定年月日　平成12年(2000)1月21日
48通／所有者　島根県／所在地　島根県立古代出雲歴史博物館

出雲大社の上級神官であった富家が所蔵していた古文書で、中世〜近世にわたる大社の祭礼や運営についてうかがい知ることができる貴重な史料群です。多くは県外に散逸していましたが、そのうち130点以上を島根県が平成6年に購入し、故郷へ里帰りしました。中世文書48点が、県指定となり、『富家文書』として翻刻・影印が刊行されています。

No.282 古文書
県 紙本著色石見国絵図
ちゃくしょく

指定年月日　平成12年(2000)3月28日
1点／所有者　浜田市／所在地　浜田市殿町

元和(げんな)4年(1618)前後に作成された極彩色の大型国絵図です。石見地方最古の国絵図で、同時期のものとしては現存唯一です。全体に丁寧な描写がされていますが、特に津和野城下については細密で、石垣と堀で区画された御殿を写実的に描いています。津和野藩主亀井家の転封に伴い、幕府の命で作成されたものと考えられます。

No.283 古文書
県 安富家文書（やすとみけもんじょ）

指定年月日　平成20年(2008)12月2日
15通／所有者　益田市／所在地　益田市乙吉町

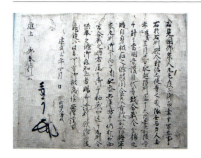

　石見国長野荘安富郷（現在の益田市安富町）を本拠とした、益田氏庶子家である安富氏に伝えられた、平安時代末元暦元年(1184)から室町時代永享9年(1437)までの15通の文書です。建武3年(1336)丸茂兼行軍忠状では、足利尊氏に従い活動したことが記されており、この時期の石見の武士の動きを示す重要な史料です。

No.284 古文書
県 周布家文書（すふけもんじょ）

指定年月日　平成20年(2008)12月2日
5通／所有者　益田市／所在地　益田市乙吉町

　天文20年(1551)8月29日、周防国の大内義隆の家臣、陶隆房が主君に対し反逆し、9月1日には大内義隆は自刃しました。この直後、陶隆房や一族の隆満が石見国周布郷（浜田市周布町）を本拠地とした周布氏に宛てて発給した5通の文書です。特に9月6日の陶隆房書状はこの事件の最も基本的な史料で、周布氏がこの反乱に関与したこともうかがえます。

No.285 考古資料

重文 石製経筒（せきせいきょうづつ）
仁平三年五月二日書写法華経一部安置鰐淵山金剛蔵王窟ノ銘アリ　附・湖州鏡　1面
蔵王窟奉施入仁平二年六月十日ノ銘アリ

指定年月日　昭和13年(1938)8月26日
1口／所有者　鰐淵寺／所在地　島根県立古代出雲歴史博物館寄託

4名の写経僧によって埋納された平安時代後期の特異な経筒

　石製経筒は湖州鏡とともに出雲市の鰐淵寺山内の蔵王窟から出土したものと伝えられています。経筒は淡灰色の凍石製で、円筒形の筒身と蓋が組み合わさる形態になり総高48.2ｾﾝﾁの重厚雄大なものです。蓋は半球形で、筒身は口縁部に蓮弁を刻み出し底は十六角形に面取りし、そのうち五面に逆三角形の刻線をいれ請花状に成形しています。

　筒身外面には14行125字の刻銘があり、それによると円朗をはじめとする4人の写経僧が仁平元年(1150)から同3年にわたる二年余りの歳月をかけて妙法蓮華経1部八巻を書写し、それを埋納したものであることがうかがえます。

　平安時代には、釈迦の教えだけ残り、その教えを実践する人がいなくなり、混乱した世の中になる、いわゆる末法の時代が到来すると考えられたことから、仏典を経筒に入れ地中に埋納して残そうとしました。本石製経筒と湖州鏡はその時代の様子を良く伝えるとともに他の石製経筒には見られない特異な形状をとるものとして重要な資料と考えられます。

No.286 考古資料

重文 出雲玉作遺跡出土品（たまつくり）
一、玉類及同未成品（1括）／一、滑石紡錘車（1箇）／一、滑石有孔円板（1箇）
一、攻玉工具類（1括）　砥石（1括）／棒状鉄器／其他原石・剥片・土器等出土品一切（昭和四十四～四十六年発掘調査分）

指定年月日　昭和52年(1977)6月11日
所有者　松江市／所在地　出雲玉作資料館

輝く「出雲ブランド」、古代出雲の玉作りの中心地

　昭和44年(1969)から46年の発掘調査により玉作り工房跡などから出土した一括遺物です。出雲玉作りは、すでに『出雲国風土記（733）』、『古語拾遺（838）』などの古記録にも記述があり古くより著名です。遺跡は、宍道湖南岸に緩やかな山容を見せる花仙山（標高199ﾒｰﾄﾙ）の西麓にあります。花仙山から産出する碧玉（へきぎょく）・瑪瑙（めのう）・水晶・滑石（かっせき）などの玉材を用いて玉類製作が行われますが、勾玉の内側を磨く結晶片岩製の砥石のように和歌山県・徳島県などの遠隔地から持ち込まれたものもあります。遺物の多くは未製品や破損品ですが、これを分析することによって勾玉、管玉、臼玉、小玉、切子玉などの玉類の製作工程を詳しく知ることができます。

　古墳時代前期～平安時代前期まで日本国内の石製玉類生産の中核であった出雲玉作りの生産状況の変遷や技術を知るために極めて重要な資料です。

No.287 考古資料

重文 平所遺跡埴輪窯跡出土品
一、埴輪馬（3箇）／一、埴輪鹿（1箇）／一、埴輪家（2箇）／一、埴輪男子像残欠（3軀分）
一、埴輪円筒（1箇） 其他土師器等出土品一切

指定年月日　昭和52年(1977)6月11日
所有者　島根県／所在地　島根県立八雲立つ風土記の丘

「見返りの鹿」をはじめ、芸術的な埴輪群

　昭和50年(1975)に、平所遺跡（松江市矢田町）で行われた発掘調査で出土しました。埴輪を焼くための窯跡の中から、破片となった状態で大量に出土しており、一括して重要文化財に指定されています。出土した状況からみて、操業を終えた後の窯内に、破損した埴輪を廃棄したものと考えられています。
　一般的にみられる円筒埴輪の他に、形象埴輪が多く含まれている点が特徴で、そのうち人物（頭部3個体分）・馬（3体分）・鹿（1体分）・家（2軒分）はほぼ完全な形に復元されました。いずれも精巧な作りの優品であり、5世紀後半〜6世紀前半（古墳時代中〜後期）の埴輪生産の実態をよく伝える資料群として、極めて学術的価値が高いものです。
　なかでも鹿は左後方を振り返る、埴輪としては珍しい動的な瞬間を表現したものとして知られています。草を食むような動きのある口元、別作りで差し込まれた角など極めて写実的で、全国的にみても埴輪の代表作と言えるでしょう。
　これらの埴輪は、風土記の丘展示学習館（松江市大庭町）で常設展示されています。

No.288 考古資料

重文 出雲岡田山古墳出土品
一、銀錯銘銀装円頭大刀（1口）　額田部臣在銘／一、金銀装環頭大刀（1口）／一、金銀装円頭大刀（1口）
一、内行花文鏡（1面）／一、金環（2箇）／一、金銅空玉残欠共（16箇）
一、馬具類　金銅鞍金具残欠（1背分）／金銅雲珠（6箇）／金銅鏡板（1具）／銅鈴残欠共（7箇）／鉄環（2箇）
一、刀子等残欠（3箇）／一、須恵器（2箇）

指定年月日　昭和60年(1985)6月6日
所有者　六所神社／所在地　島根県立八雲立つ風土記の丘寄託

部民制の地方展開を裏付ける、銘文入りの飾り大刀

　岡田山1号墳（松江市大草町）の横穴式石室から出土した副葬品一括です。この古墳は6世紀後半に築かれた全長24㍍の前方後方墳で、出雲東部のナンバー2〜3クラスの豪族が葬られたとみられます。大正4年(1915)に地元の人々により発掘され、大刀、銅鏡、装身具、金銅で飾った馬具一式などが出土しました。
　特筆されるのは銀で飾られた円頭大刀で、昭和58年(1983)におこなわれた保存処理の際、刀身から銘文が発見され大ニュースとなりました。銀象嵌の銘文「各田ア臣□□素□大利□」（□は判読できない文字）12文字のうち「各田ア臣＝額田部臣」とはこの大刀を所有し岡田山1号墳に葬られた豪族を指すとみられます。額田部皇女（後の推古天皇）のために奉仕する部民と呼ばれる集団が6世紀の出雲に存在し、「臣」という姓（カバネ）をもつ豪族に統括されていたことを示すもので、古代史上の大発見となりました。出土品の大半は風土記の丘展示学習館で常設展示されています。

No.289 考古資料

【重文】島根県出雲大社境内遺跡（旧本殿跡）出土品
一、柱根（6点）／一、礎板（1点）／一、鉄製品（38点）／一、土器（25点）

指定年月日　平成22年(2010)6月29日
所有者　出雲大社／所在地　出雲市大社町

高層神殿の実在を裏付ける三本束ねの巨大柱材

　平成12年(2000)に、出雲大社境内の中心部で行われた発掘調査によって発見された本殿跡に関する出土品です。この本殿跡は鎌倉時代の宝治2年(1248)に造営されたものと推定され、「絹本著色出雲大社并神郷図」（68頁）に描かれるような高層建築であったとみられます。

　出土した本殿跡の柱は直径1㍍を超える巨木を3本束ねて一つの柱とする特異な構造で、出雲大社宮司千家家に伝わる「金輪御造営差図」に描かれた表現と一致しました。古代出雲大社の巨大さ、高層性を示すものとして注目されます。出雲大社の歴史、さらには出雲地方に特有な神社建築様式である大社造りの歴史を考える上でも重要なものです。柱材の付近から出土した建築金具や儀式用工具（手斧）、土器、年代決定の決め手となった板材などもあわせて、重要文化財に指定されています。

　本殿中心部の心御柱は出雲大社宝物殿で、前面中央の宇豆柱は島根県立古代出雲歴史博物館で、それぞれ常設展示されています。

No.290 考古資料

【重文】出雲荻杼古墓出土品　　一、青磁碗（2口）　一、青磁皿（1枚）
　　　　　　　　　　　　　　　一、陶製甕（蓋石共）（1口）

指定年月日　昭和55年(1980)6月6日
所有者　国（文化庁保管）

砧青磁の優品

　昭和40年(1965)に斐伊川左岸の平野部において行われた土地改良事業の工事中に発見されています。扁平な石で蓋をされた陶製の大甕の中に青磁碗2、皿1が入れられた状態で骨片が確認されており、古墓と考えられています。

　陶器大甕は、口径が48.6㌢、器高86.2㌢で、口縁部が発見時に一部欠損しています。外面の肩から胴部にかけて、5段の帯状に格子状の叩き目が施されています。焼成は良く、口縁部から肩部外面の色調は黒褐色で底部付近は橙色です。常滑系の甕で、時期は13世紀の第3四半期になります。青磁碗1は、口径13.3㌢、器高6.9㌢、青磁碗2は、口径13.6㌢、器高6.7㌢で、外面に25葉の幅の狭い鎬連弁文が施され、釉の色調は明緑色、高台外面は暗茶褐色です。青磁皿は口径17.1㌢、器高4.6㌢で、内面に43葉の花弁文、底部内面に草花文の印刻文がみられます。これらは、中国製龍泉窯系青磁で、大宰府の貿易陶磁編年で13世紀中頃～14世紀初頭とされています。

　出土品の大甕、青磁碗、皿がこれだけ完全な形で発見されることは貴重であり、特に龍泉窯青磁碗、皿は釉調も良く全国的にみても優品といえます。

No.291 考古資料

重文 出雲神原神社古墳出土品
一、三角縁神獣鏡 景初三年在銘(1面)／一、刀剣類 素環頭大刀身(1口)／刀身(1口)／剣身(2口)
一、鉄鏃残欠共(37本)／一、矢柄漆膜残欠(1括)／一、工具類 鉄斧(2口)／鉄鉇(1本)／鉄鑿(1本)／鉄錐(2本)
一、鉄鍬(1箇)／一、鉄鎌(1箇)／一、鉄針(2本)／一、土師器(6口)

指定年月日 昭和56年(1981)6月9日
所有者 国(文化庁保管)／所在地 出雲市大社町(島根県立古代出雲歴史博物館保管)

景初三年銘三角縁神獣鏡など島根県を代表する前期古墳出土品

神原神社古墳(雲南市加茂町神原)は、赤川左岸の微高地に造られた方墳です。昭和47年(1972)とその翌年に行われた発掘調査の出土品が一括で指定されています。

埋葬施設は、扁平な割石を小口積みした狭長な竪穴式石槨で、粘土床に割竹形木棺が安置されていました。棺内には三角縁神獣鏡や、鉄製武器類(素環頭大刀・大刀・剣・鉄鏃)、農工具類(鍬先・鎌・斧・鑿・錐・縫針)が、棺外には鉄剣1点が副葬されていました。また、石槨横の土坑や石槨蓋石の上部から、土師器の壺や円筒型土器が出土しました。

三角縁神獣鏡の銘文には、倭の邪馬台国の女王、卑弥呼が中国の魏に遣使した「景初3年(239)」の紀年銘が見えます。この鏡については、魏の皇帝から卑弥呼に下賜された鏡100枚のうちの1枚とする説や、中国の工人が列島にやってきて作ったという国産品説があり、三角縁神獣鏡の製作地論争で注目されています。

No.292 考古資料

国宝 島根県荒神谷遺跡出土品
一、銅剣(358口)／一、銅矛(16口)
一、横帯文銅鐸(1口)／一、袈裟襷文銅鐸(5口)

指定年月日 平成10年(1998)6月30日
所有者 国(文化庁保管)／所在地 出雲市大社町(島根県立古代出雲歴史博物館保管)

青銅器研究の常識を覆した大発見！

本資料は荒神谷遺跡(出雲市斐川町神庭)から出土した青銅器群で、一括で国宝に指定されています。農道建設工事の事前調査において、昭和59年(1984)に銅剣358本が、翌年には銅矛16本および銅鐸6個が埋められたままの状態で出土しました。出土した銅剣の本数は、それまでの国内出土総数を上回るものであったことから、当時大きな話題となりました。

本資料の重要性は出土数の多さだけでなく、出雲地方に集中的に分布する形態の銅剣(中細形銅剣c類)と、畿内を中心とする地域の祭器である銅鐸、さらには北部九州を中心とする地域の祭器である銅矛が一か所から出土した唯一の事例であることが挙げられます。それぞれの青銅器が製作された時期や、使用された期間は異なっており、すべてが揃った期間はそれほど長くなかったと推測されます。

また当遺跡出土の銅剣の大部分には、茎部に×の刻印があり、後に発見された加茂岩倉銅鐸の鈕にも同様の刻印が見られることから、両者の関係も注目されています。

考古資料

国宝 島根県加茂岩倉遺跡出土銅鐸

指定年月日　平成20年(2008)7月10日
39口／所有者　国（文化庁保管）／所在地　出雲市大社町（島根県立古代出雲歴史博物館保管）

一遺跡では日本最多の銅鐸出土

　銅鐸39口の内訳は、外縁付鈕1式が19口、外縁付鈕2式が9口、外縁付鈕2式～扁平鈕1式が2口、扁平鈕2式が6口、扁平鈕2式～突線鈕1式が3口です。20口は総高45㌢前後の中型のもので、19口は総高30㌢前後の小型のものです。本件では多くの銅鐸が中型銅鐸の鐸身内に小型の銅鐸を納めた「入れ子」の状態で発見され、他の銅鐸も出土状況や土の状況などから、すべて入れ子状態で埋納されていたと推測されます。

　同笵銅鐸は15組26口が確認されています。また、扁平鈕2式～突線鈕1式の18・23・35号銅鐸は袈裟襷文区画内をT字形に区分する点、縦横帯の斜格子文や重画文などに、従来知られている近畿地方生産と考えられる銅鐸とは異なる特徴をもっており、出雲地域で生産された可能性も指摘されています。

　また銅鐸14口には鈕の菱環部にタガネのような工具で鋳造後に刻まれた「×」状の刻線があり、荒神谷遺跡出土品の銅剣にある「×」状の刻線との関連が注目されています。

No.294 考古資料

重文 銅印　印文「隠伎倉印」

指定年月日　昭和10年(1935)4月30日
1顆／所有者　個人／所在地　隠岐の島町下西

　隠岐国造家に伝世する青銅製の印です。印面は縦6.0㌢、横6.5㌢の方形で、周囲に幅の狭い輪郭線が巡ります。印文は、陽刻で「隠伎」、「倉印」と2行にわたり篆書で鋳出されています。鈕は幅の広い撥形をしており、鈕孔を持たず、前面上部に「凸」字を鋳出しています。鈕には漆状の付着物が認められます。
　この印は諸国に1つずつ置かれた正倉の印の一つです。国名の書体は『隠岐国正税帳』に捺された国印と共通していることから、8世紀の印と考えられます。
　諸国倉印でほかに伝世しているものは駿河・但馬の2国のみで、大変貴重な資料です。

No.295 考古資料

重文 隠岐国駅鈴　附・光格天皇御下賜唐櫃(担棒付)1合

指定年月日　昭和10年(1935)4月30日
2口／所有者　個人／所在地　隠岐の島町下西

　本資料は、隠岐国造家に伝来する青銅製の鈴で、2点あります。大きさは幅6.7㌢、高さ8.5㌢、厚さ5.0㌢前後で、やや偏平な八角形をなし、上部には環状の鈕、下部には3～4個の足がつきます。一面には「驛」、他面には「鈴」の字が陽鋳されます。また鈴の内部には、約1.5㌢大の玉が鋳込んであります。
　駅鈴とは、都城と諸国に置かれた国府とを結ぶ駅路に設置された駅馬を使用する際の証明書のようなものです。通常、駅鈴には「刻」が施され、その数が使用できる駅馬の頭数を意味しますが、本資料では確認できません。
　併せて指定されている駅鈴を納める唐櫃は、朱塗りの六足付のものに黒漆塗りの担棒が付き、江戸時代に光格天皇より下賜されたものです。

No.296 考古資料

重文 出雲国玉作阯出土品　玉類及同未成品(184箇)／砥石 残欠闕共(162箇) 硝子塊(11箇)／坩堝残片等(1括)

指定年月日　昭和14年(1939)5月27日
所有者　玉作湯神社／所在地　松江市玉湯町

　この資料は、明治18年(1885)前後から地元の由緒ある文化財を保護・顕彰する活動を行った玉作湯神社の遠藤百衛宮司の呼び掛けにより、出雲玉作跡周辺で出土・採集されていた資料が、同社に奉納されたものです。今日では700点を超える点数からなります。
　史跡出雲玉作跡で発掘された玉作関連資料と同様に、勾玉・管玉などの玉類成品のほか、玉類製作過程の未成品や破損品、砥石などを含みます。中でも、ガラス溶解用の坩堝やガラス塊は、出雲玉作において石製玉類ばかりでなく、ガラス製玉類の製作を行っていたことを類推させる重要な資料です。

No.297 考古資料

重文 銅戈(1口)、硬玉勾玉(1顆)　島根県簸川郡大社町神魂伊能知奴志神社境内出土

指定年月日　昭和28年(1953)2月14日
所有者　出雲大社／所在地　出雲市大社町

　出雲大社の東側にある摂社、命主社の境内から出土した青銅製の銅戈と、硬玉(ヒスイ)製の勾玉です。『御造営日記』によると、これらは寛文5年(1665)9月13日、出雲大社造営に必要な石材を得るため、命主社東側にあった大石を割ったところ、その下から発見されたことがわかります。

　銅戈は北部九州で作られ出雲に運ばれたものです。またヒスイの石材は北陸の糸魚川流域で産出した極めて質の良いもので、透明度が高く濃い緑色をしています。両者とも当時稀少な優品で、日本海を介した広域交流ではるか出雲にもたらされ、祭祀のために巨岩下に埋納されたとみられます。弥生時代の青銅器と玉類が祭祀のために一緒に埋められた、全国的にも唯一の事例です。

No.298 考古資料

重文 金銅荘環頭大刀　刀身共

指定年月日　昭和33年(1958)2月8日
1口／所有者　島根県／所在地　島根県立古代出雲歴史博物館

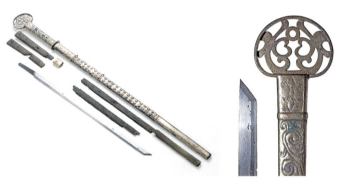

　かわらけ谷横穴墓群(安来市植田町)から出土した装飾付大刀です。金銅板で装飾した構造と、向かい合った2体の龍をあしらった柄頭の形態から「金銅装双龍環頭大刀」と呼ばれるもので、全国的に例がないほど驚異的に保存状態が良い点が特筆されます。通常は腐って失われる鞘・柄の木質が残り、刀身は出土後に研ぎ上げられたため錆に覆われることなく本来の輝きを今にとどめています。

　この大刀はヤマト王権の工房で製作され、当地の豪族に与えられたものが、所有者の墓に副葬されたとみられます。大正14年(1925)に出土し、その後は蒐集家の手にわたりましたが、平成10年(1998)に島根県が購入しました。現在は島根県立古代出雲歴史博物館で展示されています。

No.299 考古資料

県 塩治築山古墳出土品
えんやつきやま

指定年月日　昭和36年(1961)6月13日
1括／所有者　出雲市／所在地　出雲弥生の森博物館

　古墳時代後期（6世紀後半頃）の、出雲西部の最高首長を葬った上塩冶築山古墳（出雲市上塩冶町）の石室内から、明治20年(1887)に発見された副葬品一括です。質・量ともに、山陰の後期古墳副葬品を代表する資料で、なかでも金銅製の冠、金銀装の装飾付大刀・馬具などは全国的にみても稀少な質の高いもので、被葬者の特別な地位を表しています。そのほかに鉄矛や鉄鏃、豊富な玉類、刀子、須恵器などの副葬品が一括して保存されています。

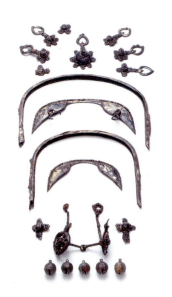

No.300 考古資料

県 波来浜遺跡出土遺物
ならはま

指定年月日　昭和45年(1970)10月27日
60点／所有者　江津市／所在地　江津市郷田

　砂丘上に営まれた弥生時代中期～後期の方形貼石墓群に供献された土器類51点と墓壙内に副葬された銅鏃6本、鉄鏃3本から構成されます。弥生土器は、江津市域の弥生中期～後期土器の特徴をよく示す甕、壺、器台、鉢、注口土器など多様でかつ整美な器種構成からなり資料的価値が高いものです。銅鏃、鉄鏃は共に大型品で、山陰地域にも金属製鏃が早い時期に浸透していたことを裏付けるものです。

No.301 考古資料

県 常楽寺古墳出土品
じょうらくじ

指定年月日　平成9年(1997)1月17日
1括／所有者　奥出雲町教育委員会／所在地　奥出雲町三成

　常楽寺古墳（奥出雲町高田）は横穴式石室をもつ直径約16ｍの円墳で、古墳時代後期（6世紀後半頃）に築かれたものです。石室内は調査されていませんが、昭和58年(1983)に墳丘が発掘され、人物埴輪（男子3点、女子2点）、馬形埴輪1点、円筒埴輪多数が出土しました。人物埴輪・馬形埴輪は県内でも出土例が少なく、奥出雲地域の後期古墳文化を語る貴重な資料です。造形的にも優れた美しい埴輪であり、保存状態が比較的良いのも特徴です。

No.302 考古資料

県 上野1号墳出土品

指定年月日　平成15年(2003)5月9日
1括／所有者　島根県／所在地　松江市殿町

　上野1号墳（松江市宍道町）は古墳時代前期末頃の大型円墳です。平成9年(1997)に発掘調査され、その出土品が一括して指定されています。中心主体には銅鏡1面や玉類43点、剣2点、槍1点、用途不明の金属製品などが副葬され、墓壙上には多数の土器が供献されていました。第3主体の棺に転用された鰭付円筒埴輪（ひれ）は、大和北部型と呼ばれるもので、畿内政権との密接な関わりが窺われます。

No.303 考古資料

県 めんぐろ古墳出土品
指定年月日　昭和35年(1960)9月30日
1括／所有者　個人／所在地　浜田市治和町

　昭和24年(1949)に、めんぐろ古墳（浜田市治和町）の横穴式石室内から出土した副葬品一括です。馬具一式、銅鏡、鉄製武器類、須恵器などがあり、中でも人物・動物などの装飾を付けた子持壺は稀少なもので注目されます。石見地域を代表する後期古墳の副葬品であり、昭和35年(1960)、考古資料として初めて島根県指定文化財になりました。

No.304 考古資料

県 銅鐸
指定年月日　昭和37年(1962)6月12日
1口／所有者　㈶八雲本陣記念財団／所在地　松江市宍道町

　鈕の部分は欠損していますが、復元高28㌢前後の福田型銅鐸で、鐸身に人面と水鳥を表現しています。同じ鋳型で作られた銅鐸が佐賀県吉野ヶ里遺跡で出土していることなどから、本例も九州北部で製作された可能性があります。出土場所は不明確ですが、山陰地域で出土したものと考えられます。

No.305 考古資料

県 銅剣
指定年月日　昭和37年(1962)6月12日
1口／所有者　横田八幡宮／所在地　島根県立古代出雲歴史博物館寄託

　奥出雲町に所在する横田八幡宮に伝わる銅剣で、弘安4年(1281)の移転遷宮時に係る境内地拡張の際に出土したと言われています。
　銅剣は、全長50.9㌢のもので、荒神谷遺跡出土の銅剣と同じ「出雲型銅剣」とも呼ばれる中細形C類に位置付けられています。出雲地方の弥生時代青銅器文化を考える上で貴重な資料になります。

No.306 考古資料

県 銅製経筒
指定年月日　昭和38年(1963)7月2日
1合／所有者　雲樹寺／所在地　安来市清井町

　寛延4年(1751)に、雲樹寺（安来市）開山の三光国師の舎利塔下部にある石覆の下から出土しました。鋳銅製の経筒で、蓋と身を合わせた高さは33.8㌢になります。蓋には三重の花弁を持つ菊花文が鋳出されています。筒身に刻まれた銘文から、元弘2年(1332)に三光国師ら多数の仏弟子によって埋納されたことが分かります。

No.307 考古資料

県 細形銅剣
指定年月日　昭和39年(1964)5月26日
1口／所有者　平浜八幡宮／所在地　松江市八幡町

　昭和初期に高圧線の鉄塔を建設する際に発見され、松江市平浜八幡宮に奉納されました。比較的遺存状態が良く、長さは26.5㌢、幅は柄に近いところで3.2㌢あり、茎から5㌢のところに2つの孔があいています。形態から「細型」と呼ばれる鋭利な刃を持つもので、古い特徴を残しており、朝鮮半島からの輸入品である可能性があります。

No.308 考古資料

県 銅製経筒
　　附・経筒蓋36枚　・経筒被底46枚　・銅製納札7枚
　　　・経文2巻、経石45箇　・泥塔1基、銭貨667枚
指定年月日　昭和40年(1965)5月21日
168箇／所有者　八幡宮／所在地　島根県立古代出雲歴史博物館寄託

　中世末から近世にかけて「六十六部廻国聖」と呼ばれる人々が、日本各地を巡り、国毎に法華経一部を寺社に奉納しました。大田市南八幡宮鉄塔内には、168箇以上の銅製経筒が奉納されており全国的にも貴重な事例です。中近世の信仰・交通の在り方を示す資料であるとともに、美術工芸的にも高く評価されるものです。

No.309 考古資料

県 銅印　印文「春」
指定年月日　昭和43年(1968)6月7日
1顆／所有者　個人／所在地　松江市雑賀町

出雲国府の工房と推定される日岸田地区（松江市大草町）から出土した「春」の印面をもつ青銅製の印です。律令国家では、公文書の真性を保つために印章が使用されましたが、本資料は国印ではなく、国府に勤務した官人の私印であると考えられます。国府では銅製品の製造も行っており、銅印の製作も可能であったと推測されます。

No.310 考古資料

県 陶製経筒
指定年月日　昭和43年(1968)6月7日
5口／所有者　豊田神社／所在地　島根県立古代出雲歴史博物館寄託

江戸時代に益田市横田にある石塔寺権現旧跡付近で発見されたと伝わるもので、須恵器壺1口と、青磁筒形容器1口、褐釉陶器四耳壺3口が指定されています。これらは平安時代末頃のもので、青磁や褐釉陶器は中国から北部九州を通じて搬入されたと考えられます。埋納者の幅広い交易活動を窺わせる資料として注目されます。

No.311 考古資料

県 銅剣
指定年月日　昭和47年(1972)3月31日
1口／所有者　海士町教育委員会／所在地　海士町海士

本資料は開墾中の畑に露出していたところを、地元の中学生によって発見されました。詳しく調べてみると、もとは諏訪湾の近くの竹田遺跡（海士町竹田）から、弥生土器や鉄器などとともに出土したことがわかりました。
銅剣の茎部から剣身の中ほどまでしか残っていませんが、隠岐地域唯一の青銅器として重要なものです。

No.312 考古資料

県 猪目洞窟遺跡出土遺物
指定年月日　昭和49年(1974)12月27日
65点／所有者　出雲市／所在地　出雲市大社町

猪目湾西側の海食洞窟を利用して、主に葬送に使用された遺跡です。土器類だけでなく木棺材や稲籾などの有機質もよく保存されていました。13体以上確認された人骨のうち、弥生時代後期の14号人骨右腕には沖縄諸島周辺産のゴホウラ製貝輪6枚が装着された状態で発見され、当時の交易を知るうえで重要な資料と言えます。

No.313 考古資料

県 宮田遺跡出土縄文時代遺物
甕形土器(2口)／石斧(9点)／石鏃(11点)／石錐(1点)
石皿(1点)／磨石(7点)／石錘(25点)／その他(1括)
指定年月日　昭和55年(1980)6月27日
所有者　雲南市／所在地　雲南市木次町

宮田遺跡は雲南市三刀屋町に所在します。昭和54年(1979)の発掘調査の出土品のうち、縄文時代の遺物が一括して指定されました。中でも注目されるのは縄文時代後期の特徴を持つ甕形土器（深鉢）2点です。いずれも底部を欠きますがほぼ完形で、穴の中に倒立して埋設されており、乳幼児の埋葬に用いられたものと推測されます。

No.314 考古資料

県 古浦砂丘遺跡出土品
指定年月日　平成18年(2006)5月9日
1括／所有者　松江市／所在地　松江市末次町

古浦砂丘遺跡（松江市鹿島町）は、弥生時代前期から中期初頭の埋葬遺跡で、多数の人骨が出土しました。これらに伴って出土した貝輪や貝小玉、玉類・卜骨、供献土器が一括して指定されています。小児に貝輪を着装した例は九州周辺以外ではほかになく、日本海沿岸部の弥生時代の墓制や社会を考える上で貴重な資料です。

No.315 工芸技術

重無 石州半紙(せきしゅう)

指定年月日　昭和44年(1969)4月15日
保持者　石州半紙技術者会／所在地　浜田市三隅町

ユネスコ無形文化遺産

　島根県石見(いわみ)地方で伝承されてきた手漉(てす)き和紙により製作された半紙を、石州(せきしゅう)半紙と呼びます。江戸時代には、浜田、津和野両藩が紙の専売を行って農民に製紙を奨励し、大坂（現在の大阪）の商人たちの帳簿用紙として重用されたことから、石州半紙の名が広まりました。寛政10年(1799)に国東治兵衛(くにさき)が著した『紙漉(かみすき)重宝記(ちょうほうき)』には、石州半紙の製法が詳細に書かれています。元々は農家の副業でしたが、和紙の需要減少や高齢化により生産者が減少し、現在は石州半紙技術者会会員の4名と、その家族を中心に技術が伝承されています。原料は、地元で育てられた楮(こうぞ)で、あま皮と呼ばれる部分を使うことで石州半紙特有の強靭さを生み出しています。平成21年(2009)に、ユネスコの無形文化遺産に登録されましたが、平成27年(2015)には、美濃紙(みの)（岐阜県）、細川紙（埼玉県）とともに「日本の手漉き和紙」として再度登録されました。

No.316 工芸技術
県 広瀬絣
指定年月日 昭和37年(1962)6月12日
1名／保持者 個人／所在地 安来市広瀬町

広瀬絣は、安来市広瀬町で営まれ、文政年間（1818〜1830）に長岡貞子が米子から技術を学び、創始したと伝えられています。広瀬絣は、独自の型紙を使って絵模様を織り出すところに特色があり、藍一色に濃淡を交えて大柄の絵模様を織り出します。

保持者は永田佳子氏で、広瀬絣センターなどにおいて、技術の保存と後継者育成に取り組まれています。

No.317 工芸技術
県 日本刀
指定年月日 平成11年(1999)4月9日
1名／保持者 個人／所在地 奥出雲町稲原

日本で唯一たたら製鉄が営まれる日刀保たたらと同じ仁多郡奥出雲町に所在し、小林力夫氏（号、貞永）が保持者として認定されています。たたら製鉄により製造された玉鋼の中でも、良質な玉鋼の選択と、鉄の脱炭、吸炭の処理技術に長け、「まくり鍛え」という軟らかい鉄を硬い鉄で包む鍛錬法に熟練されています。作風は、丁字刃の備前伝、姿は鳥居反り、中鋒尋常で、鎌倉時代に見られる太刀姿を得意とされます。

No.318 工芸技術
県 雁皮紙
指定年月日 平成12年(2000)12月26日
1名／保持者 個人／所在地 松江市八雲町

松江市八雲町で営まれており、保持者の安部信一郎氏は、重要無形文化財「雁皮紙」の保持者であった祖父の故安部榮四郎氏から雁皮紙の製造技術を習得され、技術の保存と後継者育成、和紙の普及活動に尽力されています。雁皮は栽培が困難なため、山野に自生するものが使われ、普通は使用しない雁皮の黒皮を使った流し漉き技法が特色で、艶と張りのある雁皮紙が生み出されています。

No.319 工芸技術
県 楽山焼
指定年月日 平成12年(2000)12月26日
1名／保持者 個人／所在地 松江市西川津町

江戸時代初期の延宝年間（1673〜1681）に、萩の陶工である倉崎権兵衛が、松江藩に召し抱えられて権兵衛窯を開いたことに始まるといわれています。その後、しだいに衰退したことから、松江松平7代藩主の松平治郷（不昧）が、長岡住右衛門に楽山窯の再興を命じ、以降、今日に至っています。現在の保持者である長岡権三氏（長岡住右衛門空権）は、楽山焼の代表的な陶芸技法である高麗茶碗の伊羅保写しの製陶を伝承されています。

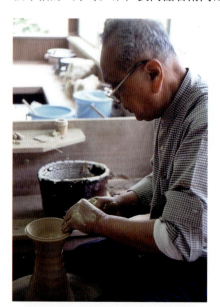

No.320 工芸技術

県 筒描藍染（つつがきあいぞめ）

指定年月日　平成25年(2013)4月9日
1名／保持者　個人／所在地　出雲市大津町

　出雲地方に伝えられてきた筒描藍染は、嫁入り支度や孫拵（こしら）えには欠かせない布団皮、風呂敷、夜着類、湯上げ、子負い帯などに、吉祥模様や家紋・屋号などが染め出されました。和紙を柿渋で補強した筒袋に防染用の糊を入れ、筆を使うように糊を絞り出しながら模様を描き、藍染して白抜きに染め出す技法です。現在の保持者は出雲市で長田染工場を営む長田茂伸氏で、県内唯一の技術習得者です。

工芸技術

No.321 有形民俗文化財

重有民 諸手船（もろたぶね）

指定年月日　昭和30年(1955)2月3日
2隻／所有者　美保神社／所在地　松江市美保関町

古代の丸木船を引き継ぐ和船

　松江市美保関町の美保神社が所蔵する木造の刳り舟2艘で、毎年12月3日に行われる諸手船神事に使用されます。『日本書紀』には「熊野諸手船」という記事が見られ、古くからの船の名称であることがわかりますが、その語源についてはよく分かっていません。
　現在使用されている船は、昭和54年(1979)に製作されたもので、材料は樅木（もみ）が使用されていますが、元々は樟（くす）が使用されたと伝えられています。2本の丸太を別々に刳って継いだ2枚仕立ての船で、古代の丸木船の流れを引き継いだ和船の典型的な事例として、指定されています。
　船は全長6.53メートル、最大幅は1.1メートルで、外側は墨で塗装したうえに、椿油が塗られています。神事は、国譲り神話に基づくものとされ、1艘あたり大櫂（おおがい）1人と小櫂8人の合計9人の総勢18人が乗り込み、神社前の港内を漕ぎまわる神事です。

No.322 有形民俗文化財

重有民 菅谷（すがや）たたら山内（さんない）

指定年月日　昭和42年(1967)11月11日
1所／所有者　雲南市、樹徳産業株式会社、㈱田部／所在地　雲南市吉田町

日本で唯一残るたたら山内

　砂鉄から鉄を製錬する「たたら製鉄」に従事する人たちは、製鉄に関わる施設と住居などの生活施設で構成される「山内（さんない）」と呼ぶ区域で暮らしていました。山内には、たたら製鉄の中心施設である「高殿（たかどの）」をはじめ、管理事務所である元（もと）小屋、山内の職人に支給する米を保管した米倉、熱い鉄を冷やすための鉄池（かないけ）、たたら製鉄の守護神である金屋子神（かなやごのかみ）を祀る祠や桂（かつら）の木、そして、職人たちと家族が住む長屋などがありました。
　菅谷たたら山内は、雲南市吉田町菅谷にあり、記録によれば江戸時代の宝暦元年(1792)に操業が始まり、途中他地への移転を挟んで再び当地での操業が開始され、大正12年(1923)まで行われました。操業は停止したものの、その後、山内の施設は幸いにもそのまま保存されてきたため、たたら操業の様相を一体的に理解できる日本で唯一の場所となっています。

No.323 有形民俗文化財

重有民 トモド

指定年月日 昭和30年(1955)2月3日
1隻／所有者 焼火神社／所在地 西ノ島町美田

かつては、隠岐島や出雲地方で一般的に見られ、かなぎ漁や海藻・肥料の運搬などに使用されました。材料は樅材を通例としていましたが、本件は杉で製作されています。2本の木を刳り抜いた部材と、これらの部材を繋ぐ部材で成り、古代船の構造を引き継いでいます。全長5.71メートル、最大幅は81.2センチを測り、船の後部（トモ）の幅が広い形状となっています。この特色からトモドの名称が付けられたと言われています。

（焼火神社提供）

No.324 有形民俗文化財

重有民 たたら製鉄用具
築炉関係(154点)／精錬関係(31点)／撰錬関係(8点)
鍛冶関係(42点)／砂鉄採取関係(8点)／その他(7点)

指定年月日 昭和34年(1959)5月6日
250点／所有者 和鋼博物館／所在地 安来市安来町

出雲地方を含む中国山地一帯は、良質な砂鉄を豊富に有することから、これを原料として古くから「たたら製鉄」が営まれてきました。たたら製鉄は、砂鉄の採取をはじめ、製鉄に必要な木炭製造、「高殿」と呼ばれる溶鉱炉の築炉と製錬作業、その後の鉄の選別・鍛冶作業など、多くの工程と作業があります。本件は、主に奥出雲町の靖国たたらで使用された用具250点からなり、たたら製鉄の工程と作業を伝える資料として貴重です。

No.325 有形民俗文化財

重有民 美保神社奉納鳴物

指定年月日 昭和35年(1960)6月9日
846点／所有者 美保神社／所在地 松江市美保関町

松江市美保関町の美保神社の祭神である事代主神は、えびす神信仰と集合し、福徳を授ける神として「えびすさん」と呼ばれ、親しまれてきました。また同時に「えびすさん」は音曲を好まれるという言い伝えも広まり、美保神社には多種多様の和楽器や洋楽器類が奉納されてきました。太鼓や鼓、和琴や琵琶、尺八や横笛、ミニチュア楽器や玩具、オルゴールやアコーディオンなど、信仰の様相や広がりを示す貴重な資料です。

No.326 有形民俗文化財

重有民 東比田の山村生産用具

指定年月日 昭和38年(1963)5月15日
185点／所有者 安来市／所在地 安来市広瀬町

安来市広瀬町東比田で江戸末期から明治・大正時代にかけて使用された生産用具で、地元在住の故畑伝之助氏によって収集されたものです。農具117点、仕事着39点、屋根ふき用具8点、狩猟用具8点、砂鉄採取用具13点からなり、現在では製作不可能、あるいは入手困難と思われる資料ばかりです。東比田は、島根県東部の中国山地山中にある山村で、山村におけるかつての生業の特色を示す貴重な資料です。

No.327 有形民俗文化財

重有民 そりこ

指定年月日　昭和38年(1963)5月15日
1隻／所有者　美保神社／所在地　松江市美保関町

　1本あるいは2、3本の複数の丸太を刳り抜き、つなぎ合わせて造られた船で、舳先が極端に反っていることから、「そりこ」という名称になったといわれています。中海を中心に物資の輸送や漁業に活躍しましたが、やがて、中海の特産品であった赤貝（サルボウ貝）漁にのみ使用されるに至り、現在では姿を消しました。本件は、樅木で作られ、長さ6.18メートル、最大幅は1.05メートルあり、和船の技術史及び産業史において貴重な資料です。

No.328 有形民俗文化財

重有民 奥飯石および周辺地域の積雪期用具

指定年月日　昭和43年(1968)5月31日
150点／所有者　飯南町／所在地　飯南町頓原

　奥飯石は、飯石郡飯南町一帯を中心とする地域で、広島県との県境に位置し、豪雪地帯として知られています。この地域の積雪期に使用される用具類を、地元出身の民俗研究者である故勝部正郊氏が収集したものです。内容は、雪かきすきなどの除雪具が19点、雪袴・蓑類・肩掛け・頭巾・雪靴・雪輪などの服飾品が114点、雪そりなどの運搬具12点、しし槍などの狩猟具が5点で、当地域における積雪期の生活の特色を示す貴重な資料です。

No.329 有形民俗文化財

重有民 波佐の山村生産用具

指定年月日　昭和46年(1971)12月15日
758点／所有者　西中国山地民具を守る会／所在地　浜田市金城町

　波佐は、浜田市金城町に位置し、中国山地の山中にある広島県境に近い山村です。地元の「西中国山地民具を守る会」によって農具244点、山樵用具110点、紙漉き用具110点、紡織用具152点、運搬具64点、仕事着78点の計758点が収集されています。江戸時代末期から明治・大正時代の当地の生業を知る貴重な資料です。特に、津和野藩が和紙製造を奨励し、紙漉きが全戸で行われていたこともあり、紙漉き用具が充実しています。

（浜田市教育委員会提供）

No.330 有形民俗文化財

重有民 隠岐島後の生産用具

指定年月日　昭和49年(1974)11月19日
674点／所有者　隠岐の島町／所在地　隠岐の島町郡

　島根半島北方の日本海上に隠岐島は位置し、大きくは島前、島後に地域が分かれます。そのうち、島後と呼ばれる地域で使用された生業関係の用具です。隠岐郡隠岐の島町郡の隠岐郷土館に収蔵・展示されており、漁撈用具204点、農耕用具198点、畜産用具132点、山樵用具94点、その他46点の計674点からなり、日本海の離島における幅広い生業形態を知ることができる貴重な資料です。

No.331 有形民俗文化財

県 獅子頭(がしら)

指定年月日　昭和42年(1967)5月30日
1頭／所有者　横田八幡宮／所在地　島根県立古代出雲歴史博物館寄託

　仁多郡奥出雲町中村の横田八幡宮が所蔵する獅子頭で、頭長54㌢、鼻部の長さ24㌢、地は黒漆塗り、唇と口中は赤漆塗り、歯は金泥で、上下4本の牙と両眼には真鍮が使用されています。大型の獅子頭で、鼻部が全頭長の約半分を占めるほど長いことが特色となっており、また顎の取り付けが近世のものとは異なっています。神社に残る記録から、鎌倉幕府第5代執権であった北条時頼の後室が寄進したものといわれています。

No.332 有形民俗文化財

県 波佐(はざ)の山村生活用具

指定年月日　昭和47年(1972)7月28日
221点／所有者　西中国山地民具を守る会／所在地　浜田市金城町

　広島県境に近い中国山地の山間に位置する、浜田市金城町波佐(かなぎはざ)一帯でかつて使用されていた生活用具です。地元の西中国山地民具を守る会によって収集されたもので、醸造製造貯蔵用具42点、調理調整用具75点、飲食用具104点の計221点からなります。重要有形民俗文化財の「波佐の山村生産用具」同様に、江戸時代末期から明治・大正時代を中心にしたもので、当地域の食生活を説明する資料となっています。

（浜田市教育委員会提供）

No.333 有形民俗文化財

県 都万目(つばめ)の民家

指定年月日　昭和49年(1974)12月27日
1棟／所有者　隠岐の島町／所在地　隠岐の島町郡

　隠岐郡隠岐の島町上西(かみにし)字都万目(つばめ)にあった個人宅の主屋で、昭和48年(1973)に同町郡(こおり)の隠岐郷土館の敷地に移築され、保存・公開されています。隠岐島島後(どうご)における典型的な大型農家の間取りで、「四間取り+なかえ(台所)」形式となっています。建物の正面に3つの出入り口があり、上手の「下の間(しも)」に接する「上玄関(かみ)」、下手の「上の庭(しも)」に「下玄関(しも)」、その下手が「大戸口(おおとぐち)」と呼ばれ、行事の内容によって使用が区別されていました。

No.334 有形民俗文化財

県 大社町の吉兆(きっちょう)(幡(ばん))

附・吉兆原図1枚

指定年月日　昭和56年(1981)6月9日
24流／所有者　仮の宮、中村、大土地、赤塚、市場、越峠、宮内、真名井、修理免、大鳥居、馬場、原、下原、日御碕地区、個人／所在地　出雲市大社町

　出雲市大社町で1月3日に行われる正月行事の吉兆(きっちょう)神事に使用される幡(ばん)で、24流あります。丈はおよそ4～6㍍、幅は1㍍前後で、本地はビロード、羅紗地に金糸などで「歳徳神(としとくじん)」などの神号を表したもので、各自治会が所有するものと個人所有のものがあります。この幡は掛け軸のように、上下に八双(はっそう)と軸木が付き、台車に立てられて使用されます。他に類例を見ない歳徳神の行事です。

No.335 有形民俗文化財
県　東比田地方生活用具コレクション
指定年月日　昭和38年(1963)7月2日
100点／所有者　安来市／所在地　安来市広瀬町

　安来市広瀬町東比田において使用された飲食用具類で、地元の研究者であった故畑伝之助氏によって収集されたものです。内容は、搗臼や甑、焼酎とり、もろふた、木地鉢、面桶、胡麻煎り、大徳利蕎麦揚げなど100点からなり、当地域におけるかつての日常生活を知ることができる資料となっています。

No.336 有形民俗文化財
県　旧佐々木家生活用具
指定年月日　昭和40年(1965)5月21日、追加指定、名称変更　平成5年(1993)12月28日
91点／所有者　隠岐の島町／所在地　隠岐の島町釜

　佐々木家は、隠岐の島町釜で代々庄屋を務めた家で、建物は隠岐島後を代表する民家として重要文化財に指定されています。この佐々木家で使用された生活用具類で、農具32点、飲食用具28点、家具16点、紡績用具8点、灯火用具7点の計91点となっています。建物とともにかつての日常生活を説明する貴重な資料です。

No.337 有形民俗文化財
県　サバニー　附櫂17本、アンバ20本
指定年月日　昭和41年(1966)5月31日
1隻／所有者　美保神社／所在地　松江市美保関町

　第二次世界大戦前に、松江市鹿島町の網元に雇われていた沖縄県糸満の漁師が持ち込んだ木造船で、隠岐島周辺で行ったイソガリ漁に用いられました。全長7.8メートル、最大幅1.25メートルで、材料は主に檜が使用されています。網元から松江市美保関町の美保神社に寄贈されました。沖縄県でもほとんど残っていないため、貴重な資料です。

No.338 有形民俗文化財
県　ともど
指定年月日　昭和41年(1966)5月31日
1隻／所有者　美保神社／所在地　松江市美保関町

　松江市美保関町の美保神社が所蔵する刳舟の木造和船で、同じく隠岐郡西ノ島町の焼火神社が所蔵する重要有形民俗文化財のトモドとともに、島根県内に残る2艘の内の1艘です。長さ5.76メートル、最大幅0.93メートルで、刳り抜いた3枚の木（樅木）を繋いだ構造です。昭和33年(1958)に従来の製作技術を踏襲して製作されたものです。

No.339 有形民俗文化財
県　獅子頭　附面4面
指定年月日　昭和42年(1967)5月30日
1頭／所有者　諏訪神社／所在地　邑南町矢上

　邑智郡邑南町矢上の諏訪神社が所蔵する獅子頭で、頭長40センチ、鼻部の長さ17センチ、地は黒漆塗り、唇と口中は赤漆塗り、両眼と歯には金泥が塗られています。下顎の裏に製作者名と寛永16年(1639)の銘があり、制作年代が分かる資料価値の高いものです。この他にも、男面2点、鬼形面1点、武悪形面1点が附指定されています。

No.340 有形民俗文化財
県　柳の神楽面　附衣装34着
指定年月日　昭和42年(1967)5月30日
19面／所有者　柳神楽保持者会／所在地　津和野町柳村

　鹿足郡津和野町柳村の柳神楽で使用されてきた神楽面で、16種類19点があります。材質は桐や桜で、面長19.5〜23.5センチ、面幅13.0〜17.0センチとなっており、面の一つには、永正3年(1506)の古い銘があります。明治17〜18年(1884〜1885)頃に、近くの三渡八幡宮の社家から技術伝承とともに譲り受けたものと言われています。

No.341 有形民俗文化財
県 菅谷鈩製鉄用具
指定年月日　昭和43年(1968)6月7日
141点／所有者　個人／所在地　雲南市吉田町

雲南市吉田町菅谷の重要有形民俗民俗文化財「菅谷たたら山内」で使用された、たたら製鉄用具で、炉築用具40点、炉吹用具66点、たたら吹補助具14点、鋼造用具21点の計141点があります。閉山した大正11年(1922)まで使用された用具類とみられ、山内とともに、操業時の様子を説明する資料となっています。

No.342 有形民俗文化財
県 糸操り人形の頭及び胴　附馬3頭、舞台襖72枚、遠見2枚、立看板12枚
指定年月日　昭和45年(1970)10月27日
43個、30体／所有者　益田市／所在地　益田市赤城町

益田市に伝わる糸操り人形による浄瑠璃芝居「益田糸操り人形」で使用される人形類です。頭は43個あり、面長7.0〜11.0㌢、面幅4.5〜7.5㌢で桐材が用いられています。胴は30体あり、丈は概ね30㌢で主に桐材で作られています。明治30年(1897)頃に大坂の人形細工師、二代目大江定丸に作らせたものといわれています。

No.343 有形民俗文化財
県 隠岐島後の衣食住および生産用具
指定年月日　昭和48年(1973)3月30日
597点／所有者　隠岐の島町／所在地　隠岐の島町郡

隠岐の島町がある島後地域で使用された用具類で、隠岐の島町郡の隠岐郷土館に収蔵・展示されています。家具・衣服・装身具・調理用具・飲食用具・漁撈・農耕・山樵・畜産と幅広く収集されており、重要有形民俗文化財の「隠岐島後の生産用具」とともに、島後におけるかつての日常生活を説明する貴重な資料です。

No.344 有形民俗文化財
県 原田神楽の面
指定年月日　昭和49年(1974)12月27日
20面／所有者　隠岐の島町／所在地　隠岐の島町今津

隠岐郡隠岐の島町原田の原田神楽で使用された面で、20面からなります。同町東郷の旧社家から昭和初年に譲り受けたもので、一般に見られる神楽面とは大きく形相が異なり、能面に類似するものが見られます。制作年代も中世末から近世中葉とみられるものがあり、美術的にも優れた面が揃っています。

No.345 有形民俗文化財
県 獅子頭
指定年月日　昭和50年(1975)8月12日
3頭／所有者　笹倉八幡宮／所在地　島根県立古代出雲歴史博物館寄託

益田市美都町の笹倉八幡宮が所蔵する獅子頭で、黒漆で仕上げた黒獅子頭と、黒漆塗りに金箔を置いた金箔置黒獅子頭、赤獅子頭の3頭があります。黒獅子頭の頭部裏には、宝永元年(1704)の銘があり、様式的にも古い様相を示し、次いで金箔置黒獅子頭、赤獅子頭と続き、時代を追って変化が分かる資料となっています。

No.346 有形民俗文化財
県 出雲平野の衣食住および生産用具
指定年月日　平成7年(1995)10月27日
1087点／所有者　出雲市／所在地　出雲市斐川町

かつて出雲平野一帯で使用された衣食住および生産用具で、湿田耕作の一つであった高畝耕作に用いられた「えがま」「踏切」「窓鍬」などの農耕具149点、屋内仕事用具126点、地元で製造された「土天神」などの生活用具670点ほか、合計で1,087点になります。出雲平野一帯の生活を説明する貴重な資料となっています。

No.347　無形民俗文化財

重無民　佐陀神能

指定年月日　昭和51年(1976)5月4日
保持者　佐陀神能保存会／所在地　松江市鹿島町

能楽の要素を取り入れた神楽

　松江市鹿島町に所在する佐太神社やその近隣諸社の祭礼で奉納されます。慶長のころ、佐太神社の神職であった宮川秀行は京へ上っており、能楽の所作を学んで帰り、従来の神楽舞に能楽の要素を取り入れてつくりあげたと言われています。それが、翁・千歳・三番叟からなる祝福の芸能である式三番と、記紀神話や神社縁起などを題材とした仮面劇の神能です。以来、九月二十四日（旧暦八月）に佐太神社本殿および摂社末社の御神座の莫蓙を敷き替える御座替祭では、江戸時代以前に成立したと考えられる七座神事が演じられ、翌二十五日には法楽として式三番と神能が演じられてきました。

　その後、佐太神社での神楽は出雲地方各地の神楽に影響を与え、七座、式三番、神能（神楽能）という三部構成は出雲神楽で広く見られるようになりました。

　平成23年(2011)、ユネスコ無形文化遺産に登録されました。

No.348　無形民俗文化財

重無民　隠岐国分寺蓮華会舞

指定年月日　昭和52年(1977)5月17日
保持者　隠岐国分寺蓮華会舞保存会／所在地　隠岐の島町池田

地方色豊かな舞楽系の芸能

　蓮華会舞は、隠岐の島町池田の隠岐国分寺に伝わる、舞楽系の芸能です。舞楽とは、古代の宮廷儀式や大社寺の祭礼や法会などに演じられてきた外来系の芸能で、蓮華会舞には、舞楽の要素が色濃く残っています。かつては旧暦6月15日の蓮華会に演じられていましたが、明治以降は弘法大師空海の命日である4月21日に営まれる「正御影供」に演じられるようになりました。

　当日は、本堂で「正御影供」が営まれたのち、境内の特設舞台に移動して舞が演じられます。舞はもと十数番あったようですが、今日では「眠り仏之舞」「獅子之舞」「太平楽之舞」「麦焼き之舞」「山神・貴徳之舞」「龍王之舞」「仏之舞」の七番が伝えられています。

　平成19年(2007)2月、隠岐国分寺は火災に見舞われ本堂は焼失しました。このとき蓮華会舞に使用する道具類の一切が焼失しましたが、地元保存会の尽力により、翌年には復興の舞が奉納されました。

No.349　無形民俗文化財

重無民 大元神楽

指定年月日　昭和54年(1979)2月3日
保持者　邑智郡大元神楽伝承保存会／所在地　江津市桜江町

　邑智郡を中心に、江津市と浜田市の一部に伝承されている神楽で、域内各地の式年祭（数年に一度おこなう祭り）で行われます。大元神は、普段は藪や森などに小祠として祀られていて、式年祭になると大元神を神社（かつては田の中などに作られた仮設の神殿）に勧請し、夜を徹して神楽を行います。

　着面の神楽能の合間に、神がかりして大元神の託宣を伺うなど、さまざまな祭儀が行われます。かつてはすべてを神職が行っていましたが、明治時代に神職神楽が禁止されてからは、その土地の人たちが舞うようになりました。

No.350　無形民俗文化財

重無民 隠岐の田楽と庭の舞（美田八幡宮の田楽）（日吉神社庭の舞）

指定年月日　平成4年(1992)3月11日
保持者　美田八幡宮田楽保存会・日吉神社庭の舞保存会／所在地　西ノ島町美田、浦郷

　隠岐郡西ノ島町美田地区の美田八幡宮と同町浦郷地区の日吉神社には、内容の類似した芸能が、隔年で交互に奉納されています。美田八幡宮では隔年の9月15日に『田楽』または『十方拝礼（しゅうはいら）』として「神の相撲」「獅子舞」「田楽躍（でんがくおどり）」が、日吉神社では隔年の9月25日に『庭の舞』として「庭の舞」「神の相撲」「田楽躍」が、それぞれ奉納されます。このうち「神の相撲」は二人の少年による儀礼的な行事です。「田楽躍」は、十方を拝礼する所作とかけ声から「十方拝礼」と呼ばれる、十数名の踊り手による踊りです。

　中世に起源をもつと考えられる、全国的にも貴重な芸能です。

No.351　無形民俗文化財

重無民 津和野弥栄神社の鷺舞（さぎまい）

指定年月日　平成6年(1994)12月13日
保持者　弥栄神社の鷺舞保存会／所在地　津和野町後田

　津和野町後田の弥栄神社の祭礼（七月二十日、二十七日）に演じられる舞です。鷺舞は、古く京都の祇園会で演じられていたものが、室町時代に大内氏が山口の祇園会に取り入れ、これが津和野の弥栄神社の祭礼に伝えられたとされています。江戸時代初期には一時中絶したようですが、京都の鷺舞を再び移してきて伝承を続けています。

　舞人二人が木製の鷺の頭を頭上に冠り、杉板の羽を肩につけ、雌雄の鷺に扮し、笛・鼓の囃子に合わせて優雅に羽を広げたりすぼめたりして舞います。

　動物に仮装する風流は様々にありますが、華麗な白鷺に全身を変身させる芸能は非常に少なく、貴重な芸能です。

No.352 無形民俗文化財
重無民 五十猛のグロ
指定年月日　平成17年(2005)2月21日
保持者　大浦グロ保存会／所在地　大田市五十猛町

　大田市五十猛町大浦地区に伝承される小正月の行事です。「グロ」と呼ばれる円錐形の大きな仮屋(かりや)を浜辺に作って歳徳神を迎え、その年の豊漁や無病息災を祈願し、最後に正月飾りとともに仮屋を焼き払う行事で、1月11日から15日までの5日間にわたって行われます。

　グロと呼ばれる小正月の行事は、島根県中部の沿岸部に伝承されていますが、大浦地区のグロはそのなかでも古い姿をよくとどめています。神を迎え、送る一連の儀礼や、禁忌などの民俗的要素をよく伝えており、西日本の小正月行事の代表的なものの一つとして、我が国の年中行事や民間信仰の変遷を考える上で重要な行事です。

No.353 無形民俗文化財
重無民 大土地神楽
指定年月日　平成17年(2005)2月21日
保持者　大土地神楽保存会神楽方／所在地　出雲市大社町

　出雲市大社町に伝わる大土地神楽は、毎年10月下旬の大土地荒神社の例大祭を中心に、近隣諸社の祭礼で奉納されています。神楽は出雲神楽の形式にのっとり、儀式的な舞の七座と、仮面劇の神楽能から構成されます。

　大土地神楽の特徴は、他地域の神楽が神職によって行われていた江戸時代中期にあって、素人による神楽が認められていたことにあります。一般に非神職による神楽は明治時代初期から行われるようになりますが、大土地神楽では「素人神楽」の記述が宝暦4年(1754)の祭事記録から見えます。そうした独自の歴史を持つためか、神楽の囃子や舞い方も近隣の諸神楽とは異なり、独特の奏楽や舞い方を伝えています。

No.354 無形民俗文化財
県 大原神職神楽
指定年月日　昭和36年(1961)6月13日
保持者　大原神職神楽保持者会／所在地　雲南市

　旧大原郡を中心にした神職によって受け継がれています。明治初年に神職による神楽が禁止されると一度は衰退しましたが、大正年間に再興し、現在に伝えられています。県内では奥飯石神職神楽と並んで、数少ない神職神楽です。その内容には、託台と呼ばれる役が神がかり、神のことばを告げる「御託宣」や「湯立神事」など、他の神楽には見られない演目を伝えている点に大きな特色があります。剣舞から発展したと考えられる「八ツ花」は、八人で舞うダイナミックな演目で、この神楽の見どころの一つと言えます。

No.355 無形民俗文化財
県 埼田(さきた)神社青獅子舞
指定年月日　昭和35年(1960)9月30日
保持者　埼田神社青獅子舞保持者会／所在地　出雲市園町

　毎年10月14日、埼田神社の例大祭前夜に奉納され、使用される獅子頭が青いことから「青獅子舞」と呼ばれています。享保2年(1717)の『雲陽誌』には同社の田楽躍と獅子舞の記述が見られます。獅子舞は伊勢大神楽の影響を受けており、全12段の演目からなり、これに当地に伝わっている「三番叟(さんばそう)」が加わります。

No.356 無形民俗文化財
県 奥飯石神職神楽
指定年月日　昭和36年(1961)6月13日
保持者　奥飯石神職神楽保持者会／所在地　飯南町

　明治時代初期、全国的に神職神楽は禁止されますが、その中でも奥飯石地方では神職神楽が舞い継がれてきました。今日では各地に民間の神楽団があり、神職とともに奉納神楽を行っています。神楽の構成は出雲神楽のそれに準じて、「七座(しちざ)」「式三番(しきさんば)」「神能(しんのう)」からなっていますが、舞いぶりや奏楽は独特で、石見東部の神楽との関係がうかがえます。

　また、他地域にはない神楽能が多いことも特徴としてあげられます。

No.357 無形民俗文化財
県 海潮山王寺神楽
指定年月日　昭和36年(1961)6月13日
保持者　海潮山王寺神楽保持者会／所在地　雲南市大東町

　海潮山王寺神楽は、旧大原郡（現雲南市）北部の神職から明治時代初期に伝授された神楽です。旧海潮村は神楽が盛んで、村内には6団体（現在は4団体）の民間の神楽が成立しました。その名声は他村でも「海潮能」として知られ、当地の神楽は出雲平野部の諸神楽にも影響を与えたようです。県無形民俗文化財の指定を受けたのは、このうち山王寺和野社中で、昭和34年(1901)には出雲大社教神代神楽の本部を拝命しました。

No.358 無形民俗文化財
県 見々久神楽
指定年月日　昭和36年(1961)6月13日
保持者　見々久神楽保持者会／所在地　出雲市見々久町

　毎年10月25日、御崎神社の例大祭に奉納されます。神楽の構成は、出雲神楽のそれに準じており「七座(しちざ)」「式三番(しきさんば)」「神能(しんのう)」からなっています。この構成は、近世初期に佐太神社で整えられた（佐陀神能）と考えられますが、佐陀神能では失われた、あるいは佐陀神能成立以前の要素をこの神楽に見いだすことができます。天蓋や千道などの舞台飾り、神楽の演目としては「山ノ神」「弓鎮守(ゆみちんじゅ)」「彦張」などがありますが、なかでも狂言の「節分詣」は他団体ではほとんど見られず、また方言が豊かに語られる点で貴重です。

| No.359 | 無形民俗文化財 |

県 隠岐島前神楽

指定年月日　昭和36年(1961)6月13日
保持者　隠岐島前神楽保持者会／所在地　海士町

　隠岐島前地方では、近世までは5つの社家と呼ばれる家筋によって神楽が伝えられてきました。現在では一部の社家に一般人を加えた形で伝えられています。神楽の構成や演目、また神楽において巫女が重要な役割を果たすことなど、多くが島後神楽と共通する特徴を持っていますが、舞いぶりや奏楽は異なっています。

　また、八岐大蛇退治を演じる「八重垣」は島前だけの演目で、出幕前で跪いて演じるさまは県内でも他にありません。

| No.360 | 無形民俗文化財 |

県 須佐神社の念仏踊

指定年月日　昭和36年(1961)6月13日
保持者　須佐大宮の念仏踊り保存会／所在地　出雲市佐田町

　この踊りは、毎年8月15日の「切明神事」の際に奉納される芸能で、2基の大きな宮花の下で踊られます。その起源については、この地域を大干ばつが襲った際に、雨乞い祈願のために踊り始められたものと伝えられています。史料の上では、宝永8年(1711)と記銘された鉦が残されていますので、少なくとも18世紀前半から行われていたことが分かります。

| No.361 | 無形民俗文化財 |

県 津和野踊

指定年月日　昭和37年(1962)6月12日
保持者　津和野踊保持者会／所在地　津和野町

　元和3年(1617)、亀井氏が津和野藩に転封されたときにこの踊りが津和野の地に持ち込まれたといわれています。踊りは中世の念仏踊りに通じる「ナンバ」や「つかみ投げ」といった型を伝えています。その他、外見的な特徴として、すっぽりと頭を覆う御高祖頭巾があります。現在、8月15日の津和野盆踊り大会を中心に、町内各地の盆踊り大会で、初盆の家の供養とともに踊られています。

| No.362 | 無形民俗文化財 |

県 井野神楽

指定年月日　昭和37年(1962)6月12日
保持者　井野神楽保持者会／所在地　浜田市三隅町

　井野神楽は、石見地方の海岸部で主流になっている「八調子神楽」の模式的な内容を伝えています。八調子神楽とは、明治時代初期に神職神楽が禁止され、民間の有志による神楽が行われるようになってから成立したテンポの速い神楽で、井野村やその周辺の地域の人々が深く関わったと考えられています。井野神楽は30以上の演目を伝えており、式年祭や特別な機会にのみ演じられる「俵舞」や「湯立神事」など貴重な演目も保持しています。

No.363 無形民俗文化財

県 島後久見神楽

指定年月日　昭和37年(1962)6月12日
保持者　島後久見神楽保持者会／所在地　隠岐の島町久見

　隠岐の島町では、近世までは12の社家と呼ばれる家筋によって神楽が伝えられてきました。明治時代に村人が油井の社家・和田氏から神楽を受け継いでできたのが久見神楽です。伊勢命神社の例祭では、儀式三番八乙女神楽と呼ばれる神楽が奉納されるほか、祈祷のためなどにおこなわれる大注連神楽(おおしめ)も伝えています。大注連神楽では、儀式三番八乙女神楽の内容に加えて、「注連行事」と呼ばれる儀式が行われます。

No.364 無形民俗文化財

県 益田糸操り人形

指定年月日　昭和38年(1963)7月2日
保持者　益田糸操り人形保持者会／所在地　益田市

　益田市に糸操り人形が伝わったのは明治20年頃、東京浅草で糸操り人形芝居を行っていた山本三吉が益田に居を移したことに始まるとされています。人形は「四つ目」と呼ばれる古い形態の手板を用いて操作する点に特徴があり、全国的にも貴重な芸能です。今日に至るまで、伝承が難しい時期もあったようですが、今日では年四回の定期公演を中心に、小学校への出前公演や海外公演など活動の場を広げています。

No.365 無形民俗文化財

県 有福神楽

指定年月日　昭和39年(1964)5月26日
保持者　有福神楽保持者会／所在地　浜田市下有福町

　有福神楽は、明和年間（1760年頃）に、神職が氏子とともに舞い始めたことがその始まりと伝えられています。30以上の演目を伝えていますが、その中には「荒平(あらひら)」や「関山(せきやま)」など、他の神楽では失われてしまった演目もあります。市内の近隣の神楽は、いずれも八調子と呼ばれるテンポの速い神楽を伝えていますが、有福神楽の芸態は八調子神楽とは一線を画す独自の神楽を伝えています。

No.366 無形民俗文化財

県 玉若酢命神社御霊会風流(ごれえふりゅう)

指定年月日　昭和40年(1965)5月21日
保持者　玉若酢命神社御霊会風流保持者会／所在地　隠岐の島町下西

　毎年6月5日、玉若酢命神社の祭礼で行われるこの行事は、大久(おおく)、飯田、東郷、加茂、有木(あらき)、原田、西郷、下西の八地区の人々によって担われています。行事の中心は午後に行われる「馬入れ」で、上記各地区の氏神の依り代とされる幣を鞍にたてた神馬が神社に集い、境内の参道を一気に駆け上がります。玉若酢命神社は隠岐の総社とされ、各地の氏神が集って五穀豊穣などを祈願する祭礼行事として行われています。

No.367 無形民俗文化財
県 鹿子原の虫送り踊
かねこばら

指定年月日　昭和42年(1967)5月30日
保持者　鹿子原の虫送り踊保存会／所在地　邑南町矢上

　土用の入りの日にあたる7月20日、稲につく害虫を追い払う虫送り行事として行われています。虫送り行事は全国各地に伝わっていますが、鹿子原ではこの行事に太鼓踊りが加わっている点に特徴があります。太鼓踊りは江戸時代後期に広島県安芸地方から習ってきたものだと伝えられています。地区内の美穂両神社を起点として、地区内の各地で踊りながら行列します。最後は諏訪神社において飾りを燃やし、神事を行って終わります。

No.368 無形民俗文化財
県 柳神楽

指定年月日　昭和43年(1968)6月7日
保持者　柳神楽保持者会／所在地　津和野町柳村

　明治時代初期に三渡八幡宮の神職から村の若者に伝授されたのが柳神楽の始まりです。現在では鹿足郡内でも浜田市でおこった八調子神楽が主流となっていますが、その中で柳神楽は鹿足郡に古くから伝えられてきた六調子神楽を保持しており、神職神楽の伝統をよく受け継いでいると考えられます。演目こそ他地域の石見神楽と共通していますが、その内容は鹿足郡以東の神楽とは一線を画す独特な舞です。

No.369 無形民俗文化財
県 水若酢神社祭礼風流
ふりゅう

指定年月日　昭和48年(1973)3月30日
保持者　水若酢神社祭礼風流保持者会／所在地　隠岐の島町郡

　この祭礼の中心は、本殿から御旅所まで蓬莱山（通称ヤマ）と呼ばれる山車を曳くことです。このヤマを曳くのは、伊後、郡、都万路、那久路、小路、南方、山田、苗代田、北方、久見、代の各地区の氏子たちです。また、山番・山どめ・木遣りといったヤマの移動に関わる者、御旅所で行われる流鏑馬や獅子舞などの行事に関わる者もすべて上記氏子のなかで決められています。流失した社殿やご神体を再建するための用材を曳いたことに発するとも言われています。

No.370 無形民俗文化財
県 大社町の吉兆神事

指定年月日　昭和56年(1981)6月9日
保持者　仮の宮他／所在地　出雲市大社町

　1月3日、大社町内の各地区から「歳徳神」と刺繍した幟（吉兆幟）を中心に行列が行われます。氏神や出雲大社八足門、千家・北島両国造家などをまわり、それぞれで幟を立てて祝い歌である神謡を歌います。かつては正月14日の行事だったと伝えられており、行事の発生についてはトンド行事との関係も考えられます。

No.371 無形民俗文化財
県 抜月神楽（ぬくつきかぐら）
指定年月日 昭和56年(1981)6月9日
保持者 抜月神楽団／所在地 吉賀町抜月

　抜月神楽は江戸時代の中ごろ、山口県玖珂郡山代地方から伝承された神楽を基本に舞われていたと伝えられています。その後、明治時代に入り神職神楽が禁止されると、村の有志たちが津和野町の神職から舞の手ほどきを受け、浜田を中心におこった革新的な神楽の影響も受けつつ現在に至ります。「山舞」のように山口県の神楽との共通性が見られたり、舞や奏楽に石見神楽の古い要素が見られたりするなど、独自の神楽を伝えています。

No.372 無形民俗文化財
県 下須の萬歳楽（しもすのまんざいらく）
指定年月日 平成2年(1990)5月23日
保持者 下須の萬歳楽保持者会／所在地 吉賀町柿木村

　もともと地区を開いた9戸で行われていたと伝えられています。この行事の中心は二日目の「ヒノハレ」で、頭屋宅を会場にして3度ずつ9杯の御神酒をいただく三献の儀に続いて、高さ8寸に盛ったご飯を無理に食べさせる飯くいの儀を行います。その後、次の頭屋を神籤で決め、9人の代表が榊を手に「萬歳楽」と唱えながら舞を舞います。最後に御神体の米を半分ほど新米と入れ替えて堂に納め、新頭屋に渡して終了します。

（吉賀町教育委員会提供）

No.373 無形民俗文化財
県 由來八幡宮の頭屋祭行事（ゆきはちまんぐうのとうやさいぎょうじ）
指定年月日 平成6年(1994)4月1日
保持者 由來八幡宮頭屋祭行事保持者会／所在地 飯南町頓原

　由來八幡宮例大祭の一連の行事は、現在では地区を三分して輪番で決められる頭屋によって担われます。11月初旬の八幡宮例大祭を中心に、様々な行事が行われます。10月1日、頭屋田の中に設けられた小宮への神降ろしから始まり、頭屋田の稲刈りをする抜き穂祭り、稲束などを手に舞う姫の飯神事など、稲作に関する行事が多いことが特徴です。行事の根底には穀霊に対する信仰を色濃く伝えています。

No.374 無形民俗文化財
県 壇鏡神社八朔祭の牛突き習俗（だんぎょうじんじゃはっさくさいのうしつきしゅうぞく）
指定年月日 平成17年(2005)4月15日
保持者 全隠岐牛突き連合会／所在地 隠岐の島町那久

　隠岐の島町都万地区の壇鏡神社で毎年9月1日に行われる八朔祭において、農耕豊穣や地域の発展を願う奉納行事として開催されます。牛突きは、開催する地区を座元（ざもと）、それ以外を寄方（よりかた）とに分けて勝負を行います。牛を突き合わせて勝負を決めるという娯楽性だけでなく、牛突き前日には牛主らが壇鏡神社に参詣して禊ぎを行ったり、大会の前後には前祝い、勝ち祝いを行ったりするなど、さまざまな習俗を伴って伝承されています。

No.375 無形民俗文化財
県 槻の屋神楽
指定年月日　昭和37年(1962)6月12日
保持者　槻の屋神楽保持者会／所在地　雲南市木次町

当地に伝わる神楽台本に記された台本の伝承経路や、神楽自体の構成などから、槻の屋神楽は佐陀神能の影響をある程度受けていると考えられます。その一方で、天蓋や千道など佐陀神能では失われてしまった舞台飾りを伝えることや、「三宝荒神」「大歳」「亥日祭」などといった他地域にない演目を伝えている点に特色があります。

No.376 無形民俗文化財
県 島後原田神楽
指定年月日　昭和37年(1962)6月12日
保持者　島後原田神楽保持者会／所在地　隠岐の島町原田

隠岐諸島で演じられる神楽は、県内他地域の神楽と異なり社家と呼ばれる特定の家筋によって受け伝えられてきました。その主眼は祈祷にあり、雨乞いや大漁祈願、病気平癒など様々な目的で演じられてきました。明治以降、社家神楽が禁止されると社家の多くは転廃職を余儀なくされましたが、その中で東郷の社家村上一族は、旧周吉郡に伝えられていた神楽を受け継ぎました。

No.377 無形民俗文化財
県 黒沢囃子田
指定年月日　昭和40年(1965)5月21日
保持者　黒沢囃子田保持者会／所在地　浜田市三隅町

かつて中国山地一帯で広く行われていた囃子田のうち、旧那賀郡から旧美濃郡の一部にかけては、オロシ形式と呼ばれる、西石見地方に特徴的な田歌をうたっています。黒沢では、田の中央に立桶を据え、これを田の神の神座とするなど古風さを持っていました。

No.378 無形民俗文化財
県 隠岐武良祭風流
指定年月日　昭和43年(1968)6月7日
保持者　隠岐武良祭風流保持者会／所在地　隠岐の島町中村

隠岐の島町中村で隔年の10月19日に行われます。元屋の八王子神社からは月天子、中村の一之森神社からは日天子と称するご神体がそれぞれ御幸し、御旅所で一体となります。これにより陰陽和合祭とも呼ばれています。御旅所では占手神事、相撲神事、騎馬神事、流鏑馬など多彩な行事が行われます。

No.379 無形民俗文化財
県 多久神社のささら舞
指定年月日　昭和49年(1974)12月27日
保持者　多久神社のささら舞保持者会／所在地　出雲市多久町

多久神社ゆかりの氏子によって、毎年11月3日の例祭で奉納されます。昔、近江国松本村から船に乗って当地へ移住してきた松本一族が、その船旅の苦難をしのんで始められたと伝えられています。田楽系の芸能で、腰につける太鼓、ビンザサラ、スリザサラを用いて大波・小波などの踊りを踊ります。田楽の後には儀礼的な相撲も行われます。

No.380 無形民俗文化財
県 三葛神楽
指定年月日　昭和50年(1975)8月12日
保持者　三葛神楽保存会／所在地　益田市匹見町

益田市内では数少ない六調子神楽を受け継いでいます。その独特な囃子は「六調子打ち切り」と呼ばれていますが、これは明治時代に成立し、現在では江津市・浜田市・益田市に広く伝わる、テンポの速い八調子神楽の祖型と考えられます。ただ、舞いぶりは山口県の神楽にも通じる要素が見て取れ、全体としてみると独特な神楽です。

No.381 無形民俗文化財
県 宇賀神社の獅子舞
指定年月日　昭和53年(1978)5月19日
保持者　宇賀神社奉納獅子舞楽保存会／所在地　出雲市口宇賀町

　宝暦14年(1764)の文書に、「九月十九日　御神楽・神主社籠・獅子舞」とあるのを初見とします。獅子舞は伊勢大神楽の影響が色濃く、全10段の演目から構成されています。
　現在では10月19日の宇賀神社祭礼に行われます。

No.382 無形民俗文化財
県 シッカク踊
指定年月日　昭和62年(1987)4月3日
保持者　シッカク踊保存会／所在地　大田市水上町

　毎年10月下旬の水上神社例祭に奉納されますが、本来は同社に合祀された福原八幡宮に奉納されてきたものです。福原八幡宮は天永2年(1111)、摂津国福原の領主竹内重次が戦乱を避けてこの地に下向した際に勧請され、シッカク踊もこのとき伝えられたとされます。田楽系の芸能で、小太鼓やささら、ビンザサラを手にした12人の踊り子によって12番の演目が踊られます。

No.383 無形民俗文化財
県 三谷神社投獅子舞
指定年月日　昭和62年(1987)4月3日
保持者　三谷神社獅子舞保存会／所在地　出雲市大津町

　出雲地方に現在伝えられている獅子舞の多くが江戸時代後期に伝えられた伊勢流の流れを汲むのに対し、三谷神社の獅子舞は、伊勢流とは所作や構成が大きく異なります。したがって、出雲地方で古くから伝えられてきた獅子舞の系統だと考えられます。投獅子舞の呼称は、獅子頭を投げつけるような舞の所作に由来すると言われます。

No.384 無形民俗文化財
県 神原神社の獅子舞
指定年月日　昭和63年(1988)5月24日
保持者　神原神社獅子舞保存会／所在地　雲南市加茂町

　文政8年(1825)、当地の多田納文左衛門が伊勢大神楽から獅子舞の手ほどきを受けたことに始まると伝えられています。獅子舞の演目は全12段で構成され、これに当地に伝わっている「三番叟（さんばそう）」の舞が加わります。毎年11月3日の神原神社の例大祭で奉納されます。

No.385 無形民俗文化財
県 大田両八幡宮の祭礼風流
指定年月日　平成4年(1992)4月28日
保持者　大田両八幡宮祭礼風流保存会／所在地　大田市大田町

　大田両八幡宮とは喜多八幡宮と南八幡宮のことで、毎年10月15日の両八幡宮の祭礼には神幸が町内を練り歩きます。このとき、飾りのついた総高約3㍍の高野聖（こうやひじり）と呼ばれる笠様のものと、御祭礼と刺繍された負い幟（おい）を担いで歩くところに特徴があります。

No.386 無形民俗文化財
県 布施の山祭り
指定年月日　平成24年(2012)11月20日
保持者　布施区／所在地　隠岐の島町布施

　祭礼の中心は、山から切り出しておいたカズラを大山神社の神木に巻き付け（帯締め）、大幣をカズラに挿すことです。この祭りは、日程等からみて山仕事の安全を願って行われる山開きの行事と見ることができます。神木に藁縄を巻き付ける行事は県下に広く見られますが、カズラを巻き付けるのは隠岐島後布施地区とその周辺に限られます。

No.387 史跡

国 山代二子塚(やましろふたごづか)

指定年月日　大正13年(1924)12月9日
所有者　島根県他／所在地　松江市山代町

日本で最初に「前方後方墳」と命名された出雲最大の古墳！

　山代二子塚古墳は、大正14年(1925)刊行の『島根縣史』4において、野津左馬之助によって日本の考古学史上初めて「前方後方墳」という名称が使われた古墳として知られています。県内最大の古墳であり、古墳時代後期では国内最大の前方後方墳です。

　全長約94㍍の規模をもつ二段築成の古墳で、後方部の約3分の1が明治40年代に陸軍によって破壊されていますが、発掘調査によって後方部の幅約56㍍、高さ8㍍の規模が判明しました。現在、後方部は土層を直接見ることができるように復元されています。墳丘の周囲には周溝と外堤が存在し、外堤を含めた古墳の長さは約150㍍と巨大です。また、埋葬施設は不明ですが、地下レーダー探査により横穴式石室の存在が推測されています。

　周辺に存在する大庭鶏塚古墳や山代方墳などの大型古墳とともに、古代出雲国の成立を探る上で極めて重要な古墳といえます。

No.388 史跡

国 富田城跡(とだじょうあと)

指定年月日　昭和9年(1934)1月22日
所有者　安来市他／所在地　安来市広瀬町

尼子氏の本拠、中国地方最大級の山城

　富田城は安来市広瀬町の標高190㍍の月山を中心に築かれた中国地方を代表する戦国時代の大規模な山城です。築城時期は不明ですが、16世紀前半には中国地方を代表する戦国大名である尼子氏の政治・文化・経済の拠点城郭として大きく発展しました。

　月山山頂付近には本丸・二ノ丸・三ノ丸などの主郭部を置き、月山から北西および北東方向に馬蹄形に伸びる丘陵の尾根を中心に、曲輪や堀切、土塁など多数の防御施設がつくられています。特に月山北西側に延びる低丘陵部には、山中御殿や花の壇、千畳平などの大規模な曲輪がつくられ、当城の中核的な施設と考えられています。なお、山中御殿など石垣遺構が見られる曲輪は、尼子氏滅亡後に入城した毛利・吉川・堀尾氏らによって改修されたものです。これまでに本丸や二ノ丸などで発掘調査が行われ、礎石建物跡や土塀、門跡、櫓跡などが発掘されており、現在これらの調査成果に基づいて整備が進められています。

No.389 史跡

国 荒島古墳群

指定年月日　昭和11年(1936)12月16日
所有者　個人／所在地　安来市荒島町他

古代出雲の王陵の丘

　荒島古墳群は弥生時代後期の四隅突出型墳丘墓と前期古墳を中心とした古墳13基で構成されています。このうち塩津山6号墓と10号墓は山陰地方を中心に分布する四隅突出型墳丘墓の中でも最大級の規模をもっています。また大成古墳と造山1号墳は古墳時代前期の方墳としては全国で最大規模のものです。
　荒島墳墓群は弥生時代後期から古墳時代前期にかけて、出雲地方で最大規模の首長墓が連続して築かれていることから、この地域を治めていた勢力が出雲地方でも最有力なグループであったことを示しています。また首長墓が四隅突出型墳丘墓から方墳へと変遷する状況を追うことができ、このうち塩津山1号墳（古墳時代前期）は方墳でありながら、四隅突出型墳丘墓の名残をとどめており注目されます。一般に古墳時代に入ると地方においても前方後円墳を頂点とする墓制が展開しますが、荒島古墳群では前方後方墳や方墳の築造が続くことも、出雲の地域性を特徴づけています。

No.390 史跡

国 石見銀山遺跡

指定年月日　昭和44年(1969)4月14日
所有者　大田市他／所在地　大田市大森町

世界遺産—日本を世界経済の舞台に押し上げた鉱山遺跡—

　大永7年(1527)に博多の豪商神屋寿貞によって発見されて以来、大正12年(1923)に至るまで約400年にわたって採掘されてきた日本を代表する鉱山遺跡です。
　石見銀山では大航海時代を迎えた16世紀に灰吹法を取り入れることで銀の大量生産に成功しました。それを契機として、日本の銀によって東アジアの貿易が活発となり、ヨーロッパとアジアが経済的に一体化し、東西の交流を生み出すことになりました。
　史跡は、鉱業活動の中心地である銀山柵内と製錬工房跡、江戸時代に支配の拠点となった代官所跡、鉱山町の人々の祈りの場であった信仰遺跡のほか、石見銀山を防御するために築かれた中世山城跡、銀・銀鉱石や様々な物資を輸送した街道と玄関口となった港・港町で構成されています。
　石見銀山遺跡は銀の生産から搬出に至る鉱山運営の全体像を不足なく明確に示しており、周囲の自然環境と一体となって文化的景観を形成していることから、町並みを含め平成19年(2007)に世界文化遺産に登録されました。

No.391 史跡

国 出雲国分寺跡　附・古道

指定年月日　大正10年(1921)3月3日
所有者　松江市／所在地　松江市竹矢町

　国分寺は聖武天皇の詔により国分尼寺とともに国ごとに建立された寺院です。出雲国分寺跡は当時の土壇や礎石などがよく残る貴重なものであるという理由から大正10年(1921)に史跡指定されました。その後、国分寺跡から南に延びる石敷きの古道が発見され、条里制と国分寺の寺域画定に関係する大変貴重なものとして昭和35年(1960)に追加指定されています。

　昭和30年以降、数度にわたり発掘調査が行われ、南門、中門、金堂、講堂、僧坊が一直線に並ぶ東大寺式の伽藍配置であることがわかっています。金堂は中門から講堂へ取り付く回廊で囲まれており、塔は回廊からやや離れて南門の東北東に建っていたようです。

No.392 史跡

国 出雲玉作跡（たまつくり）

指定年月日　大正11年(1922)10月12日
所有者　松江市他／所在地　松江市玉湯町

　出雲玉作跡は、古代の文献にも残る古代出雲の玉作りを実証する上で重要な遺跡として、宮垣地区、宮ノ上地区、玉ノ宮地区の3地区が史跡指定を受けています。

　3地区の中では宮ノ上地区が最も古く、弥生時代最終末頃に玉作りが開始されており、碧玉と水晶を使用して勾玉や管玉などが作られていました。宮垣地区では約30棟の工房跡が見つかり、古墳時代前期から平安時代にかけて玉作りが行われていたようです。玉ノ宮地区は古代の製鉄遺構と玉作りとの複合遺跡であることがわかっています。

　このように、多数の工房跡や玉作関係資料から、時代による玉類や工房形態などの変遷を知ることのできる貴重な遺跡といえます。

No.393 史跡

国 大庭鶏塚（おおば）

指定年月日　大正13年(1924)12月9日
所有者　松江市他／所在地　松江市大庭町

　大庭鶏塚古墳は、その名が示すように、正月元日、土中に埋めてある金の鶏が鳴くという金鶏伝説をもっています。大正7年(1918)に梅原末治が『考古学雑誌』において紹介したことにより、広く知られるようになりました。

　墳丘は二段に造られた方墳で、南側と西側にそれぞれ造り出し部をもっています。墳丘の規模は東西40〜42メートル、南北42〜44メートル、高さ10メートルあり、墳丘の斜面には3〜5段に積んだ葺石が認められます。遺物としては器台や大甕の破片、円筒埴輪が出土しています。古墳の造られた年代は6世紀中頃と推測されており、近接する山代二子塚古墳、山代方墳などの大型古墳の中で最も早い時期に築かれたようです。

No.394 史跡

国 上塩冶築山古墳
(かみえんや)

指定年月日　大正13年(1924)12月9日
所有者　個人／所在地　出雲市上塩冶町

　上塩冶築山古墳は出雲市上塩冶町に所在する径約46㍍の大型円墳です。墳丘南西側に全長約15㍍の巨大な横穴式石室が開口しており、なかに2基の家形石棺が置かれています。

　石室は明治20年に開口し、金銅製冠や金銅装馬具、装飾付大刀、鉄鏃、玉類など、全国的に見ても極めて優れた副葬品が多数出土し、現在県指定文化財になっています。墳丘の周囲外には幅約16㍍の幅広の周溝が存在し、円筒埴輪や出雲型子持壺とよばれる須恵器などが多数出土しています。これらの埴輪や子持壺の特徴から、当古墳の被葬者は出雲東部の首長層と密接な関係にあったことがうかがえます。築造時期は埴輪や副葬品の年代から6世紀後葉と推定され、出雲市大念寺古墳に続く出雲西部の大首長の墓と考えられています。

No.395 史跡

国 今市大念寺古墳
(いまいちだいねんじ)

指定年月日　大正13年(1924)12月9日
所有者　大念寺／所在地　出雲市今市町

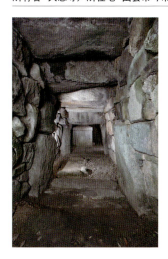

　出雲市今市町の丘陵上に立地する全長約92㍍の前方後円墳で、松江市の山代二子塚古墳とともに県内最大規模の古墳のひとつです。墳丘は一種の版築技法とも言える高度な互層状の盛土工法が行われていたことが調査の結果から明らかになっています。埋葬施設である横穴式石室は全長12.8㍍、玄室の幅2.9㍍、高さ3.3㍍の巨大な石室で、玄室内に全国最大の家形石棺が安置されています。石室は江戸時代に開口したため副葬品の詳細は不明ですが、当時書かれた絵図などから大刀や金銅製履、馬具などが出土したことがわかっています。築造年代は上塩冶築山古墳に先行する6世紀後半で、出雲西部を統括した大首長の墓と考えられます。

No.396 史跡

国 隠岐国分寺境内

指定年月日　昭和9年(1934)3月13日
所有者　国分寺／所在地　隠岐の島町池田

　隠岐国分寺境内は伝後醍醐天皇の行在所として古くから知られており、現在境内の一部が国史跡となっています。国分寺は後世に衰退し、室町時代後期に再興されますが、明治2年の廃仏毀釈によって旧堂塔は焼失し、現在礎石のみが残っています。

　近年境内の発掘調査が行われ、創建時の隠岐国分寺に関わる遺構が確認されています。建物の柱穴列は東西9間、南北5間にわたって、等間隔で並んで検出されており、金堂などの主要施設の一部と推定されています。

No.397 史跡

国 小泉八雲旧居

指定年月日　昭和15年(1940)8月30日
所有者　個人／所在地　松江市北堀町

　江戸時代中頃に建てられたと考えられる旧士族の屋敷で、松江中学校の英語教師として赴任した小泉八雲（ラフカディオ・ハーン）が、明治24年(1891)6月から同11月までの約半年間を妻セツとともに過ごしました。道路に面して土塀と表門があり、敷地内には母屋、土蔵、物置などがあります。母屋は平屋建瓦葺きで、居間からは三方に日本庭園を眺めることができます。八雲はこの庭を最も愛したとされ「ある日本人の庭にて」でも紹介しています。隣接する小泉八雲記念館は、八雲の自筆原稿や、愛用していた机などの資料を展示する世界で唯一の単独施設で、平成28年(2016)にリニューアルされました。

No.398 史跡

国 山代方墳（やましろ）

指定年月日　昭和16年(1941)8月1日
所有者　島根県／所在地　松江市山代町

　茶臼山北西麓の山代二子塚の東隣に位置する出雲地方の古墳時代後期を代表する大形方墳です。墳丘は2段築成で南北は約43㍍、東西は45㍍で、高さは6㍍ほどです。墳丘の上段には葺石が葺かれていたとみられ、周濠と外堤を備えており、外堤を加えると一辺約81～84㍍の規模となります。周溝から出土した須恵器や石室の構造から7世紀初頭に造られたと考えられます。墳丘の南側には、切石で造られた複室構造の石棺式石室が開口しています。奥側に位置する玄室には幅0.8㍍、長さ1.9㍍の屍床（遺体を安置するための台）が置かれています。墳丘規模から出雲東部地方の最高首長の墓所と考えられ、墳丘形態などからはヤマト王権との関連も想定されています。

No.399 史跡

国 スクモ塚古墳

指定年月日　昭和16年(1941)12月13日
所有者　個人他／所在地　益田市久城町

　益田平野の東側の久城丘陵に位置する、石見を代表する大型古墳です。墳長約100㍍の柄鏡形の前方後円墳とされてきましたが、造出しを持つ円墳と方墳が並んでいるという見方もあります。円丘は直径約47㍍の二段築成で、高さは約7㍍あまりです。墳頂部には広い平坦面があり、墳丘には葺石が葺かれ、円筒埴輪列がめぐっていました。円丘の北側には長辺約17㍍、短辺約15㍍の方形の造出し状の部分があります。また、円丘から20㍍ほど北には一辺約15㍍の方墳状の部分があります。墳形や円筒埴輪から5世紀代に築造されたとみられ、四塚山古墳、大元1号につづく益田平野に君臨した首長墓と考えられます。

No.400 史跡

国 津和野城跡

指定年月日　昭和17年(1942)10月14日
所有者　津和野町他／所在地　津和野町後田

　標高362メートルの霊亀山上にある典型的な山城で、山麓からの比高は200メートルを測ります。永仁3年(1954)年から正中元年(1324)にかけて吉見頼行・頼直親子が築城したと伝えられています。関ヶ原の戦いの後の慶長6年(1601)には坂崎直盛が入城し、石垣作りの近世城郭に改修されました。元和3年(1617)には因幡国鹿野城から亀井政矩が入城後は、亀井氏11代の居城として明治維新まで続きました。最高所に本丸があり、西側のやや低い部分には天守台跡があります。本丸の北側には織部丸と呼ばれる出丸を備えていて、極めて実戦的な造りをしています。山上に連なる壮大な石垣は実に見応えがあり、日本城郭協会が選定した日本百名城にも選ばれています。

No.401 史跡

国 岡田山古墳

指定年月日　昭和40年(1965)4月9日
所有者　松江市／所在地　松江市大草町

　八雲立つ風土記の丘展示学習館の敷地内にある岡田山古墳群のうち、岡田山1号と2号墳が国の史跡に指定されています。1号墳は全長24メートル、幅14メートルの長方形のテラス上に築かれた2段築成の前方後方墳です。後方部西側には割石積みの横穴式石室が開口しており、中には小型の家形石棺が置かれています。1号墳からは銅鏡や馬具、大刀などが出土しており、重要文化財に指定されています。このうち円頭大刀からは「額田部臣」などの銀象眼の銘文が発見され、報道により全国的に注目されました。この銘文は被葬者とヤマト王権とのつながりを示していると考えられます。2号墳は1号墳の南側に位置する直径44メートル、高さ5メートルの円墳で、5世紀の築造と見られます。

No.402 史跡

国 森鷗外旧宅

指定年月日　昭和44年(1969)10月29日
所有者　津和野町／所在地　津和野町町田

　森鷗外(本名森林太郎、1862～1922)は、近代を代表する文豪の一人で、文久2年(1862)城主の典医を務める森家の長男として生まれ、幼少期を津和野で過ごしました。藩校での成績は抜群で、藩主は上京就学を進めたといわれています。明治5年(1872)、父の上京に伴い津和野を離れましたが、その死に際して「余ハ石見人森林太郎トシテ死セント欲ス」と石見への深い心情を遺言に残しました。森鷗外旧宅は、鷗外上京後、別の場所へ移築されましたが、33回忌の際、元の場所へ移されました。木造平屋建て、茅葺(現在は瓦葺に改装)の建物で、特に4畳半の茶室は父が鷗外の勉強部屋として与えたものといわれています。旧宅に隣接する記念館では鷗外の遺品等を見ることができます。

No.403 史跡

国 出雲国府跡
指定年月日　昭和46年(1971)12月13日
所有者　島根県他／所在地　松江市大草町他

　出雲国府は古代の出雲国の中心地で、なかでも政庁域では様々な儀式や事務などを執り行うため大規模な建物が多数存在していました。周辺には条里制遺構が残っており、併せて約42ヘクタールが史跡指定されています。出雲国府の位置は長らく不明でしたが、昭和43年(1968)から3年間行われた発掘調査によってこの場所が出雲国府であることが確定しました。現在、政庁周辺が史跡公園として整備されており、『出雲国風土記』と比較研究ができる点で古代史研究において非常に貴重な史跡です。平成13年(2001)より発掘調査が継続して行われており、国司の館跡や工房跡、墨書土器、木簡、漆紙文書などが見つかるなど、多くの貴重な成果が得られています。

No.404 史跡

国 荒神谷遺跡
指定年月日　昭和62年(1987)1月8日
所有者　斐川町／所在地　出雲市斐川町

　簸川平野の南端に接する丘陵裾部の弥生時代の遺跡で、農道建設の事前調査をきっかけに昭和59年(1984)に358本の銅剣が発見されました。さらに翌年には約7メートル離れた場所から銅鐸6個、銅矛16本が発見されました。銅剣は穴の中に刃を立てた状態で4列に列べられており、銅矛と銅鐸はそれぞれまとめられ同じ穴に埋められていました。銅剣がこれほど大量に見つかった遺跡は国内でも例がなく、銅矛と銅鐸が一緒に見つかったのも初めてのことで極めて重要な遺跡といえます。遺跡から出土した青銅器は、重要文化財に指定されたあと国宝に指定されました。遺跡周辺は広大な史跡公園として整備されており、荒神谷博物館が併設されています。

No.405 史跡

国 加茂岩倉遺跡
指定年月日　平成11年(1999)1月14日
所有者　雲南市他／所在地　雲南市加茂町

　平成8年(1996)10月14日、農道工事の現場から銅鐸が発見され、合計39個もの銅鐸が出土しました。銅鐸は身を横に倒し鰭を上下にして、高さ約45センチの大ぶりな銅鐸の内側に約30センチの小ぶりな銅鐸を入れ子にして収めてありました。銅鐸の鋳型は石製と土製の両者があり、鋳型の傷から各地の銅鐸との間に同笵関係があることがわかりました。銅鐸の身に描かれた文様には鈕に描かれた人面やウミガメ、身の四足獣など、他の銅鐸には見られない特徴があります。39個という大量の銅鐸が一カ所で見つかったことから、荒神谷遺跡に引き続き大きな衝撃を与えました。出土した銅鐸は平成20年(2008)国宝に指定されました。

No.406 史跡

国 西谷墳墓群(にしだに)

指定年月日　平成12年(2000)3月30日
所有者　出雲市他／所在地　出雲市大津町

　西谷墳墓群は、斐伊川左岸の出雲平野を見渡すことができる丘陵上に位置する弥生時代後期後半頃の墳墓群です。四隅突出型墳丘墓(とっしゅつがたふんきゅうぼ)(以下四隅墓とする)が6基存在しており、そのうち9号及び2号～4号墓の4基は50メートルを超える巨大な四隅墓です。発掘調査により3号墓では墳丘斜面に全面貼石(はり いし)などがなされ、墳頂部では多量の土器をもちいた葬送儀礼(そうそうぎれい)が行われていたことが確認されました。西谷墳墓群は、中国地方山間部から山陰・北陸地方にかけて広がった四隅墓の中でも典型的かつ代表的なものであり、また弥生時代の墳丘墓としても規模の大きいなものであることから、弥生時代の墓制を考える上でもたいへん重要な遺跡となっています。

No.407 史跡

国 田和山遺跡

指定年月日　平成13年(2001)8月13日
所有者　松江市／所在地　松江市乃白町

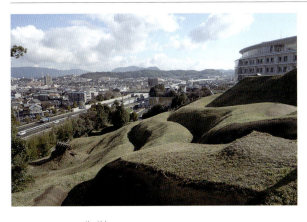

　宍道湖を望む丘陵で発見された弥生時代前期から中期の環濠遺跡です。一般的に環濠は住居などの建物を囲み、防御機能を向上させるものです。本遺跡の環濠は山頂部に造られた住居とは考えにくい5本柱と9本柱からなる2つの建物と塀の可能性がある柵列を囲んでおり、住居は環濠の外側に造られていました。山頂部の建物は祭祀遺構と考えられており、集落ではなく祭祀空間を守るための環濠だと考えられています。
　環濠ではいくさに関わる投石用のつぶて石が多量に出土しました。また、祭祀に使用される銅剣形石剣が出土する一方、楽浪郡の石硯(せっけん)と考えられる石片も出土しており、山陰の対外交流の一端を示すものとして注目されます。

No.408 史跡

国 益田氏城館跡

指定年月日　平成16年(2004)9月16日
所有者　益田市他／所在地　益田市三宅町・七尾町・大谷町

　中世石見国で最大の武士団である益田氏の本拠地に造られた三宅御土居跡(みやけのおどい)と七尾城跡(ななお)からなります。二つの遺跡では発掘調査が行われ、三宅御土居跡は高さ5メートルの土塁が東西に築かれ、幅10メートル、深さ2～3メートルの堀で全体を囲った館跡だと確認されました。礎石建物跡、石積み井戸跡などが発掘されています。七尾城跡は三宅御土居跡の南東約900メートルの標高約120メートルの丘陵に築かれた山城です。多数の平坦面(郭)(くるわ)、堀切、畝状堅堀群(うねじょうたてぼり)、礎石建物跡などが確認されています。また、13～16世紀の陶磁器や中国製の青磁や白磁なども大量に出土しました。本史跡の周辺には、益田氏ゆかりの社寺や墓所が数多く残っており、中世の景色を色濃く残しています。

No.409 史跡
国 上塩冶地蔵山古墳(かみえんやじぞうやま)
指定年月日 大正13年(1924)12月9日
所有者 出雲市／所在地 出雲市上塩冶町

　上塩冶地蔵山古墳は、巨大な切石を用いた複室構造の横穴式石室をもつ古墳で、奥室に家形石棺と有縁石床を置いた極めて特色のある貴重な古墳です。

　本古墳は、現状では墳丘の一部が削られて原形を損なっていますが、直径15㍍、高さ5㍍の規模をもつ円墳と考えられます。古くから開口していたため出土品は不明ですが、古墳時代後期に築造されたと推測されています。

No.410 史跡
国 丹花庵古墳(たんげあん)
指定年月日 昭和8年(1933)2月28日
所有者 個人／所在地 松江市古曽志町

　丹花庵古墳は、宍道湖北側の平地に築かれた一辺47㍍、高さ3.5㍍の大型方墳で、墳丘は二段築成で葺石が施され、埴輪が配置されています。

　埋葬施設としては出雲地方唯一の長持形石棺が直接埋められており、現在は石棺の蓋石が露出しています。

この蓋石には縦方向の突帯と斜格子文とを組み合わせた装飾彫刻が施されており、山陰地方では類例のない貴重な古墳です。

No.411 史跡
国 安部谷古墳
指定年月日 昭和9年(1934)5月1日
所有者 島根県／所在地 松江市大草町

　安部谷古墳は、八雲立つ風土記の丘地内に所在する横穴墓群で、「安部谷古墳」として指定されているのは、第Ⅰ支群と呼ばれる安部谷西側斜面の岩盤にうがたれた5穴の横穴墓です。このうち5号墓は築造途中のため粗雑な造りとなっていますが、ほかの4穴は整美に造られ、玄室はいずれも四注式の整正家形で床面の左右に有縁棺床をもっており、極めて特色ある類例まれな横穴墓といえます。

No.412 史跡
国 松江城
指定年月日 昭和9年(1934)5月1日
所有者 松江市他／所在地 松江市殿町

　松江城は堀尾吉晴によって慶長12年(1607年)から5年の歳月をかけて築かれた平山城です。山陰地方では唯一現存し国宝に指定されている天守を中心に、石垣や堀などに往時の姿をよくとどめており、現在、内壕に囲まれた本丸・二の丸など約217,000平方㍍が史跡に指定されています。城郭は本丸・二の丸・三の丸・出丸などによって構成され、現在国宝の天守のほかに二の丸櫓などが復元公開されており、多くの観光客で賑わっています。

No.413 史跡
国 周布古墳
すふ

指定年月日　昭和11年(1936)12月16日
所有者　個人／所在地　浜田市治和町

　周布平野を見下ろす丘陵につくられた全長74メートルの前方後円墳で、石見では二番目の規模の前方後円墳となります。発掘調査によって周囲に周溝がめぐり墳丘表面には葺石がふかれていたことがわかりました。築造年代は出土した円筒埴輪や壺形埴輪の特徴から4世紀後半から5世紀初頭頃と考えられ、石見における前方後円墳の出現を考える上で重要な古墳です。

No.414 史跡
国 金崎古墳群
きんざき

指定年月日　昭和32年(1957)7月27日
所有者　松江市他／所在地　松江市西川津町

　朝酌川右岸の丘陵に築かれた古墳群で、現在5基が史跡に指定されています。最大の1号墳は全長32メートルの前方後方墳で、特異な竪穴式石室から古式須恵器や鉄矛、鏡、玉類などが出土しています。石室や副葬品の特徴から5世紀後半に営まれた渡来人と深い関係にある首長の墓と考えられ、5世紀の出雲を代表する古墳の一つとして重要です。

No.415 史跡
国 仲仙寺古墳群

指定年月日　昭和46年(1971)8月12日
所有者　安来市／所在地　安来市西赤江町

　水田との比高差約30～40メートルの尾根上の古墳群で仲仙寺支群、宮山支群で構成されます。弥生時代後期から古墳時代後期まで継続して築かれました。そのうちの仲仙寺9号墓は四隅突出型墳丘墓であり、3基の埋葬施設が墳丘上にあります。また宮山Ⅳ号墓は中心の埋葬施設に長さ約55センチの大刀を副葬していました。突出部は幅広に開く形であり、荒島地域の四隅突出型墳丘墓の突出部に特徴的な形です。

No.416 史跡
国 石屋古墳

指定年月日　昭和54年(1979)4月6日
所有者　松江市他／所在地　松江市東津田町他

　40メートル×42メートル、高さ7.5メートルの方墳で、墳丘の北辺と南辺に造出しがあります。北辺の造出しからは、畿内の技法で製作された円筒埴輪のほか人物（力士形埴輪ほか）、馬形、家形、盾、靫、蓋などの形象埴輪や須恵器の壺・高坏形器台、土師器の𤭯（はそう）が出土しています。古墳時代中期後葉（5世紀中頃）の標識資料として貴重です。

No.417 史跡
国 出雲国山代郷遺跡群 正倉跡・北新造院跡

指定年月日　昭和55年(1980)12月5日
所有者　島根県他／所在地　松江市大庭町・矢田町・山代町

　『出雲国風土記』にも記載されている正倉と寺の遺跡です。正倉跡の調査では倉庫跡4棟と管理棟とみられる掘立柱建物跡などが発見され、大規模な正倉であったことがわかりました。また、炭状になった米も大量に出土しました。北新造院跡の発掘調査では金堂跡、塔跡、講堂跡などが発見され、金堂の両側に塔を建て、その南に講堂を建てていたことがわかりました。また、金堂跡では仏像3体を置くための須弥壇・仏像台座が見つかりました。

No.418 史跡
国 西周旧居

指定年月日　昭和62年(1987)7月20日
所有者　個人／所在地　津和野町後田

　明治時代の啓蒙思想家・西周が暮らした屋敷です。西周は天保3(1832)～嘉永2年(1849)にかけて居住しました。現在の主屋は幕末の大火後に建てられたものです。屋敷内には主屋のほかに土蔵や庭園が設けられており、屋敷の周囲には土塀が配置されています。当時の津和野城下における武家屋敷の様相をよく表しています。

No.419 史跡
国 松江藩主松平家墓所

指定年月日　平成8年(1996)3月29日
所有者　月照寺他／所在地　松江市外中原町

　松平家松江藩初代松平直政は、寛文4年(1664)に生母月照院の霊牌をここに安置し蒙光山月照寺としました。その後九代の藩主の廟墓が造営されています。歴代の廟所には形態の異なる手水鉢や蹲踞が据えられており、時代的な特徴をよく示す九代の廟が一体となって残っています。近世の大名家墓所の葬制を知る上で貴重です。

No.420 史跡
国 鰐淵寺境内

指定年月日　平成28年(2016)3月1日
所有者　鰐淵寺他／所在地　出雲市別所町

　推古天皇の代に開かれたと伝えられます。平安時代には都にまでその名を知られた仏教者の山林修行の場でした。鎌倉時代には延暦寺の末寺となり、堂塔や僧坊が建てられました。杵築大社（出雲大社）の祭礼に参加するなど、強い関わりを持っていた時期もあります。室町時代に建てられた根本堂には千手観音菩薩と薬師如来が祀られており、境内は中世の面影をよく残しています。なお、紅葉の寺としても有名です。

No.421 史跡
県 古天神古墳(ふる)
指定年月日 昭和35年(1960)9月30日
所有者 島根県／所在地 松江市大草町

　6世紀後半に築造された墳長27㍍の前方後方墳です。埋葬施設は凝灰岩の切石で造られた全長3.1㍍の石棺式石室です。この石室は羨道と玄室で構成されており、肥後から導入された初期段階の石棺式石室といえるものです。1915年に発見された円頭大刀や馬具、装身具、須恵器などの遺物の大半は東京国立博物館に収蔵されています。

No.422 史跡
県 浜田城跡
指定年月日 昭和37年(1962)6月12日
所有者 浜田市／所在地 浜田市殿町

　浜田川右岸の標高約67㍍の亀山を中心に築かれた平山城です。毛利氏が石見を支配していた頃には、毛利氏により陣屋が築かれており、その後江戸時代になって古田氏により近世城郭として整備されました。北は松原湾に面し、南から西には浜田川が城をとりまくように流れており地の利が良い城です。石垣、虎口、堀切など城郭構造の多くを備えており、城跡として価値が高く、また景勝地としてもすぐれています。

No.423 史跡
県 神庭岩船山古墳(かんば)
指定年月日 昭和43年(1968)6月7日
所有者 斐川町／所在地 出雲市斐川町

　簸川平野の南西部、台地の縁辺部に立地し、現在の長さは、48㍍ですが、前方部が削られており、復元すると全長約60㍍の前方後円墳となります。後円部頂で舟形石棺の蓋が確認されており、副葬品などの出土品は知られていませんが、石棺の特徴などから古墳時代前期後半から中期にかけての古墳と推測されます。また埴輪片が出土していることより埴輪が立てられていたと考えられます。

No.424 史跡
県 津和野藩校養老館
指定年月日 昭和44年(1969)2月18日
所有者 津和野町／所在地 津和野町後田

　津和野藩亀井家8代藩主矩賢(のりかた)が天明6年(1786)に開設した藩校で、嘉永6年(1853)の大火後に11代藩主茲監(これみ)によって現在の場所に再建されました。幕末には武術のほか国学や蘭医学科があり、西周、森鷗外、小藤文次郎など明治時代に活躍する偉人達を輩出しました。元は広い敷地に多数の教場や馬場を備えていましたが、現在では殿町通りに面する槍術教場・剣術教場とその東側に当時使用された教科書を収める御書物蔵が残されています。

No.425 史跡

県 石見銀山御料郷宿田儀屋遺宅青山家
指定年月日　昭和49年(1974)12月27日
所有者　個人／所在地　大田市大森町

　大森の町並の中で代官所に近い場所にある商家で、銀山領内の村々と代官所の間を公的に取り持つ役目を担った「郷宿」田儀屋（熊谷家）の遺宅です。寛政12年(1800)の大火後に再建された建物で、町並の中では唯一の妻入りの形式で、通りに面して漆喰塗込めの大きな白壁が目を引きます。

No.426 史跡

県 石見銀山御料郷宿泉屋遺宅金森家
指定年月日　昭和49年(1974)12月27日
所有者　個人／所在地　大田市大森町

　大森の町並の南端に近い場所にある商家で、銀山領内の村々と代官所の間を公的に取り持つ役目を担った「郷宿」泉屋（川北家）の遺宅です。寛政12年(1800)の大火では焼失を免れたと言われ、調査によって床下の地中から地鎮具が見つかっています。外壁は漆喰塗込めで、江戸時代の二階建ての建物としては高く、町並の中では熊谷家に次ぐ建物です。

No.427 史跡

県 石見銀山代官所同心遺宅柳原家
指定年月日　昭和49年(1974)12月27日
所有者　個人／所在地　大田市大森町

　柳原家は文化年間に大森代官所の同心を勤めた武家です。遺宅は大森の町並みのほぼ中央、街道に面した敷地のやや奥まったところに主屋と土蔵等が残ります。主屋は切妻造りの瓦葺きで、左手に土間、右手に座敷が配された整形四間取りが基本で中央には貴人を迎える式台玄関を設けています。大屋根の後ろ側には表から見えない「つし二階」があり大森の武家屋敷に共通する特徴を備えています。江戸末期の下級武士の住居を今に伝える貴重な遺構です。

No.428 史跡

県 石見銀山代官所地役人遺宅岡家
指定年月日　昭和49年(1974)12月27日
所有者　個人／所在地　大田市大森町

　ここは江戸中期頃には銀山附地役人澤井家の居宅でしたが、その後親戚関係にあたる銀山附地役人鹿野家の居宅となったものです。主屋の周囲に庭を廻らし奥座敷は書院造り仕立て、また式台玄関を設けるなど、武家屋敷の特徴をよく伝えています。間取りは四間取形式に納戸と台所が付き、土間入り口の階上には「つし二階」が設けられています。また主屋から渡り廊下伝いには湯殿（風呂場）、雪隠（便所）を備えています。

No.429 史跡

県 石見銀山代官所地役人遺宅三宅家
指定年月日　昭和49年(1974)12月27日
所有者　個人／所在地　大田市大森町

　石見銀山代官所附地役人であった田邊氏の屋敷です。田邊氏は初代石見銀山奉行の大久保長安に取り立てられて石見銀山の地役人になりました。現在の建物は寛政12年(1800)に起きた大森町の大火後に建てられたとみられ、木造平屋建ての主屋を中心として門や塀、庭園が設けられるなど、武家屋敷の様子をよく伝えています。

No.430 史跡

県 十王免横穴群
指定年月日　昭和50年(1975)2月12日
所有者　松江市／所在地　松江市矢田町

　茶臼山から北に派生する低丘陵地に立地する古墳時代後期から奈良時代にかけての2支群、15穴以上の規模の横穴墓群です。直刀、刀子、鉄鏃、鉄釘、須恵器、土師器など様々な種類の時期差のある遺物が出土しており、また狩人、帆船、人物など線刻により壁画が描かれた横穴も確認されています。その他、横穴の形態にも差異があり、様々な要素をもつ横穴群としてとても価値があります。

No.431 史跡

県 石見銀山遺跡　奉行・代官墓所
竹村丹後守道清墓所／森八左衛門信任墓所／鈴木八右衛門重政墓所
曽田伊右衛門尉資敏墓所／関忠太郎勝栄墓所／前澤藤十郎光貞墓所
阿久澤修理義守墓所

指定年月日　昭和50年(1975)8月12日
所有者　勝源寺・龍昌寺・妙蓮寺／所在地　大田市大森町

　慶長5年(1600)の関ヶ原の戦い直後、石見銀山周辺は江戸幕府の直轄地となり、幕府より派遣された奉行や代官らが最高支配者として職務に当たりました。在任中に亡くなった代官等は当地のゆかりの寺院に墓所が築かれ、5所が国指定に、7所が県指定史跡になっています。大森町勝源寺には2代目奉行として慶長18年(1613)から寛永12年(1635)までの22年間勤めた竹村丹後守道清墓所をはじめ6基の奉行・代官墓所が営まれています。

No.432 史跡

県 石見銀山代官所地役人遺宅阿部家
指定年月日　昭和50年(1975)8月12日
所有者　個人／所在地　大田市大森町

　石見銀山代官所附役人であった阿部家の屋敷です。甲斐国出身の阿部氏は初代石見銀山奉行の大久保長安に取り立てられて石見銀山に移り住み、代々代官所の役人として活躍しました。江戸時代中期に建てられた主屋を中心として門長屋や塀が配置された阿部家の屋敷は大森では最大級の武家屋敷です。

No.433 史跡
県 乃木(のぎ)二子塚古墳
指定年月日　昭和57年(1982)6月18日
所有者　島根県／所在地　松江市上乃木町

　矢ノ原台地の北部低丘陵突端に立地する全長36メートルの前方後方墳です。墳丘の周囲には下幅4.0メートル、深さ1.5メートルの周溝がめぐっています。墳丘北側のくびれ部直下から復元高約30センチの須恵器の高坏形器台が出土しています。墳形や高坏形器台の特徴から6世紀前半頃に築造されたと考えられます。平地に立地し、周溝を有するなど平面企画上すぐれた内容を示す出雲地方における代表的な前方後方墳の一つです。

No.434 史跡
県 三刀屋じゃ山城跡及び三刀屋尾崎城跡
指定年月日　昭和61年(1986)9月19日
所有者　雲南市他／所在地　雲南市三刀屋町

　三刀屋じゃ山城跡及び三刀屋尾崎城跡は、三刀屋氏が鎌倉時代から安土桃山時代にかけて三刀屋郷を治めた時期の城郭です。両城は谷を挟んで隣り合っていますが、その構造と出土遺物により時期差がみられます。前者は典型的な中世の山城、後者は街道沿いの城郭となっています。両城は戦史上著名であり、立地、規模、構造上もそれぞれの時期の特徴が分かり、当地方における城郭の変遷を研究する上で貴重な資料です。

No.435 史跡
県 大城(おおしろ)遺跡
指定年月日　平成12年(2000)3月28日
所有者　隠岐の島町／所在地　隠岐の島町西町

　隠岐島後西郷湾に八尾川(やび)が注ぐ河口近くの標高約30メートルの丘陵上に築かれた四隅突出型墳丘墓です。畑の造成などで一部は失われていますが全長は20メートル以上になります。貼石は人頭大の円礫を使っています。主体部は4か所あり、中心主体部には長さ2.3メートルの組み合わせ式の木棺が納められていた痕跡がありました。碧玉製管玉10個と弥生時代後期の壺が出土しました。隠岐諸島で初めて発見された四隅突出型墳丘墓として貴重な遺跡です。

No.436 史跡
県 丸山城跡
指定年月日　平成28年(2016)4月12日
所有者　川本町／所在地　川本町三原

　中世末の山城で、現在の川本町を拠点とし石見東部を領有した小笠原氏の居城です。本丸は東西70メートル、南北65メートルの広さで、麓との比高差が約280メートルあり、周囲に石垣がめぐっていました。発掘調査の結果から、本丸は政庁のような公の場で、西の丸は居住域と考えられます。文献に見られる廃城の時期が発掘の成果と矛盾しないことが明らかになり、小笠原氏と吉川氏との親密な関係も石垣の構造から指摘されるなど重要な遺跡です。

No.437 史跡
国 石見国分寺跡
指定年月日　大正10年(1921)3月3日
所有者　金蔵寺／所在地　浜田市国分町

　石見国分寺は現在の金蔵寺付近に建てられていました。金蔵寺境内の南東隅には土の盛り上がりがあり、近くに大きな石があることから、ここに塔が建っていたと推定されます。ここからは朝鮮半島の瓦とよく似た瓦が出土したり、「誕生仏」が見つかったことでも注目されています。近隣には国分尼寺跡や国分寺の瓦を作った瓦窯跡もあります。

No.438 史跡
国 宝塚古墳
指定年月日　昭和6年(1931)11月26日
所有者　出雲市／所在地　出雲市下古志町

　墳丘としてあるべき盛土はほとんど失われ、主体部の石室の天井石が露出しています。その内部は切石造りの横穴式石室で、玄室内にはくりぬきの横口式家形石棺（長さ2.3メートル、幅1.3メートル、高さ1.5メートル、）があります。6世紀終わりごろのものと推定されます。出雲西高校の南東にあり、別名「一保塚」とも呼ばれています。

No.439 史跡
国 徳連場古墳
指定年月日　昭和8年(1933)2月28日
所有者　松江市／所在地　松江市玉湯町

　徳連場古墳は、玉造温泉街から東へ少し入った丘陵上、出雲玉作資料館の北側にあります。もとは直径10メートルに満たない円墳だったと考えられています。現在は封土が無く、石製の棺が露出していますが、この石棺は「割竹形石棺」（くりぬき式と組合せ式の複合）という類例の少ない石棺（長さ約2.1メートル、幅約60～78センチ）です。

No.440 史跡
国 佐太講武貝塚
指定年月日　昭和8年(1933)4月13日
所有者　個人／所在地　松江市鹿島町

　江戸時代に開削された佐陀川の両岸にまたがる遺跡で、山陰では数少ない縄文時代の貝塚です。大正年間に発見され、日本海側で著名な貝塚として認識されてきました。おもに、縄文時代前期から中期の土器や石器、骨角器、動植物の遺骸など、当時の人間の生活や自然環境を知るうえで重要な資料となる多種多様な遺物が出土しています。

No.441 史跡
国 安来一里塚
指定年月日　昭和11年(1936)12月16日
所有者　安来市／所在地　安来市安来町

　国道9号線から旧道沿いに入った十神小学校南の細い道沿いにあります。旧山陰道沿いにもうけられた江戸時代の一里塚です。道の両側にそれぞれ一か所南塚と北塚が残っています。以前は松の大木が生えていましたが、いまは、二代目の松が植えられています。東の雲伯国境（島根鳥取県境）から三つ目、西の松江城下から数えると五つ目となります。

No.442 史跡
国 下府廃寺塔跡
指定年月日　昭和12年(1937)6月15日
所有者　浜田市／所在地　浜田市下府町

　下府廃寺跡は、石見地方において最も早く仏教が伝わった寺院の跡地です。法隆寺創建と同時期と考えられます。塔は南北10メートル、東西8メートルの土壇の上に建ち、心礎は南北長2.51メートル、東西長1.38メートルの大きさです。基壇外装は石と瓦で築かれています。寺域は方一町、西側に金堂、東側に塔を配置する法起寺式に近い伽藍配置と考えられています。

121

No.443 史跡
国 伊志見一里塚(いじみいちりづか)
指定年月日　昭和12年(1937)6月15日
所有者　国／所在地　松江市

松江市宍道町と出雲市斐川町の境のあたり、国道9号線の南側にある旧道沿いに、直径4.5メートルのこんもりとした塚が、道路を挟んで南北に向かい合って残っています。昭和31年(1956)の台風で折れてしまった松の大木が目印となって往時のたたずまいをよく残しています。

No.444 史跡
国 出西・伊波野一里塚(しゅっさい・いわのいちりづか)
指定年月日　昭和12年(1937)6月15日
所有者　個人／所在地　出雲市斐川町

松江藩が建てた松江から数えて西に7つ目の近世山陰道の一里塚です。近世山陰道の名残を伝えるものとして、松の巨木が道を東西に挟んで塚上に相対して屹立していました。今は枯死して切り倒され、わずかに切り株を見るのみです。

No.445 史跡
国 権現山洞窟住居跡
指定年月日　昭和17年(1942)10月14日
所有者　個人／所在地　松江市美保関町

島根半島南岸の境水道に面した海食洞窟です。縄文時代後期の土器が出土しています。洞窟と境水道の汀線までは約35メートルの距離があり、洞窟だけではなくこの部分を含めて当時の人々が利用したと考えられます。

No.446 史跡
国 サルガ鼻洞窟住居跡
指定年月日　昭和18年(1943)9月8日
所有者　個人／所在地　松江市美保関町

中海北東部の南に伸びる小半島にある岬の突端に位置する海食洞窟です。洞窟の目の前はすぐ中海になります。縄文時代後期の洞窟遺跡として知られていましたが、出土遺物の整理により縄文時代前期や中期の土器があることがわかり、洞窟が縄文時代前期から後期にかけて断続的に利用されたことがわかりました。玦状耳飾りが出土しています。現状では陸路で行けない地であり、中海での漁撈活動を想像させます。

No.447 史跡
国 岩屋寺跡古墳
指定年月日　昭和23年(1948)12月18日
所有者　個人／所在地　松江市玉湯町

6世紀後半代から7世紀にかけて築造された2穴の横穴墓です。1号穴は、副室構造で奥室、前室、羨道の一部からなります。現存全長は3.6メートルあり、奥室・前室とも家形で、「平入」の形態です。奥室内の左右にはベッド状の屍床があります。遺物は開口が古く、不明です。

No.448 史跡
国 岩舟古墳
指定年月日　昭和23年(1948)12月18日
所有者　個人／所在地　安来市飯梨町

6世紀後半代から7世紀にかけて築造された古墳。墳丘は失われており、石室(奥室)のみ現存しています。奥室は凝灰岩の切石を組み合わせてつくられた石棺式石室で、長さ・幅とも約2メートル、高さ約1.7メートル。側壁は1枚石で、奥壁は2枚石、前室の側壁を嵌め込んだ溝が奥室前壁に残っていますが、前室は2枚の底石以外は失われています。

No.449 史跡
国 上島(あげしま)古墳
指定年月日　昭和32年(1957)7月27日
所有者　個人／所在地　出雲市国富町

　　　　　　　　　　6世紀前半に築造された直径21メートル、高さ2メートルの円墳です。畿内の影響を受けた家形石棺と、副葬品が埋納された竪穴系石槨が並列して直葬されています。副葬品には山陰では唯一の鈴鏡のほか、f字形鏡板付轡と剣菱形杏葉などをはじめとする当時最新の馬装一式、護拳帯飾金具を有した玉纏大刀などがみられます。

No.450 史跡
国 猪目洞窟(いのめどうくつ)遺物包含層(ほうがん)
指定年月日　昭和32年(1957)7月27日
所有者　猪目町生産森林組合／所在地　出雲市猪目町

　　　　　　　　　　『出雲国風土記』に記された「黄泉之坂、黄泉之穴」にも比定される猪目湾の西端に所在する入口の幅32メートル、奥行約67メートル、高さ50～60メートルの海蝕洞窟遺跡です。弥生土器、土師器、須恵器の土器類のほか、人骨、木棺、貝輪、石器、鉄器、木製品など、弥生～古墳時代の埋葬人骨や豊富な遺物が確認されています。

No.451 史跡
国 田儀櫻井家たたら製鉄遺跡
指定年月日　平成18年(2006)1月26日
所有者　出雲市他／所在地　出雲市田儀町

　　　　　　　　　　田儀櫻井家は近世初期から明治23年(1890)までの約250年間、松江藩の庇護の元に隆盛しました。田儀櫻井家が本拠地を置いた宮本地区の周辺には、製錬遺跡が数多く分布し、特に朝日たたら跡は、製錬炉全体が良好に残っています。出土遺物から19世紀前半～中葉頃に操業していたことが分かります。

No.452 史跡
国 山陰道　蒲生峠越／徳城峠越／野坂峠越
指定年月日　平成17年(2005)3月2日
所有者　津和野町他／所在地　津和野町、岩美町

　　　　　　　　　　津和野町に残る近世の山陰道で、津和野町教育委員会の発掘調査で、野坂峠越では、石畳、石製暗渠、番所跡等が良好に残っていることが判明しました。また、徳城峠越では、当時の道路造成の状況が明らかになっています。当時の道路築造技術や山陰道の様相を知る上で非常に重要です。

No.453 史跡
国 国富中村(くんどみ)古墳
指定年月日　平成25年(2013)3月27日
所有者　出雲市他／所在地　出雲市国富町

　　　　　　　　6世紀末～7世紀初頭に築造された直径約30メートルの円墳です。横穴式石室が未盗掘の状態で発見されています。鏡や装飾付大刀、馬具などの豊富な副葬品が出土しています。また、石室内の家形石棺は意図的に破壊され、副葬品も意図的な破壊と再配置があり、古墳時代後期の埋葬儀礼の様子が分かる古墳として重要です。

No.454 史跡
国 中須東原(なかず)遺跡
指定年月日　平成26年(2014)3月18日
所在地　益田市中須町

　　　　　　　　益田川河口部に立地する港湾を中心に発展した集落遺跡です。発掘調査で船着き場跡と考えられる大規模な礫敷き遺構や多量の貿易陶磁器が出土しています。港湾集落の発展には、豪族益田氏の強い関与が想定されます。『益田家文書』の研究成果と併せることで港湾の成立と展開、利用について知ることが出来る遺跡です。

No.455 史跡
県 石見国分尼寺跡
指定年月日 昭和33年(1958)8月1日
所有者 国分寺／所在地 浜田市国分町

石見国分寺跡から約350ｍ東にある現在の曹洞宗国分寺境内で、石見国分寺跡と同じ文様の瓦が多く見つかっており、「尼所」などの地名から、この地が石見国分尼寺跡と考えられます。寺域や伽藍配置は不明ですが、石見国分寺に比べて小規模であったと考えられます。ここからは銅製誕生釈迦仏立像も出土しています。

No.456 史跡
県 黒木御所
指定年月日 昭和33年(1958)8月1日
所有者 黒木神社他／所在地 西ノ島町別所

元弘の乱に敗れた後醍醐天皇が隠岐に遷幸され、元弘2～3年(1332～1333)の約1年間、行在所にした場所として伝えられています。『太平記』や『隠州視聴記』に黒木御所について記されています。

No.457 史跡
県 鵜ノ鼻古墳群
指定年月日 昭和33年(1958)8月1日
所有者 益田市／所在地 益田市遠田町

日本海に突き出した丘陵上に立地する古墳時代後期の石見地域最大級の古墳群です。かつて約50基の古墳があったと伝えられますが、近代の開発で多くが破壊されました。現在は約30基の古墳が存在し、保存状態の良い19基が県指定史跡になっています。片袖式横穴式石室の古墳が多いですが、一部で九州の影響を受けた石室の古墳もあります。

No.458 史跡
県 放れ山古墳
指定年月日 昭和34年(1959)9月1日
所有者 個人／所在地 出雲市古志町

直径13ｍの円墳で、埋葬施設は横穴式石室です。遺体を葬る部屋(玄室)は切石をアーチ形に積んで造られます。遺体を安置する石製の台(石床)が置かれ、低い縁を持つもの(有縁石床)と縦長の石床を石で仕切って2体分にしたものとがあります。轡などの馬具、玉類、鉄刀、土器が出土し、その多くが今に伝えられています。

No.459 史跡
県 雲州久邑長沢焼窯跡
指定年月日 昭和34年(1959)9月1日
所有者 (株)出雲観光／所在地 出雲市多伎町

文政10年(1827)頃から天保7年(1836)まで操業しました。磁器や窯には地元産の原料が使われ、天保年間には陶工木村甚兵衛により花瓶・徳利など染付磁器の優品が生まれました。現存する磁器の窯としては島根県で最も古いもので、7室からなる全長約20ｍの連房式登窯や作業場跡、不良品を捨てた場所(物原)などが良く残ります。

No.460 史跡
県 玉造築山古墳
指定年月日 昭和36年(1961)6月13日
所有者 玉作湯神社／所在地 松江市玉湯町

玉造築山古墳は、全長約15ｍ、高さ約2.5ｍの円墳です。墳頂部には、2基の舟形石棺が土中に埋められています。鏡、勾玉、管玉などが副葬されていたことが玉作湯神社蔵の文書に記載されています。特徴ある舟形石棺を2基包蔵する珍しい古墳であり、山陰地方の舟形石棺の時期判定資料としても重要な古墳です。

No.461 史跡
県 薄井原古墳
指定年月日 昭和37年(1962)6月12日
所有者 個人／所在地 松江市坂本町

全長50メートルの前方後方墳で、横穴式石室を2つもつ珍しい古墳です。出雲地方で最も古い横穴式石室をもつ古墳の一つで、遺体を葬る部屋（玄室）は、上に行くほど壁が内側にせり出すように小形の石を積んでいますが、これは古いタイプの横穴式石室の特徴です。玄室には組み合わせ式の石棺が1基ずつ置かれています。

No.462 史跡
県 松本第1号古墳
指定年月日 昭和38年(1963)7月2日
所有者 梅窓院／所在地 雲南市三刀屋町

全長50メートルの前方後方墳で、埋葬施設は後方部で木棺を粘土で包む粘土槨が2基、前方部では土器を利用した施設1基が見つかっています。古墳時代前期の大形の前方後方墳である点、出雲地方の主要な古墳が多く存在する地域（松江～安来地域・出雲～斐川地域）から離れた斐伊川の中流域に存在する点が注目されます。

No.463 史跡
県 妙蓮寺山古墳
指定年月日 昭和39年(1964)5月26日
所有者 妙蓮寺／所在地 出雲市下古志町

全長49メートルの前方後円墳で、埋葬施設は横穴式石室で、遺体を葬る部屋（玄室）には巨石をくり抜いた家形石棺が置かれています。玄室の入口は他に例を見ない構造で、観音開きになるように置いた板状の石2枚を、柱状の石で押さえるものです。出雲地方では屈指の大形古墳で、轡・鐙などの馬具や鉄刀・鉄鏃・鉄斧、玉類と出土品も豊富です。

No.464 史跡
県 三沢城跡
指定年月日 昭和39年(1964)5月26日
所有者 個人／所在地 奥出雲町三沢

鎌倉時代末～安土・桃山時代、奥出雲を拠点に勢力を誇った三沢氏の居城です。標高419メートル、仁多・飯石・大原の旧3郡を一望できる鴨倉山の山頂に本丸を置き、斜面には20以上の郭のほか、石垣、堀、土塁などが築かれ、現在でも良く残っています。後世の改変が行われなかったため、中世の山城の様式をとどめる、県内の山城跡の代表格です。

No.465 史跡
県 鷲原八幡宮流鏑馬馬場
指定年月日 昭和41年(1966)5月31日
所有者 鷲原八幡宮／所在地 津和野町鷲原

永禄11年(1568)、鷲原八幡宮の造営にあわせて鎌倉鶴岡八幡宮の馬場を模して設けられたと伝えられ、全長は約240メートル、幅は約23メートル、参道に直角につくられる横馬場です。嘉永2年(1849)に大きく改修され、現在の姿になったと考えられます。津和野藩の遺跡としてだけでなく、全国的に希少な流鏑馬の遺跡としても貴重なものです。

No.466 史跡
県 小坂古墳
指定年月日 昭和42年(1967)5月30日
所有者 個人／所在地 出雲市馬木町

神戸川左岸の丘陵にある古墳で、径15メートルの円墳もしくは方墳と考えられます。主体部は精美な切石造りの横穴式石室（全長5.4メートル）で、石櫃が安置されています。石室から6世紀後半及び8世紀の須恵器や蕨手刀などが出土したことから、この古墳は6世紀末頃の築造で、奈良時代に火葬墓として追葬されたと考えられます。当地域における古墳時代終末期の様相を検討する上で貴重です。

No.467 史跡
県 石見国分寺瓦窯跡(かわらがまあと)
指定年月日 昭和42年(1967)5月30日
所有者 浜田市／所在地 浜田市国分町

窯跡は石見国分寺跡の西側に隣接し、国分尼寺跡からは南西に約450㍍離れた丘陵地にあります。窯の構造は焼成室と燃焼室を段で区分した半地下式の平窯で、現存する長さは4.25㍍、幅2.3㍍、高さ0.8㍍です。窯跡から出土した瓦は朝鮮半島の影響を受けたものとして注目されており、石見国分寺に供給された瓦を焼成した重要な遺跡です。

No.468 史跡
県 毘売塚古墳(ひめづか)
指定年月日 昭和44年(1969)5月23日
所有者 日立金属㈱他／所在地 安来市黒井田町

JR安来駅南東の丘陵頂部にある全長42㍍の前方後円墳です。5世紀前半の築造と考えられ、後円部に埋納された舟形石棺の内外から鉄剣・鉄鉾(てつほこ)・鉄鏃(てつぞく)・革綴短甲片(かわとじたんこう)・ヤス状鉄器などが出土しました。この古墳は『出雲国風土記』の意宇郡(おう)安来郷の条に記載される語臣猪麻呂(かたりのおみいまろ)の娘を葬った墓との伝承があり、墳頂部に石碑が建てられています。

No.469 史跡
県 平神社古墳(へい)
指定年月日 昭和44年(1969)5月23日
所有者 平神社／所在地 隠岐の島町平

隠岐諸島では最大規模の前方後円墳（全長48㍍）で、古墳名は墳丘の側に平神社が鎮座することに由来します。6世紀後半頃の築造と考えられ、主体部は全長8㍍の横穴式石室で墳丘から須恵器や土師器、埴輪片が出土しています。この古墳が立地する八尾平野(やび)は律令期に隠岐国府や隠岐国分寺・国分尼寺が置かれるなど隠岐国の中心となった地であり、古墳の被葬者は隠岐諸島全体を治めた人物と考えられます。

No.470 史跡
県 大草岩船古墳
指定年月日 昭和45年(1970)10月27日
所有者 島根県他／所在地 松江市大草町

意宇(おう)平野南の大草丘陵の尾根上に立地し、方墳もしくは全長25㍍の前方後方墳と考えられています。埋葬施設として、凝灰岩の岩盤露頭に掘り込まれた舟形石棺が露出しています。周辺から6世紀前半頃の円筒埴輪片や須恵器坏蓋片が採集されており、東百塚山1号墳→大草岩船古墳→古天神古墳と続く意宇平野一帯を治めた首長墳の一つと考えられます。

No.471 史跡
県 東百塚山古墳群
指定年月日 昭和45年(1970)10月27日
所有者 島根県他／所在地 松江市大草町

意宇平野南の大草丘陵に立地し、西百塚山古墳群と並んで東西約400㍍、南北約300㍍の範囲に総数170基以上の古墳が分布する大古墳群です。東百塚山古墳群は総数133基以上の古墳群であり、大部分が一辺10㍍前後の方墳で、主に5世紀後葉から6世紀前半にかけて築造されたと考えられます。このうち最大規模を誇る1号墳は、古墳群の被葬者を直接束ねた人物が埋葬されている可能性があります。

No.472 史跡
県 西百塚山古墳群
指定年月日 昭和45年(1970)10月27日
所有者 個人／所在地 松江市大草町

東百塚山古墳群と並び県内最大級の古墳群で、西百塚山古墳群は総数40基以上の古墳が存在すると考えられています。大部分は方墳とみられますが、近年の測量調査により、尾根の最高所には径49㍍の大型円墳が存在することが判明しました。東・西百塚山古墳群は出雲地域特有の群集墳の典型例であり、意宇平野の開発に関わった有力者によって築造されたと考えられます。

No.473 史跡
県 岩屋後古墳(あと)
指定年月日　昭和45年(1970)10月27日
所有者　島根県／所在地　松江市大草町

意宇平野西端に位置する、6世紀後半頃築造された古墳です。墳丘の盛土は大部分が失われており、石棺式石室が露出しています。玄室は幅3.3㍍、奥行2.0㍍、高さ2.3㍍あり、出雲地方最大級の石棺式石室です。明治時代に出土したとされる男性2体、女性2体の人物埴輪が知られており、東京国立博物館で保管されています。

No.474 史跡
県 御崎山古墳(みさきやま)
指定年月日　昭和45年(1970)10月27日
所有者　日御碕神社他／所在地　松江市大草町

意宇川左岸に築かれた全長41㍍の前方後方墳です。全長約9㍍の両袖式横穴石室を持ち、横口式の家形石棺が2つ収められています。獅噛環頭大刀、金銅製鈴、珠文鏡、耳環、馬具などの豊富な副葬品が出土しています。山代・大庭地域に築かれた出雲東部の王墓群と当時期の古墳の一つで、最高首長を補佐した有力者の墳墓と考えられます。

No.475 史跡
県 荒神谷・後谷古墳群
指定年月日　昭和45年(1970)10月27日
所有者　個人／所在地　松江市佐草町

八重垣神社東方の丘陵に築かれた、前方後方墳3基、方墳15基、円墳6基、横穴墓約80基からなる、6～7世紀の古墳群です。昭和34年(1959)に横穴墓4基と方墳1基が発掘され、横穴墓からは須恵器や玉類、耳環、鉄器などが出土しています。方墳は12×13㍍の規模を持ち、須恵器、刀子、鉄鏃などを副葬した木棺を直葬しています。

No.476 史跡
県 割田古墳(わりた)
指定年月日　昭和45年(1970)10月27日
所有者　個人／所在地　邑南町中野

台地先端部に位置する後期古墳で、径10㍍あまりの円墳と考えられます。全長約7㍍の無袖式の横穴式石室を持ち、自然石を積み上げて構築されています。床部には円礫が敷き詰められており、羨門の前面には排水溝が設けられています。須恵器や土師器が出土しており、7世紀後半の築造と考えられます。

No.477 史跡
県 順庵原1号墳(じゅんなんばら)
指定年月日　昭和45年(1970)10月27日
所有者　個人／所在地　邑南町上亀谷

出羽川右岸に築かれた四隅突出型墳丘墓で、東西10.8㍍、南北8.3㍍の長方形の墳丘四隅に突出部を持ちます。墳丘斜面には貼石が敷き詰められ、墳裾には立石が並べられています。墳頂部には3基の主体部が並んでおり、箱式石棺2基と組合式木棺1基が収められています。四隅が突出する特異な墳形が、初めて確認された墳墓として知られています。

No.478 史跡
県 隠岐国分尼寺跡(にじ)
指定年月日　昭和47年(1972)3月31日
所有者　個人／所在地　隠岐の島町有木

西郷平野北側の丘陵上に位置し、昭和44～45年(1969～1970)の発掘調査で、掘立柱建物6棟、柵列12条などが発見されています。3間×7間、3間×5間の2棟の建物は庇を持ち、柱筋を揃えて並ぶことから金堂と講堂と推定されています。出土遺物には単弁蓮華文を持つ軒丸瓦、均整唐草文を持つ軒平瓦、須恵器類、土師器類、緑釉陶器などがあります。

No.479 史跡
県 七尾城跡　附妙義寺境内
つけたり
指定年月日　昭和47年(1972)3月31日
所有者　妙義寺／所在地　益田市七尾町

中世益田氏の居城として七尾山（118メートル）に築かれた山城で、大部分は国指定史跡となっています。本丸の北側には、礎石建物跡が確認された二の段をはじめ、40余りの郭や土塁が良好に保存されています。妙義寺は15世紀前半頃、13代兼家が木叟和尚を招き建立したと伝えられ、益田における宗教的中核として信仰を集めてきました。

No.480 史跡
県 玉若酢命神社古墳群
たまわかすみこと
指定年月日　昭和47年(1972)7月28日
所有者　玉若酢命神社／所在地　隠岐の島町下西

玉若酢命神社に隣接する丘陵に築かれた14基以上の古墳からなる古墳群です。頂上に築かれた8号墳は全長32メートル、高さ2.6メートルの前方後円墳で、後円部に石棺か石室の石材とみられる石があります。8号墳の東側には直径10メートル前後の小円墳11基と、全長21メートル、高さ1.67メートルの前方後円墳があります。消滅した3号墳からは大刀、小玉、須恵器が出土しています。

No.481 史跡
県 出雲国分寺瓦窯跡
かわらがまあと
指定年月日　昭和48年(1973)3月30日
所有者　個人／所在地　松江市竹矢町

出雲国分寺跡と出雲国分尼寺跡の間に築かれた瓦の窯跡で、焼成室の奥が残っていました。焼成室は幅2.24メートル、高さ1.2メートルで、内部には瓦や焼土が堆積していました。また、この窯跡の北西50メートルの場所でも瓦窯跡が1基発見されています。これらの窯跡では出雲国分寺や出雲国分尼寺だけでなく出雲国府などでも使う瓦を生産していました。

No.482 史跡
県 椎山第1号墳
しいやま
指定年月日　昭和48年(1973)9月25日
所有者　個人／所在地　松江市宍道町

同道川中流域に位置する丘陵上に築かれた前方後円墳1基と方墳3基からなる古墳群です。頂上に築かれた前方後円墳は、全長35メートル、高さ3.5メートルで、周溝を伴います。墳丘からは葺石や円筒埴輪の破片が採取されています。後円部にある盗掘痕の付近には来待石が散乱しており、横穴式石室が設置されていたと推定されています。

No.483 史跡
県 新宮党館跡
しんぐうとうやかたあと
指定年月日　昭和50年(1975)8月12日
所有者　安来市／所在地　安来市広瀬町

富田城跡の北側に位置する新宮谷の奥にある戦国時代の館跡です。尼子経久の次男である尼子国久の一族の館でした。尼子国久の一族は武勇で知られ、新宮党と呼ばれていました。しかし、天文23年(1554)に主君の尼子晴久に滅ぼされました。発掘調査では礎石建物跡や柵列跡が確認され、陶磁器や将棋の駒などが出土しています。

No.484 史跡
県 報恩寺古墳群
指定年月日　昭和53年(1978)5月19日
所有者　個人／所在地　松江市玉湯町

宍道湖に向かって延びる丘陵の先端部に築かれた前方後円墳1基と円墳6基からなる古墳群です。宍道湖を見下ろす丘陵頂上に築かれた大型の前方後円墳で、全長50メートル、高さ3.1メートルの大きさを誇ります。墳丘には葺石と考えられる人頭大の石がみられます。6基の円墳は直径6～15メートルで前方後円墳の周辺に築かれています。

No.485 史跡
県 宮田遺跡
指定年月日 昭和55年(1980)6月27日
所有者 雲南市／所在地 雲南市三刀屋町

飯石川沿いの河岸段丘に位置する縄文時代後期の遺跡です。2基の土器埋設遺構が見つかりました。土器埋設遺構に使われた深鉢は底部を上にして土坑に収めており、高さ約50㌢の完全な形です。土器埋設遺構は島根県の山間部を中心に分布する遺構で、宮田遺跡の例がその後の発見の端緒となりました。

No.486 史跡
県 陰地たたら跡
指定年月日 昭和58年(1983)6月7日
所有者 個人／所在地 奥出雲町大谷

雨川左岸に面した谷の開口部に位置します。3基の製鉄炉跡、鉄穴洗場跡、木炭窯跡、用水路跡、鉄穴切羽跡など、製鉄に関わる様々な施設が発見されています。製鉄炉跡は2号炉→3号炉→1号炉の順で造られています。2号炉と3号炉は16世紀中葉～後葉の製鉄炉跡で、1号炉は17世紀の高殿たたら跡です。

No.487 史跡
県 明神古墳
指定年月日 昭和61年(1986)9月19日
所有者 大田市／所在地 大田市仁摩町

大田市西部・旧仁万町の北東部の砂山の上にあります。時期は古墳時代後期(6世紀後半)。この時代の横穴式石室は全長10㍍あり、石見地域で大きさがわかっている石室の中で最大(島根県内では3番目)です。銅製の鋺、飾り付きの大刀など副葬品もすばらしく、石見地方屈指の古墳の一つです。

No.488 史跡
県 新槙原遺跡
指定年月日 平成2年(1990)5月23日
所有者 益田市／所在地 益田市匹見町

益田市旧匹見町の山間部の川の合流点周辺に広がります。槍先・剥片を含む多くの旧石器が採集されました。発掘調査では、縄文時代早期～前期の層の下から旧石器が出土し、時代の前後関係が層の上下関係として確かめられました。島根県の旧石器時代人の活動を示す貴重な遺跡です。

No.489 史跡
県 山代郷南新造院跡
指定年月日 平成5年(1993)4月6日
所有者 島根県／所在地 松江市山代町

松江市南部の茶臼山(神奈備山)の南西麓に位置する古代寺院跡です。『出雲国風土記』に記載された寺院のうち、「出雲臣弟山」(出雲国造)が建立した「山代郷」の「新造院」と考えられる遺跡です。一部が発掘調査され、礎石建物や、建物の土台(基壇)等が確認されました。『風土記』の記述と現存する遺跡が合致し、建立者も判明する事例として貴重です。

No.490 史跡
県 女夫岩遺跡
指定年月日 平成9年(1997)3月28日
所有者 個人／所在地 松江市宍道町

松江市宍道町の丘陵地斜面に位置する祭祀遺跡です。二つの巨岩があり、地元では「女夫岩」と呼んで現在もお祀りを続けています。出土した土器から、この大岩のお祀りは古墳時代中期に始まることがわかりました。『出雲国風土記』に記載されている、「宍道」の地名の由来となった「猪像」の比定地の一つであり、『風土記』の伝承と現存する遺跡が合致する事例として貴重です。

No.491 史跡
県 穴神横穴墓群
指定年月日　平成10年(1998)3月27日
所有者　安来市／所在地　安来市吉佐町

　鳥取県境付近の、中海に突き出す尾根の上にある、古墳時代後期の横穴墓群です。とくに1号横穴墓の中には、美しく彩色された家形石棺が納められていました。彩色壁画のある古墳は分布が九州などに限られます。描法、図柄からは、肥後、筑後地域にある古墳・横穴墓との深い関係がうかがわれ、両地域の交流を物語る貴重な古墳です。

No.492 史跡
県 山代郷南新造院瓦窯跡
指定年月日　平成10年(1998)3月27日
所有者　島根県／所在地　松江市山代町

　「南新造院跡」の南に位置し、3つの窯跡が見つかっています。発掘調査では窯の改造の痕跡や、窯詰めの方法等が詳しく判明しました。窯から出土した軒平瓦は山代郷南新造院跡（四王寺跡）出土瓦と同形式であり、この窯で生産された瓦が南新造院に供給されたことがわかります。寺跡・建立者・窯跡がセットで判明する事例として貴重です。

No.493 史跡
県 大元古墳群
指定年月日　平成11年(1999)4月9日
所有者　個人／所在地　益田市遠田町

　益田市東部の低い丘陵上に位置し、前方後円墳と円墳各1基があります。前方後円墳は全長88㍍で、出雲部の後期古墳（山代二子塚・大念寺古墳）に次いで島根県内で3番目、石見地域で最大規模です。採集された円筒埴輪から、時期は古墳時代前期末〜中期初頭と推定され、この時期の古墳としては島根県全体で最も大きいものです。

No.494 史跡
県 光明寺3号墓
指定年月日　平成12年(2000)3月28日
所有者　出雲市、個人／所在地　出雲市上塩冶町

　斐伊川に面した丘陵斜面に築かれた奈良時代の墳墓です。火葬された40歳代の男性人骨が凝灰質砂岩製の石製蔵骨器に納められていました。蔵骨器は約75㌢四方の直方体です。墳墓には直径8㍍、高さ1㍍の墳丘を伴います。墳丘が築かれた石製蔵骨器を伴う火葬墓は全国でも7例目、山陰では初めての発見となりました。

No.495 史跡
県 堀部第1遺跡
指定年月日　平成16年(2004)12月17日
所有者　松江市／所在地　松江市鹿島町

　島根半島の海岸近く、講武川沿いに遺跡はあります。「長者の墓」と呼ばれる直径50㍍の丘を取り囲むように規則的に並んだ配石墓57基と壺棺1基が発見されました。弥生時代前期の土器や玉類、石器、土笛が出土しています。島根半島に進出した集団の弥生時代前期の墓地と考えられ、当時の社会を解明するうえで貴重です。

No.496 史跡
県 波来浜遺跡
指定年月日　平成25年(2013)4月9日
所有者　江津市／所在地　江津市後地町

　海岸から1㌔内陸に入った砂丘にある遺跡です。弥生時代中期から後期の方形貼石墓が13基確認されています。礫を並べた方形区画を墓域とし、区画内に埋葬施設が造られました。貼石墓の規模は長辺が0.9㍍〜7.5㍍まであり、埋葬施設に土器や鉄鏃、銅鏃が副葬されています。弥生時代の墓制を考えるうえで貴重な遺跡です。

No.497 名勝
国 千丈渓（せんじょうけい）

指定年月日　昭和7年(1932)7月23日
所有者　個人／所在地　江津市江尾〜邑南町日和

急流がつくった芸術作品

　千丈渓は、邑智郡邑南町北部にある日和盆地から、江の川の支流である江津市桜江町の八戸川（やと）に合流するまでの日和川（ひわ）の峡谷です。峡谷は約4キロメートルの長さで、名勝指定面積は約450ヘクタールと広大で、一部は県立自然公園にも指定されています。古くは原始林におおわれた秘境として知られていたようですが、現在は道路や遊歩道が設置され、観光地となっています。

　峡谷の母岩となる石英粗面岩は、極めて硬質かつ板状及び方状の節理に富んでおり、これらの節理に沿って滝が多数形成されています。また、滝には必ず深淵をたたえ、これらが絶え間なく連続する様子が、急流の動きと一体となっているのが、この渓流の最大の特徴となっています。また、両岸の森林は鬱蒼として全渓をおおい、紅葉の時期の美しさは別格です。滝は、高さ40メートルの白藤滝（しらふじ）をはじめ、相生滝（あいおい）、一ノ瀬滝、千丈滝、紅葉滝（こうよう）など、その美しさを表現する名で呼ばれています。

No.498 名勝
国 断魚渓（だんぎょけい）

指定年月日　昭和10年(1935)12月24日
所有者　個人／所在地　邑南町井原

名前どおりアユ受難の峡谷

　断魚渓は、江の川の支流である井原川が、権現山と駒次山（こまつぎやま）との間につくる峡谷で、急流とせせらぎと伴に、広い岩盤や奇石、淵など20カ所以上の景勝地が約4キロメートルにわたって続いています。川の浸食作用としては、壮年期を過ぎており、流紋岩の河床には滝がほとんど無いことが、近隣にある千丈渓と異なる点です。

　景観の中心となるのは嫁ヶ淵（よめがふち）から神楽淵（かぐらふち）との間で、嫁ヶ淵の下流は迂回して数段の滝を形成し、駒頭の瀧（こまがしら）の下にある小石淵から神楽淵にかけては千畳敷と呼ばれる大岩盤が露出しています。この岩盤には節理に沿って祝川と呼ばれる幅1メートルの岩樋川が走り、それが神楽淵に落ちるところにアユの遡上を困難とする「魚切」（うおぎり）とも呼ばれる「断魚の淵」があり、峡谷の名前の由来となっています。

　千丈渓と同様、県立自然公園に指定されており、両者はセットで観光地になっています。

No.499 名勝

国 櫻井氏庭園
さくらいし

指定年月日 平成29年(2017)10月13日
所有者 個人／所在地 奥出雲町上阿井

江戸時代のお殿様も眺めた歴史のある庭園

　江戸時代前期より「可部屋」の屋号で製鉄業を営み松江藩鉄師頭取を務めた櫻井氏の住宅に18世紀以降に作られた庭園で、松江藩7代藩主松平治郷（不昧）の来訪の際に設えたと伝わる岩盤斜面を流れ落ちる滝の意匠に顕著な特徴を有しています。享和2年(1802)のものと考えられる「壬戌年家相圖」には現在同様母屋の東側に園地が描かれ、その翌年の享和3年に治郷（不昧）が当地を訪れて、岩盤を流れ落ちる滝を「岩浪」と名付けて書を残しています。明治11年(1878)には、文人画家田能村直入が茶亭掬掃亭を建て、ほぼ現在の姿になりました。滝は約16㍍の高さから岩盤の斜面を流れ落ち、水量も多く、見るものを圧倒します。植栽はクロマツ、イロハモミジ等の高木類を園池周囲に、サツキツツジ等の低木類を滝の周辺に配し、園池の最奥部には茅葺屋根の掬掃亭が水面にせり出して建っていて、主屋（重要文化財）東端の「上の間」からは、四季ごとの美しい風景を観賞することができます。

No.500 名勝

国 美保の北浦

指定年月日 昭和8年(1933)2月28日
所有者 国／所在地 松江市美保関町

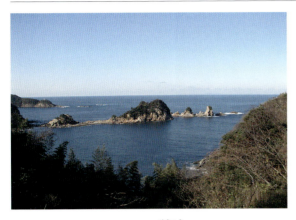

　美保の北浦は島根半島の東端に位置する美保関半島北側の日本海に面する海岸で、複雑に入り組んだ海岸線は山と海が織りなす絶景地となっています。また、岸辺の岩石は日本海の荒波によって浸食され、奇岩や断崖となって連続し、東端の地藏崎より西端の七類湾口にある多嶋区域に至るまで、見事な海岸美を形成しています。

　この海岸は、凝灰岩を主とする第三紀層から成り、安山岩質の岩脈がこれを貫いて、所々に岩脈を形成、地層は錯乱して断層のずれが多数認められます。このことがこの海岸に絶壁や洞窟、島嶼や岩礁の多い地形をもたらした理由で、中でも安山岩の赤褐色岩脈の絶壁「出雲赤壁」は、この名勝の中心と言えます。

No.501 名勝

国 隠岐布施海岸

指定年月日 昭和13年(1938)5月30日
所有者 国／所在地 隠岐の島町布施

　隠岐布施海岸は、隠岐島後の東海岸北部に位置し、同海岸の風景を代表するものです。崎山岬を中心とし、その前面の海上には大鼻島、小峯島、大黒島、小黒島、長島などの数百の島や岩礁が散在し、一大パノラマ景観を成しています。このうち、大鼻、小峯の二島はアルカリ粗面岩、大黒、小黒の二島は黒色の集塊質輝石安山岩、長嶋は赤褐色の輝石安山岩よりなっています。また、黒松林がある崎山岬とその周辺は、黒色玄武岩の柱状節理が見られ、各島はそれぞれ特有の侵蝕岩による独特の景観を成しています。このように限られた地域に様々な海岸風景をみることができるのが、この海岸の特色となっています。

No.502 名勝

国 旧堀氏庭園

指定年月日 平成17年(2005)7月14日
所有者 津和野町／所在地 津和野町邑輝

　堀氏は、近世から近代にかけて、津和野町にある笹ヶ谷銅山をはじめ数多くの鉱山を経営し、近代には「中国地方の鉱山王」とも呼ばれました。

　旧堀氏庭園は、天明5年(1785)建造の主屋に南面する枯山水庭園のほか、明治33年(1900)建造の数寄屋建築「楽山荘」とその庭園の「楽山園」、大正4年(1915)に白石川対岸の傾斜地に石組みを施して築造した「和楽園」と養魚池、明治末期から大正時代に建設した畑迫病院の外構造園を含む計4つの園地から成ります。優秀な意匠・構造をもつ多彩な造園的要素をもち、それらが堀氏の銅山開発を主軸として相互に緊密な関係をもちつつ、白石川の谷地形及び川沿いの土地利用とも一体となって独特の景観を見せています。

No.503 名勝
県 小川（おがわ）庭園
指定年月日　昭和34年(1959)9月1日
所有者　個人／所在地　江津市和木町

小川庭園は、室町時代初期からあった庭園を文明～延徳年間に雪舟が改造したものと伝えられています。上下二段式の池泉鑑賞の庭園は、蓬莱山水園（ほうらいさんすいえん）ともいうべく山の崖地を利用した峡谷的構造で、多数の石組によって枯滝を作り出しています。全国の庭園を調査した重森三鈴（しげもりみれい）氏が「室町初期の庭園として素晴らしいものである。」と評価された名園です。

No.504 名勝
県 双川峡（そうせんきょう）
指定年月日　平成16年(2004)12月17日
所有者　益田市、個人／所在地　益田市美都町

この峡谷は、落差20メートルの養戸の滝（観音滝）と長さ600メートル余りに渡る急流から成っています。河床には無数の巨岩と奇岩が積み重なり、周囲の樹木と調和して秀逸な景勝地をなしています。島根県西部の地形的特徴と貴重な植生を残す三隅川水系を代表する景勝地として学術上の価値が高く、名勝に指定されました。

No.505 天然記念物

国 石見畳ヶ浦
いわみたたみがうら

指定年月日　昭和7年(1932)3月25日
所有者　国他／所在地　浜田市国分町

荒波と地震が造った千畳敷

　石見畳ヶ浦は、浜田市国分町の日本海沿岸部にあり、明治5年(1872)2月の浜田地震の際に形成された、日本海沿岸では数少ない地震性の隆起海床として国の天然記念物に指定されています。一帯は、第三紀に形成された丘陵が、波の作用により高さ約20㍍の波蝕崖と、その直下に波蝕棚となった独特の地形を見ることができます。とくに後者は地震によって海抜約1.5㍍まで上昇し、「千畳敷」と呼ばれる広さ約3㌶もの平坦な磯となっているのが特徴です。

　波蝕棚の表面は、日本海の原型が形づくられた約1,650万年前の堆積層で、当時生息していた40種以上の貝類の化石をはじめ、大型有孔虫、頭足類、獣骨などの多くの化石が発見されています。また、海蝕による径50㌢、深さ60㌢までの瓶穴（かめあな）と呼ばれる窪みが多数みられるのも特徴です。一方、崖面には200〜300万年前に堆積した都野津層を見ることができ、地学の野外観察の場ともなっているほか、県立自然公園として多くの人に親しまれています。

No.506 天然記念物

国 三瓶小豆原埋没林
さんべあずきはらまいぼつりん

指定年月日　平成16年(2004)2月27日
所有者　島根県／所在地　大田市三瓶町

縄文時代のタイムカプセル

　三瓶小豆原埋没林は、三瓶山北麓の大田市三瓶町小豆原地区にあり、同火山の噴火活動により形成された天然記念物です。昭和58年(1983)の圃場整備事業の際に埋没林の一部が発見され、平成10〜14年度に島根県景観自然課による調査によって、スギの巨木を主体とする埋没林の全体像が明らかとなりました。

　埋没林は、谷部にあった森林が3,500年前の縄文時代後期の噴火に伴う土石流や火砕流の堆積物により埋没したもので、樹齢500年を超えるスギのほか、トチノキ、ナラ類、カシ類、草類や昆虫化石など多様な生物相がそのままパックされた状態で保存されています。スギは直立した状態で、高さ10数㍍も埋没しており、その姿は三瓶小豆原埋没林公園として公開されています。火山国である日本を代表する自然現象を現すものとして、国の天然記念物に指定されました。

No.507 天然記念物

国 琴ヶ浜

指定年月日　平成29年(2017)10月13日
所有者　国、大田市、個人／所在地　大田市仁摩町

日本有数の「鳴り砂浜」

　大田市仁摩町馬路に位置する琴ヶ浜は、歩くと砂粒子が摩擦して音を発する日本有数の鳴き砂浜です。主に円磨された淘汰の良い石英砂で構成される鳴き砂は、地元では「鳴り砂」と呼ばれ、浜のほぼ全域に分布して、良好に維持されています。

　複雑に入り組んだリアス式海岸にある琴ヶ浜は、延長1.38キロメートルの円弧状の砂浜で、湾口長2.25キロメートル、奥行長1.20キロメートルの湾奥に位置します。湾は西北西方向へ大きく開き、冬季の季節風やそれによる風波が直接入り込む形状となっている一方、海底地形は湾口部でも水深20メートルほどの遠浅となっており、水深10メートルの浅瀬では波浪によって石英砂が往復運動して洗浄・円磨される要因となっています。砂の主たる供給源は、塩郷川によっては運ばれる石英に富む古砂丘（差海層）と、湾の両端の岬を構成する流紋岩質火砕岩（久利層）に限られ、地域の保全活動と併せて鳴き砂の維持に寄与しています。

　鳴き砂の分布域が広く、その形成には砂浜だけでなく海底地形も含む湾構造や風波が大きく関わって、鳴き砂を維持する機能を保持しており、鳴き砂浜の典型として貴重です。

No.508 特別天然記念物
国 大根島の熔岩隧道（別名：幽鬼洞）
指定年月日　昭和27年(1952)3月29日
所有者　松江市他／所在地　松江市八束町

　大根島は中海の中央に位置する周囲約10キロメートルの小火山で、島全体が約20万年前の火山活動で噴出した溶岩よりなっており、各所で島石と呼ばれる暗灰色多孔質の玄武岩を見ることができます。この溶岩は流動性が強く、流れるうちに徐々に外側が冷え固まり、流れ出た溶岩の跡に空洞が生じたものが溶岩隧道です。

　隧道は遅江地区の海岸付近に開口し、旧洞と新洞の二つがあります。旧洞は延長約100メートル、高さは2.5～1メートルの環状の隧道となっています。新洞は直線的に走り、延長70メートル以上あります。他の熔岩墜道と異り、熔岩台地中にも墜道が形成される新事実を示したとして、特に学術上価値が高いといえます。

No.509 天然記念物
国 経島のウミネコ繁殖地
指定年月日　大正11年(1922)3月8日
所有者　日御碕神社／所在地　出雲市大社町

　ウミネコは東洋特産のカモメ類の一種で、日本で唯一の国内繁殖するカモメ類です。日本沿岸の小島に群れを成して繁殖し、経島はその繁殖地として日本を代表するものです。繁殖期は3月中頃～7月で、この間は約5千羽のウミネコがこの小島に集団生息します。

　7月下旬に餌となるイワシ等を求めて北上し、11月下旬には再び南下して、繁殖地周辺で越冬します。

　島に上陸することはできませんが、ウミネコが去った8月7日（旧暦7月7日）の夕刻、日御碕神社の神職が経島に渡り御幸神事を行います。なお、この島は2017年4月に認定された日本遺産「日が沈む聖地出雲」の構成文化財の一つにもなっています。

No.510 天然記念物
国 玉若酢命神社の八百杉
指定年月日　昭和4年(1929)12月17日
所有者　玉若酢命神社／所在地　隠岐の島町下西

　隠岐の島町の玉若酢神社の境内にある国内有数の杉の巨木で、目通りの幹回り約9メートル、樹高約30メートルもあります。樹齢は不明ですが、地元では千数百年と言われています。

　伝説では若狭の国から比丘尼が来て、境内に杉を植え「800年後にまたこの地に来るであろう」と言ったことから「八百比丘尼杉」と呼ばれ、これが現在の名の由来とされています。

No.511 天然記念物
国 多古の七ッ穴
指定年月日　昭和7年(1932)7月23日
所有者　国／所在地　松江市島根町

　島根半島の最北端に位置する多古鼻ノ岬は、集塊岩及び凝灰岩の互層により形成され、海岸は垂直な絶壁となっています。中でも沖泊から瀬崎までの海岸には、高さ約50メートル、延長約400メートルの一大絶壁があり、その下方には大小4カ所の波蝕洞窟があり、9個の洞口を開いていますが、正面から一望できるのは7個のため、「七つ穴」と呼ばれています。最大のものは中央の4個で、洞の高さ10～20メートルあり、内部は相通じており、小舟でくぐり通ることができます。内部より海上を望む景色は絶景ですが、簡単に行くことができない点が惜しまれます。

No.512 天然記念物
国 三隅大平ザクラ
指定年月日　昭和10年(1935)4月11日
所有者　個人／所在地　浜田市三隅町

　浜田市三隅町矢原に所在する三隅大平ザクラは、推定樹齢670年以上のサクラの老大樹です。
　本種はアズマヒガン系のものとヤマザクラ系のものとの雑種起源と考えられ、樹幹には縦溝があり、若芽は黄色を帯びて白色の花と同時に出ます。品種は、「ミスミオオヒラザクラ」(学名：Prunus ohiraensis Miyoshi)として分類され、彼岸桜と山桜の特徴を併せ持つ大変貴重な種として保護されています。
　樹高は約17メートル、目通幹囲約6メートル、根元周囲は約5.4メートルを測ります。枝張りは、東西24メートル、南北30メートルにも及び、満開時には雄大な景観を呈することで知られています。

No.513 天然記念物
国 波根西の硅化木
指定年月日　昭和11年(1936)9月3日
所有者　国／所在地　大田市久手町

　大田市久手町波根西の海岸に露出している珪化木です。中新世(約2,400万～500万年前)前期に堆積した大森層中の安山岩質集塊岩・凝灰岩に埋もれた木が化石となったものです。十数個あり、そのうち最大のものは、長さが地表に現れている部分だけでも6.8メートル、周囲は約2メートルあります。樹種は、ブナ科の闊葉樹であるといわれています。
　波根西の珪化木は、その成因が、火山噴火に関係している点が北九州などに多く見られる珪化木と異なり、学術上、特に貴重なものとして評価されています。

No.514 天然記念物
国 唐音の蛇岩
（からおと じゃがん）
指定年月日　昭和11年(1936)12月16日
所有者　国／所在地　益田市西平原町

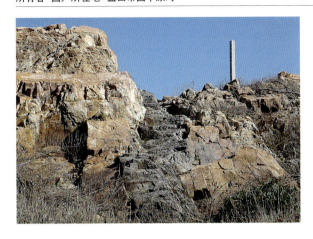

　益田市鎌手の唐音海岸にある蛇岩は、隆起海食台地の石英粗面岩を貫いて表出したヒン岩（安山岩質）の岩脈です。岩脈の色調は、黒褐色を呈し、幅は1メートルほどですが、長さは300メートルにも達します。マグマ活動によって貫入した岩脈と母岩が褶曲によってつくり出したその様は、途中で何度も屈曲して、まるで大蛇がのたうっているような奇観を呈しています。

　なお、海岸の北方約500メートルの松島には、中央を横切る一岩脈が露出しており、唐音の蛇岩とは、方向を異にするものの、岩質及び性状が等しいことから、同性質・同時代のものと考えられています。

No.515 天然記念物
国 竹崎のカツラ
指定年月日　昭和18年(1943)8月24日
所有者　個人／所在地　奥出雲町竹崎

　仁多郡奥出雲町竹崎にあるカツラの大樹です。主幹は枯れて、その周囲に大小無数の支幹が生じて、一大樹叢となっています。

　支幹部の総根周りは約15メートル、樹高約32メートル、最大の支幹は周囲が3メートルに達します。カツラの名木の一つとして貴重なものです。

No.516 天然記念物
県 中村のかぶら杉
指定年月日　昭和43年(1968)6月7日
所有者　中財産区管理会／所在地　隠岐の島町中村

　隠岐の島町中村に所在する、高さ38メートル余り、根元の周囲9.7メートルの大杉です。樹形は特異で、根元から約1.5メートルの上方から6幹に分かれています。この分岐部の下方から根との間が最も細くなっているところですが、それでも幹周りは約8メートルに達します。支幹は、かつては12本もあり、発育の悪い小幹から枯れて、昭和の初年には大幹4本、小幹5本が立っていたと伝えられています。大幹4本は現在でも樹勢は旺盛で、まっすぐに立ち、その幹回りはいずれも4メートル前後を測ります。

　樹齢は、地元では約600年と伝えられています。

No.517 天然記念物

県 妙用寺の桜
指定年月日　昭和51年(1976)4月30日
所有者　妙用寺／所在地　美郷町浜原

　美郷町浜原所在の妙用寺境内にある桜の老大樹です。樹高30㍍、根元幹周りは4㍍にもなります。地上3.7㍍のところで四方に10枝に分岐し、東西約21㍍、南北18㍍の範囲に枝を張ります。
　葉は卵形ないしは長楕円形、花は径2㌢内外で白色を呈し、3月下旬から4月上旬に数花を繖形に生じます。樹種はヤマザクラ系のものと、アズマヒガン系のものとの間の雑種起源のものと考えられますが、樹皮は縦条となるのでソメイヨシノとは異なり、ミョウヨウジザクラの新称が付けられました。
　樹齢は、地元では480年以上と伝えられ、樹勢は旺盛です。

No.518 天然記念物

県 雪田長源寺の枝垂桜
指定年月日　平成15年(2003)12月2日
所有者　長源寺／所在地　邑南町雪田

　邑南町雪田に所在する長源寺の境内、本堂正面右に立つこのシダレザクラは、樹齢300年以上と推定される、胸高幹周3㍍、樹高14㍍の老大樹です。枝張りは、南北20.7㍍、東西17.8㍍の範囲に及び、四方に見事な枝を張って樹勢は盛んです。樹皮はシダレザクラの特徴でもある縦割がみられ、また、地面より2.7㍍のところで二大支幹に分かれています。花は淡紅色系で美しく、開花期には甍を染め、壮観です。雪田長源寺の枝垂桜は、県下でも有数のシダレザクラの巨木で貴重なうえに、地元では当地区の象徴として敬われ、手厚く保護されて今に至っています。

No.519 天然記念物

県 学舎のイロハモミジ
指定年月日　平成25年(2013)4月9日
所有者　美郷町／所在地　美郷町九日市

　イロハモミジは本来、太平洋側の山地に分布する樹種であり、この地のものは植栽されたものであると考えられますが、この樹種としては稀にみる大樹であり、樹勢は旺盛で枝葉は四方に伸び、美しい樹冠が見られます。旧沢谷小学校の敷地内にあり、枝には旺盛な展葉がみられ、葉量もあり樹冠に大きな欠損もありません。この学校を巣立った、多くの卒業生のメモリアルツリーであり、閉校後も地域の人々によってこの樹を守ろうとする保護活動が行われ、樹木医による年1回の定期観察も行われています。なお、平成24年(2012)度に町指定となり、所有者や地元での保護活動が盛んに行われています。

No.520 特別天然記念物
国 オオサンショウウオ
指定年月日　昭和27年(1952)3月29日
所在地　県内全域

　オオサンショウウオは世界最大の両生類で、大きなものは体長1メートル以上、体重20キロを超えます。東アジア特産でヨーロッパでは第三紀層から化石としてしか存在せず、「生きた化石」として世界的に著名です。本州の中部以南の山岳地方渓流に生息し、県内では隠岐島を除く中国山地一帯、特に邑智郡に多く生息します。夜行性であり、簡単に見ることはできませんが、邑南町の「瑞穂ハンザケ自然館」などで観覧することができます。

No.521 天然記念物
国 クロキヅタ産地
指定年月日　大正11年(1922)3月8日
所在地　西ノ島町、海士町

　クロキヅタは、幅1～1.5センチ、長さ10～15センチの扁平で鋸歯状の葉状形態を多数もつ海産の緑藻で、隠岐島前の別府湾（西ノ島町）と菱浦湾（海士町）の一部は、その産地として大正11年(1922)に天然記念物に指定されています。名前の由来は、日本で最初に発見されたのが黒木御所跡近くの海であったことによります。指定時には「（世界的に見て）紅海以東においては、我が国の隠岐島海湾の一部にのみ産する海藻である」とされましたが、その後、美田湾や隠岐島後、四国の沖の島などでも確認されています。

No.522 天然記念物
国 岩屋寺の切開（いわやじのきりあけ）
指定年月日　昭和7年(1932)7月25日
所有者　岩屋寺／所在地　奥出雲町中村

　斐伊川の上流、横田盆地の東北にある岩屋寺山（標高600メートル）の中復に位置する岩屋寺境内には、粗粒の黒雲母花崗岩からなる小さな峡谷があります。峡谷の長さは80メートルしかありませんが、両岸は高さ20～10メートルの高くて垂直な岩壁となっており、左右の岩壁は平行して一直線に走っています。両岸の幅は極めて狭く、上部で1.5メートル、中ほどで3メートル、下部で3.5メートルと、裾広がりの形状となっています。これは花崗岩の直立した節理面に沿って侵食形成されたもので、極幼年性のV字谷として貴重なものといえます。

No.523 天然記念物
国 海潮のカツラ（うしおのカツラ）
指定年月日　昭和12年(1937)4月17日
所有者　日原神社／所在地　雲南市大東町

　大東町中湯石（なかゆいし）にある日原（ひはら）神社の社殿前にあり、主幹はすでに朽ちていますが、八本の大きな支幹と、その周りに多数の小支幹が伸びており、根元には数個の岩を抱え込んでいます。樹齢は不明ですが、樹高約40メートル、幹周りは約18メートル、枝張りは30メートルにも及ぶ、全国有数のカツラの巨木です。

No.524 天然記念物
国 松代鉱山の霰石産地
指定年月日　昭和34年(1959)7月24日
所有者　石見鉱山／所在地　大田市久利町

　松代石膏鉱山（大田鉱山）附近に分布する第3紀の粘土層中には、塊状となった多数の霰石が含まれています。この塊は霰石の結晶が多数集合したもので、最大径30㌢に達します。霰石の結晶は三連透入双晶で、大きさは平均径2～25㌢、概ね6角柱状の美しい形態をもち、これが多数集合して美しい塊を呈しています。結晶の大きく美事な様は他に例がなく、鉱物学上高い価値をもつことから天然記念物に指定されました。

No.525 天然記念物
国 三瓶山自然林
指定年月日　昭和44年(1969)11月29日
所有者　国／所在地　大田市三瓶町

　大田市三瓶町、男三瓶山の北側及び南側の斜面にある国有林の一部が三瓶山自然林として指定されています。上木は、ブナ、コナラ、クリ、ミズナラなどからなり、林床にはミヤマカタバミ、コツブアオイなどが自生しています。中国地方の日本海側に残る数少ない自然林として学術上の価値が高いことから天然記念物に指定されました。

No.526 天然記念物
県 大元神社跡の樟
指定年月日　昭和33年(1958)8月1日
所有者　三渡八幡宮／所在地　津和野町池村

　津和野町池村にあるクスノキの巨樹です。東西に近接して立つ2本のクスノキが、生長に伴い、基部から2.4㍍の高さまで癒合したもので、根元周囲16.6㍍、目通り幹囲10.6㍍、樹高は31㍍に達します。枝張りは東方16.2㍍、西方26.1㍍、南方23㍍、北方18.4㍍に及び、樹勢はきわめて旺盛です。樹齢は400年以上といわれ、巨樹・巨木で学術上価値の高いものとして指定されました。

No.527 天然記念物
県 山本の白枝垂桜
指定年月日　昭和36年(1961)6月13日
所有者　個人／所在地　江津市川平町

　江津市川平町にある桜の名木です。個人屋敷地内にあり、古来より「林堂」と呼ばれ親しまれています。目通りの幹囲2.5㍍、枝の垂の長さ3㍍、樹高は13㍍に達し、樹齢は300年以上と伝えられています。シロシダレザクラといわれるものの、純白ではなく、微紅色を帯びた白い小花が毎年4月初めに枝をいっぱいにします。咲きそろった枝垂れの美観は比類のない名木として貴重なことから指定されました。

No.528 天然記念物
県 口羽(くちば)のゲンジボタルおよびその発生地
指定年月日　昭和38年(1963)7月2日
所有者　国他／所在地　邑南町下口羽

　邑南町の口羽はゲンジボタルの生育適地となっており、特に下口羽を貫流する出羽川と支流の長田川及び戸谷川の流域は、標高200㍍以内の主として花崗岩地帯で、流域の沿岸は砂質土または砂礫土が堆積し、植生豊かで、ゲンジボタルの発生地として県下まれにみるところです。餌となるカワニナなどの淡水巻貝の減少や護岸のコンクリート化などによって県下のゲンジボタルやその生息地が減少する中において、環境が保たれ貴重です。

No.529 天然記念物
県 下来島(しもきじま)のボダイジュ
指定年月日　昭和39年(1964)5月26日
所有者　個人／所在地　飯南町下来島

　飯南町下来島にある樹齢200年以上のマンシュウボダイジュの巨木です。母幹1本と子幹2本からなり、株元周囲は6㍍、樹高15㍍に及びます。母子幹とも上に伸びたものは、7㍍にわたってほとんど側枝がなく、盃状の樹冠は東西南北とも20㍍に及びます。移植品の可能性は残りますが、中国地方西部脊梁山地に自生品が見つかったことで、当地における自生品の残存とも考えられます。稀有な老大樹であり、植物分布の上からも貴重です。

No.530 天然記念物
県 岩倉の乳房杉(ちちすぎ)
指定年月日　昭和40年(1965)5月21日
所有者　隠岐の島町／所在地　隠岐の島町布施

　隠岐の島町布施、大満寺山中の標高400㍍地点に残る杉の老巨木です。幹の周囲は胸高で11㍍、根元は16㍍、樹高は40㍍に及びます。主幹は地上4～8㍍のところで15本に分岐し、乳房状の気根(乳房根(ちちね))が大小24本垂下しています。この気根は今なお生長しつつあり、最大のものは長さ2.6㍍、周囲2㍍あまりになります。樹齢は800年以上と推定されます。乳房根を示す老巨杉の奇形として他に類例を見ず、学術上とても貴重です。

No.531 天然記念物
県 黄長石霞石玄武岩(おうちょうせきかすみいしげんぶがん)
指定年月日　昭和41年(1966)5月31日
所有者　個人／所在地　浜田市長浜町

　浜田市熱田町・長浜町・内田町の標高120㍍の丘陵地、東西約5㌔㍍、南北約2㌔㍍の範囲一帯に分布する緻密な黒色～暗灰色のアルカリ玄武岩の一種で、今から約600万年前の新第三紀の火山活動により噴出しました。主要な造岩鉱物は輝石(きせき)とかんらん石ですが、そのほかに黄長石と霞石が含まれることが明治42年(1909)に日本で初めて発見されました。玄武岩中に黄長石と霞石が認められるのは世界的にも珍しい現象であり、地質鉱物学上貴重な存在です。

No.532 天然記念物

県 姫逃池のカキツバタ群落
ひめのがいけ

指定年月日　昭和43年(1968)6月7日
所有者　大田市／所在地　大田市三瓶町

　姫逃池は三瓶山の北麓、男三瓶の原生林を背にした天井原（標高580メートル）に位置し、面積は552.4平方メートル、最も深いところで3メートルあります。この池の中に数千本のカキツバタを中心とした植物群落が形成されています。カキツバタの多くは紫色の花をつけますが、中には白色のものもあり、5月中旬～6月にかけて満開になります。群落は他にエゾミソハギノヨシ、カサスゲ、アイバソウ、サンカクイなどの湿性植物が確認でき、周辺にも豊かな植生が広がっています。

No.533 天然記念物

県 諏訪神社参道杉並木

指定年月日　昭和44年(1969)5月23日
所有者　諏訪神社／所在地　邑南町矢上

　諏訪神社の参道に、21本の杉の巨樹が並んでいます。樹高27～30メートル、胸高2.33～4.60メートルを測り、中には根が結合して1本の巨大な樹にみえるものもあります。境内地は粘土質な土で、杉の成長には不向きですが、言い伝えによると、承和2年(835)に信州の諏訪大社の御分霊を勧請したときに植えられたものとされています。

No.534 天然記念物

県 長安本郷の八幡宮並木杉
ながやすほんごう

指定年月日　昭和47年(1972)3月31日
所有者　八幡宮／所在地　浜田市長安本郷

　永嶽山に鎮座する八幡宮の境内に、老巨杉が樹立しています。参道の石段登り口の両側にそれぞれ1株、石段の中途の右側に1株、登り切ったところに1株、その左手に1株と計5株があり、かつては杉並木があったことをうかがわせます。樹齢は600年と伝わっていますが、いずれもかなりの巨木で樹勢も盛んです。

No.535 天然記念物

県 金言寺の大イチョウ
きんげんじ

指定年月日　平成25年(2013)4月9日
所有者　金言寺／所在地　奥出雲町大馬木

　金言寺境内に所在するイチョウの巨樹で、地上7～8メートルの位置で6～7本の大支幹に分岐していて更に大きな幹を形成しています。樹高は県内最大級の33メートル、胸高周囲は5.7メートルあり、樹齢は約400年と伝えられています。得意の囲碁で敗れた住職が悔しさのあまり庭に投げつけた碁盤から萌芽したという言い伝えなどがあり、古くから遠方より参拝に訪れる人も多く、現在でも地元での保護活動が盛んに行われています。

No.536 特別天然記念物
国 トキ
指定年月日 昭和27年(1952)3月29日
所在地 地域を定めず

顔が赤く、後頭の羽毛が少し長くて冠羽となる東亜特産の著名な留鳥で、往時は我が国に広く生息していました。戦後、個体数が激減し、特別天然記念物に指定されましたが、平成15年(2003)に国産個体は絶滅しました。佐渡島では中国産同一種による人工繁殖が行われ、今では野生復帰のための放鳥も実施されています。平成23年(2011)より出雲市でも分散飼育・移動が開始され、少しずつ国内の個体数は増加しています。

No.537 特別天然記念物
国 コウノトリ
指定年月日 昭和31年(1956)7月19日
所在地 地域を定めず

コウノトリは日本の代表的な大型鳥類で、かつては日本全国に生息していましたが、密猟や環境の悪化により国内の野生種は絶滅しました。最後の生息地であった兵庫県豊岡市で野生化に向けた取り組みが進み、平成29年春には、雲南市大東町において豊岡市周辺を除くと全国2例目の野生下の繁殖活動が確認されました。

No.538 天然記念物
国 高尾暖地性潤葉樹林
指定年月日 昭和3年(1928)2月7日
所有者 個人／所在地 隠岐の島町中村

隠岐島後中村にあるこの樹林は、シラカシ、アカガシ、サカキ、ヒサカキ、モチノキ、ツバサカノコガ等の暖地性潤葉樹よりなり、樹幹にはナゴラン、セッコク、ベニカヤラン、ヨウラクラン、ヒモラン等が付着、地面には羊歯類が繁茂する群落があります。日本海の島にこのような暖地性樹林が分布することは、学術上貴重なものといえます。

No.539 天然記念物
国 築島の岩脈
指定年月日 昭和7年(1932)7月23日
所有者 個人／所在地 松江市島根町

築島は島根半島北端となる多古鼻の東にある半島最大の島で、南北約1キロメートルの島全体が第三紀凝灰岩よりなっています。島の西北断崖には、灰白色の凝灰岩層を貫く黒色安山岩質玄武岩の岩床と岩脈が見られ、特に岩床と岩脈の連鎖する路頭が注目されますが、この岩床と岩脈は島の至る所に独特の造形を見せています。

No.540 天然記念物
国 日御碕の大蘇鉄
指定年月日 昭和9年(1934)5月1日
所有者 福性寺／所在地 出雲市大社町

日御碕の福性寺庭内にあるソテツの巨樹で、昭和9年の指定時には根元周囲約4メートル、地上1メートルの高さにおいて二つに分岐し、高さ約4.25メートルに達し、国内有数のソテツの巨樹とされていました。現在、主幹は枯れてしまいましたが、根元より新幹が多数育っています。

No.541 天然記念物
国 大根島第二熔岩隧道
指定年月日 昭和10年(1935)6月7日
所有者 松江市他／所在地 松江市八束町

この熔岩隧道は、大根島の中央を東南〜西北方向に一直線に走る、延長81.1メートルの本道部分と、その中央部より北方向に分岐する一本の支洞とから成ります。洞底は平坦で、西北方向に緩く傾斜し、洞底の熔岩面は縄状を呈し、両側に棚状の隆起、天井には短かい熔岩鍾乳を見ることができます。これらは富士山麓の熔岩隧道とほとんど共通するとされています。

No.542 天然記念物
国 星神島オオミズナギドリ繁殖地
指定年月日　昭和13年(1938)5月30日
所有者　国／所在地　西ノ島町宇賀

オオミズナギドリは日本周辺の島々で繁殖する海鳥で、全長約50ｾﾝﾁ、翼を広げた大きさは約1.2ﾒｰﾄﾙあります。県内では隠岐諸島内３カ所の繁殖地が国や県の天然記念物となっており、星神島は最初に指定された繁殖地です。毎年４月頃に渡来、７月頃に地中に掘った巣穴で産卵、９月頃に巣立っていきます。

No.543 天然記念物
国 沖島オオミズナギドリ繁殖地
指定年月日　昭和15年(1940)2月10日
所有者　白島神社／所在地　隠岐の島町西村

隠岐諸島の沖ノ島は、隠岐島後の北端にある小さな島で、古くからオオミズナギドリの繁殖地として知られています。国の名勝及び天然記念物に指定されている隠岐白島海岸と合わせ、風光明媚な観光地となっています。（前項星神島オオミズナギドリ繁殖地参照）

No.544 天然記念物
国 黒柏鶏
指定年月日　昭和26年(1951)6月9日
所在地　県内全域

古くから出雲地方で飼養された長尾鶏で、由来や系統は不明であり、小国鶏の黒変種ともいわれています。体重は雄で2.5ｷﾛｸﾞﾗﾑ、雌で1.8ｷﾛｸﾞﾗﾑあり、全身は光沢のある黒色、とさかと耳たぶは赤色で脚は鉛色がふつう。尾羽が長く豊かで、鳴き声は長い。わが国に特有なる家禽（かきん）の一例として重要です。

No.545 天然記念物
国 オジロワシ
指定年月日　昭和45年(1970)1月23日
所在地　県内全域

『しまねレッドデータブック』より
（撮影：佐藤仁志）

オジロワシは、国内で繁殖する猛禽類中最大の種類で、翼の開長２ﾒｰﾄﾙに近く、北海道東部に繁殖し、秋冬の頃本州南部にまで南下します。県内では宍道湖西岸部や神西湖に飛来することがあります。イヌワシとともにわが国の代表的な猛禽類であることから地域を定めず指定されています。

No.546 天然記念物
国 カラスバト
指定年月日　昭和46年(1971)5月19日
所在地　県内全域

『しまねレッドデータブック』より
（撮影：石本賢治）

カラスバトは、常緑広葉樹の密林中に生息する緑色の金属光沢を帯びた全身黒色の野鳩で、わが国の南西地方の島嶼に分布するほか、一部琉球諸島、中国の山東省等にも分布しています。近年、生息地である常緑広葉樹林の減少と密猟により著しく減少し、県内では隠岐諸島で繁殖していることが確認されています。

No.547 天然記念物
国 ヒシクイ
指定年月日　昭和46年(1971)6月28日
所在地　県内全域

『しまねレッドデータブック』より
（撮影：佐藤仁志）

古来、ヒシクイやマガンなどのガン類は、カリとも呼ばれ雁行（がんこう）の名のあるその雄大な飛しょうは、水鳥の中でもハクチョウとともにわが国民に親しまれてきました。狩猟により激減したため、地域を定めずに指定されています。集団渡来地は東日本に偏っており、県内の斐伊川の中下流域は、その西限渡来地とされています。

No.548 天然記念物

国 マガン

指定年月日 昭和46年(1971)6月28日
所在地 県内全域

『しまねレッドデータブック』より
（撮影：佐藤仁志）

全長60センチ余り、ピンクがかった嘴と橙色の足が特徴の、我が国で著名な冬鳥です。秋にシベリアから渡来し、主に東北や北陸の湾、河口、湖沼等で越冬して春先に帰って行きます。かつては日本各地で見られた水鳥ですが、近年では島根県より西での渡りは稀で、斐伊川河口や宍道湖西岸は西日本有数の集団飛来地となっています。

No.549 天然記念物

国 ヤマネ

指定年月日 昭和50年(1975)6月26日
所在地 県内全域

『しまねレッドデータブック』より
（撮影：県立三瓶自然館）

一属一種の日本特産種で、樹洞などで冬眠する哺乳動物としても著名な、一見リスに似た愛らしい小動物です。リスよりもはるかに小さく四肢も短く、体毛は背面が淡褐色で、頭頂から尾にかけて背の正中線に黒茶色の縦縞が見られます。本州・四国・九州の山地帯に広く分布しますが、生息域は年々縮小する傾向にあります。

No.550 天然記念物

県 日本海岸におけるハマナス自生西限地

指定年月日 昭和35年(1960)9月30日
所有者 国／所在地 大田市静間町

大田市静間町の近藤浜は、県下二つの自生地のうちの一つで、かつて生育面積は大小の地区を合わせて最大約93平方メートル、株数は100を超していましたが、流砂などによって、その後は著しく衰亡しています。北地辺の自生種であるハマナスの自生西南限として学術上貴重で保護が望まれます。

No.551 天然記念物

県 日本海岸におけるハマナス自生西限地

指定年月日 昭和35年(1960)9月30日
所有者 個人／所在地 出雲市湖陵町

出雲市湖陵町の差海川河口付近は、県下二つのハマナス自生地のうちの一つで、かつて生育面積は30平方メートル、株数は50株を超していましたが発育は良好でなく、その後は他の草木類に淘汰されて衰亡の危機に瀕しています。北地辺の自生種であるハマナスの自生西南限として学術上貴重で保護が望まれます。

No.552 天然記念物

県 春日神社のクロマツ群

指定年月日 昭和42年(1967)5月30日
所有者 春日神社／所在地 隠岐の島町布施

隠岐の島町布施、春日神社境内にあるクロマツ林には、胸高周囲3〜4メートルのクロマツが群生しています。もともとは防風林として植林されたと考えられ、今では樹高50〜60メートルと、海浜近くにあって支条も出さずに垂直に生長しています。クロマツの直幹巨木群は県内では稀であり、国の特別母樹林にも指定されています。

No.553 天然記念物

県 世間桜（よのなかざくら）

指定年月日 昭和42年(1967)5月30日
所有者 個人／所在地 隠岐の島町元屋

隠岐の島町元屋の飯山中腹にある「世間桜」は、花咲き具合で年の豊凶を占ったことが名の由来とされ、樹齢600年以上のエドヒガン系の1対の男桜と女桜の総称です。男桜は、幹周4メートル、樹高15メートル、4月上旬から白花を咲かせ、女桜は幹周3メートル、樹高13メートルで、男桜より十日ほど遅れて薄紅色の花が咲きます。

エドヒガンは隠岐で通常見られず、地域的に異例で貴重なことから指定されました。

No.554 天然記念物
県 本宮神社の大杉
指定年月日　昭和43年(1968)6月7日
所有者　本宮神社／所在地　大田市三瓶町

大田市三瓶町本宮神社境内にある杉の老巨木です。樹高42.6メートル、胸高幹囲8.9メートル、根元周囲13メートル、枝張りは東西25メートル、南北15メートルに及びます。樹齢800年と伝えられていますが、樹勢は旺盛です。

隠岐の島町玉若酢命神社の八百杉に次ぐ、県下でも有数の巨杉で貴重です。

No.555 天然記念物
県 湯の廻のキャラボク
指定年月日　昭和44年(1969)5月23日
所有者　個人／所在地　奥出雲町大馬木

奥出雲町大馬木にある樹高8メートル、胸高周3.2メートルのキャラボクの大樹です。直立した主幹から4枝に分かれたそれぞれの支幹からは20数枝が分枝し、東側に延びた枝張は30メートル、西側は伏した支幹が地に接して発根し、高さ10メートル、胸高周1.2メートルになります。樹齢400年以上と推定され、県下随一のキャラボクの名巨木として貴重であるため指定されました。

No.556 天然記念物
県 元屋のオキシャクナゲ自生地
指定年月日　昭和45年(1970)10月27日
所有者　上元屋神社／所在地　隠岐の島町元屋

隠岐の島町元屋に自生するオキシャクナゲの群生地です。オキシャクナゲは、隠岐島後の大満寺山一帯に特産するもので、ホンシャクナゲの島嶼型とされています。葉が薄くて短小で、花も美しいことから盆栽などの観賞用植物として好まれます。濫採などにより島内生育地が縮小化する中にあって、貴重な自生地となっており、指定されました。

No.557 天然記念物
県 焼火神社神域植物群
指定年月日　昭和45年(1970)10月27日
所有者　焼火神社／所在地　西ノ島町美田

西ノ島町美田、焼火神社を中心とする約4ヘクタールの範囲にある植物群です。境内の老杉20本、社殿背後の岩壁に着生するタクヒデンダ、トウテイラン、着生ランなどの特殊植物、参道両側に群生する隠岐産著名植物、焼火山頂の暖地性常緑広葉樹林の四つの植生が認められ、異なる植生の様相を集中的に残すところとして学術上珍しく貴重です。

No.558 天然記念物
県 仁万の硅化木
指定年月日　昭和45年(1970)10月27日
所有者　国／所在地　大田市仁万町

大田市仁摩町の海岸2地点に横たわる大小の珪化木です。中新世（約2400万〜500万年前）前期の波多層の流紋岩質砕屑岩の中で化石化したと考えられます。樹種はマキ科の木に近く、大きい方は長さ約2.5メートル、直径約1メートル、小さい方で長さ1.8メートル、直径60センチです。県下有数の巨大珪化木で、地質鉱物学上高い価値をもつことから指定されました。

No.559 天然記念物
県 常磐山の杉
指定年月日　昭和47年(1972)3月31日
所有者　八幡宮／所在地　浜田市金城町

浜田市金城町の常盤山にある巨杉で、八幡宮社殿背後の森林に3本、石段脇に2本が樹立しています。天然杉で、諸々の特徴から樹種はアシオスギに同定されます。5本のうち最大のものは樹高32.5メートル、根回り11.8メートルに及びます。県下で稀に見る老巨木であるうえ、天然生のアシオスギとみられることから、学術上貴重です。

No.560 天然記念物
県 インヨウチク（陰陽竹）群落
指定年月日　昭和47年(1972)7月28日
所有者　熊野神社／所在地　安来市横屋

　海抜約240メートルの比婆山に鎮座する熊野神社（通称比婆山神社）の東北約100メートルの谷奥部に自生していて、古くはササダケ（笹竹）、大正頃から陰陽二神に縁深い比婆山で繁茂することからインヨウチクと呼ばれていました。茎・稈・枝葉・花部の特徴から、ナリヒラダケ属とササ属が交雑してできた新種と考えられています。

No.561 天然記念物
県 金谷の城山桜
指定年月日　昭和51年(1976)4月30日
所有者　個人／所在地　益田市山本

　金谷の丘陵の中腹にある樹高15メートル、根廻周囲7.15メートル、目通周囲5.82メートルのエドヒガンサクラで、地上約2～3メートルのところで大きく3本に分岐して、樹勢は旺盛で現在でも多くの花を咲かせます。この丘陵は応永30年(1423)頃築かれた入船山城跡の出丸部分にあたり、築城当時に植樹され樹齢は550年と伝えらています。

No.562 天然記念物
県 沖蛇島のウミネコ繁殖地
指定年月日　昭和52年(1977)5月4日
所有者　釜野浦組中／所在地　大田市福波

　沖蛇島は海抜19.2メートル、周囲200メートル、面積1056平方メートルの砂質泥岩よりなる島で、島の頂上付近にある深さ5メートルの窪地に雨水が溜まり、それがウミネコの飲み水となっています。経島（ウミネコ繁殖地で国天然記念物）の西方約50キロメートルに位置し、昭和47年(1972)頃から飛来が確認され、現在では500~600羽程が生息しています。

No.563 天然記念物
県 日御碕の黄金孟宗群落
指定年月日　昭和53年(1978)5月19日
所有者　個人／所在地　出雲市宇竜

　宇竜地区の山林に約2000平方メートルにわたって群生しているマダケ属のモウソウチク（孟宗竹）で、稈は淡い黄金色を呈し、黄色や緑色の縦縞は個体や節間によって配列や色合いが異なり、大変美しく珍しいものです。福島県や高知県の金明孟宗竹群生地に比べて規模が広く、黄金孟宗竹としては全国有数の群生地です。

No.564 天然記念物
県 今田水神の大ケヤキ
指定年月日　昭和56年(1981)6月9日
所有者　大山祇命神社／所在地　江津市今田

　流紋岩質溶結凝灰岩の岩盤の上に樹立するケヤキで、1つの根から大小6つの幹が派生しています。主幹は高さ21.3メートル、胸高周8.6メートル、根張り26.6メートルを測り、樹齢は約500年と伝えられています。この地は天保年間（1830年以降）から今田地区の水田灌漑用水口となっていて、古くから水神が祀られ、地元の人に崇められています。

No.565 天然記念物
県 いづもナンキン
指定年月日　昭和57年(1982)6月18日
所在地　県内全域

　出雲地方で改良された金魚で、頭部は小さく、眼幅が狭く口吻は鋭角状に尖ります。胸鰭から体躯にかけてくさび状に左右均等に張り出して、規則的でグアニン色素を含む金属光沢性の鱗をもち、色彩は白更紗・紅・白色です。ランチュウとは類縁品種で、中国から渡来したものを改良したと考えられ、古くから人々に親しまれています。

No.566 天然記念物
県 貴船（きふね）神社のシイ
指定年月日　昭和58年(1983)6月7日
所有者　貴船神社／所在地　雲南市南加茂

貴船神社の本殿の南丘陵上にあるシイは、樹高16メートル、胸高周8.4メートル、枝張りは約20メートルの巨木です。元暦年間（1184～5）に山城国（やましろのくに）葛野郡（かどのぐん）（現在の京都府）の貴船大明神を勧請していることから、樹齢800年以上と伝えられています。かつては一帯にシイ群落があったと考えられ、現在は周辺に桜が植樹されています。

No.567 天然記念物
県 毘沙門堂の榊
指定年月日　昭和59年(1984)5月4日
1株／所有者　個人／所在地　邑南町下口羽

毘沙門堂の前庭にあるサカキの巨木で、樹高13メートル、胸高周囲1～7メートルを測り、根元には縦65センチ、横90センチ、幅15センチのコブがあり、これを含めた根元周囲は2.1メートルとなります。地上7メートルのところで4枝に分岐し、美しい糸状の樹冠は壮観です。樹齢は推定500年を数え、毘沙門堂とともに地元住民の信仰の対象とされてきました。

No.568 天然記念物
県 大波加島（おおはかしま）オオミズナギドリ繁殖地
指定年月日　平成15年(2003)5月9日
1所／所有者　知夫村／所在地　知夫村

大波加島は切り立った岩壁に囲まれた無人島で、オオミズナギドリは照葉樹林外側の風当たりの強い傾斜部に広がるヒゲスゲの群落などに営巣しています。生息羽数は約12万羽と推定され、土壌が柔らかく穴を掘りやすいこと、斜面やヒゲスゲ上から直接飛び立てる地形であることから、全国的にも有数の高密度な生息域となっています。

No.569 天然記念物
県 志多備（したび）神社のスダジイ
指定年月日　平成15年(2003)12月2日
所有者　志多備神社／所在地　松江市八雲町

『出雲国風土記』に記載される志多備神社の境内に樹立するスダジイの巨木で、胸高周囲11.92メートル、樹高約17.8メートルで、樹冠は地上2メートルのあたりから10本に分岐し、四方に枝葉を広げ樹勢は旺盛です。桑並地区全体の総荒神として敬われ、毎年11月9日には藁蛇を太い幹に巻き付ける荒神祭りが執り行われています。

No.570 天然記念物
県 鬼村（おにむら）の鬼岩（おにいわ）
指定年月日　平成19年(2007)5月7日
所有者　個人／所在地　大田市大屋町

鬼村を流れる笹川の左岸にある鬼岩は、尾根先端の岩盤が浸食により露出したもので、岩塊が島状に孤立したような外観をしています。規模は南北15メートル、東西5メートル、高さ15メートルで、新第三世紀中新世の凝灰岩です。岩の側面に風食作用によって形成された窪みがいくつもあり、それを鬼の指跡に見立てた伝説が名前の由来です。

No.571 天然記念物
県 大空（おおぞら）の山桜
指定年月日　平成23年(2011)4月15日
所有者　個人／所在地　松江市東出雲町

五反田地区の丘陵斜面に樹立するヤマザクラの巨木で、毎年9月28日に祭事がある大空荒神の森に隣接しています。樹高約15メートル、胸高周囲3.4メートル、樹齢は約400年で、枝張りは東側がよく茂り、開花時には桜色の花が巨樹を飾り、付近の集落からもその偉容を眺めることができます。

No.572 天然記念物
県 花の谷のサクラ
指定年月日　平成25年(2013)4月9日
所有者　個人／所在地　美郷町九日市

　山の上に単立するエドヒガンサクラの大樹で、樹高12.6メートル、胸高幹周り5.56メートル、推定樹齢は500年で、樹勢は今なお旺盛です。かつては銀山街道を往来する人たちの目印となり、地域の人々からは農作業の始まりを告げるサクラとして親しまれています。

No.573 天然記念物
県 酒谷（さけだに）のオロチカツラ
指定年月日　平成25年(2013)4月9日
所有者　個人／所在地　美郷町酒谷

　酒谷の深い谷底に樹立する樹齢500年のカツラで、樹高19.2メートル、胸高9.85メートルを測り、根際から8本の支幹が伸びて1株となっています。8本の支幹は頭、下流に伸びる15メートルの根は尻尾に例えられ、八岐大蛇の趣を醸し出しています。春は鈩（たたら）場の炎のように真赤に色づく様子が美しく、タタラの神様金屋子神の飛来木として信仰されています。

No.574 史跡及び名勝
国 菅田庵(かんでんあん)
指定年月日　昭和3年(1928)2月7日
所有者　個人／所在地　松江市菅田町

不昧公好みの茶室庭園

　松江市菅田町所在の「菅田庵」は、江戸後期の寛政2年(1790)〜4年(1792)頃に、松江藩家老有澤家が所有する山荘のある台地に建設された茶室と庭園です。菅田庵と向月亭、御風呂屋などの建物の配置や、庭園の地割など、茶室庭園全体の計画は、松江藩七代藩主松平治郷（不昧）自らの設計によるもので、不昧の茶の湯の考え方を知ることができる代表的な遺構です。

　庭園及び周辺地は樹木に富み、そのたたずまいは趣のある景観をつくりだしています。また、茶室は起伏に富んだ丘渓の頂付近に在り、城下町を見下ろす向月亭からの眺望はとりわけ優れています。亭の前に造られた洒落た砂庭と、その向こうに遠望できる借景を配することで、茶室の構えを幽邃な境地に至らしめています。

No.575 史跡及び名勝
国 万福寺庭園
指定年月日　昭和3年(1928)3月28日
所有者　萬福寺／所在地　益田市東町

雪舟作の庭園

　益田市東町に所在する万福寺は、益田氏の菩提寺であったとされ、重要文化財に指定されている本堂の裏手にあるこの庭園は、益田七尾城15代城主益田兼尭に招かれた僧雪舟が、益田滞在中に作庭したものと伝えられています。

　庭園は、書院の前より本堂の背後にわたって南向きに配置された、池泉回遊式兼観賞式庭園と呼ばれる築山泉水庭です。書院前の心字池の向こうに石組の築山が設けられており、ツツジ等の灌木を配す築山は、東西に延び、東方の丘地にはマツ、スギ、マキ等の巨樹を、中央に枯滝の石組み、西方の卓上にはカエデの樹下に高低の三石を配置しています。

　庭園は広くはなく、池や築山もまた大きくはありませんが、築山に階段状に組まれた畳石は須弥山を表し、屹立する三石は天地人をかたどり、庭園の大きな特色となっています。簡素で上品なたたずまいは本堂とよく調和し、室町時代の庭園様式の典型として貴重です。

No.576 史跡及び名勝

国 医光寺庭園

指定年月日　昭和3年(1928)3月28日
所有者　医光寺／所在地　益田市染羽町

水墨画のような庭園

　益田市染羽町の医光寺にある庭園で、万福寺庭園と同じく、益田氏に招かれた画聖・雪舟の作庭と伝えられています。医光寺の裏山を生かした様はまさに水墨画のようで、山岸をうまくあしらった上下2段構えとなっています。書院の前から本殿の後ろにわたる、西南向きの池泉鑑賞半回遊式の庭園で、池泉部の中央に亀島を、その対岸の出島には鶴石組を設け、蓬莱山水庭園として作庭しています。西側の山岸には須弥山石を置き、その下には枯滝組を設けています。山の斜面にはツツジを刈り込みに仕立て、この上方には長さ3㍍にも及ぶシダレザクラと左側にはモミジを配し、周縁には竹藪をめぐらし、四季折々の変化を楽しむことができます。景趣清雅なる泉水庭園として万福寺庭園とともに有数の古園です。

No.577 名勝及び天然記念物
国 鬼舌振（おにのしたぶるい）

指定年月日　昭和2年(1927)4月8日
所有者　奥出雲町他／所在地　奥出雲町三成

全長3㌔にわたる山陰を代表する大峡谷

　仁多郡奥出雲町高尾にあって、斐伊川の支流大馬木川の中流に位置するV字形の峡谷です。両岸にそそり立つ絶壁には「大天狗岩」「小天狗岩」などがあります。谷底には、全長7㍍に及ぶ奇岩「はんど岩」や、「亀岩」「千畳敷」「天狗遊岩」などのたくさんの巨岩怪石が見られます。また、「甑岩」「雨壺」「滑岩」など、水流によって礫が回転することでできる甌穴（ポットホール）もいたるところに露出しています。いずれも孤面状、方状などの節理をもつ花崗岩が、風化水食の作用を受けて生じたものです。
　雄大豪壮に散りばめられた岩々の間を、清流が縫うように流れ落ち、深い淵をつくって織りなす様は、峡谷一帯を覆うコナラなどの落葉広葉樹林が背景となって、新緑・紅葉の候には見事な景観となって目を楽しませてくれます。
　山陰地方における花崗岩地域の峡谷のなかでも代表的なものとして貴重です。

No.578 名勝及び天然記念物
国 隠岐白島海岸（しらしま）

指定年月日　昭和13年(1938)5月30日
所有者　国他／所在地　隠岐の島町西村

火山と波がつくりだした絶景海岸

　隠岐諸島島後の東北海岸の代表的な景勝地の一つで、最北端である白島崎より北に位置する白島をはじめとして、沖の島、松島、黒島、小白島等の島々が散在しています。それより南の釜崎に至る間にも、長畑島、帆掛島、源太夫島、雀島等の小島や岩礁が並んでいます。また、白島崎の西側には、高さ240㍍に及ぶ絶壁があり、東側にも屏風岩をはじめ大小の絶壁が連なっています。島々と相まって絶景をつくり出すこれらの絶壁は、長畑島・帆掛島を中心とした玄武岩から成る小島群を除くと、ほかは全て隠岐特有の板状流紋岩やアルカリ性の火山岩である粗面岩より形成されています。見た目は白く、薄く板状に剥離する特徴があります。かつてはアシカが生息していた岩屋や洞窟・岩礁、板状節理とこれを横切って発達した粗い柱状節理が混在し、波の浸食によって様々な紋様を見ることのできる白島海岸は、非常に変化に富んだ風景美をつくりだしています。

No.579　名勝及び天然記念物

国 立久恵(たちくえ)

指定年月日　昭和2年(1927)4月8日
所有者　個人／所在地　出雲市乙立町、立久恵

　神戸川の清流に沿って、約2㌔㍍にわたる険しい山壁に高さ100～200㍍の岩柱がそそり立ち、九州の耶馬渓谷に似ていることから「出雲耶馬渓」とも呼ばれています。この渓谷は安山岩が神戸川の水の浸食や風化によって形成されたもので、普賢岩、文殊岩、天柱峯、天狗岩、御經岩、袈裟掛岩、猿岩、屏風岩、不動岩、蝋燭岩、烏帽子岩、神亀岩など、それぞれの形から名付けられた奇岩が連なります。岩肌に息づく苔植物をはじめとして、四季折々に色づく周辺の山峰を含む渓谷美は、かつて多くの文人墨客を魅了し、現在でも年間を通して多くの見学者が訪れます。豊かな清流で育まれた鮎や鯉の味は格別です。

No.580　名勝及び天然記念物

国 潜戸(くけど)

指定年月日　昭和2年(1927)6月14日
所有者　国／所在地　松江市加賀

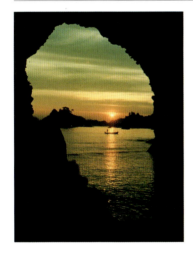

　潜戸鼻半島の先端に、玄武岩とその集塊岩から形成された2つの洞窟があり、新潜戸と旧潜戸と呼ばれています。新潜戸は東・西・北の3方向に入り口がある海中洞窟で、全長が約200㍍あります。洞内は広く天井も高く、天候の穏やかな日は海面が美しく澄んでいます。旧潜戸は新潜戸より少し南の方向にある陸上にある洞窟で、幅約20㍍、長さ約50㍍あり、内部に入るにつれて狭くなります。周辺には馬島、桂島、黒島、窓島などの島嶼が並び、窓島には玄武岩が波の浸食作用で削られてできた屏風岩がみられます。『出雲国風土記』には佐太大神の誕生の地として記載され、岬の岩穴は「御産湯の井」とも呼ばれています。

No.581　名勝及び天然記念物

国 隠岐知夫赤壁(ちぶせきへき)

指定年月日　昭和10年(1935)12月24日
所有者　個人／所在地　知夫村知夫

　知夫里島の西海岸、南は立ケ崎から北は帯ケ崎に至り、全長は1㌔㍍に及びます。北に隣接する国賀海岸と同じく粗面安山岩質玄武岩から成る断層崖で、高さは50㍍から200㍍あります。岩壁は黒色の玄武岩の溶岩層や白色の凝灰岩層の岩脈が縦横無尽に貫き大小様々な文様を描き、また岩に含まれる酸化鉄よって赤・黄・褐色など色鮮やかな色彩を呈しています。岩脈により形成された奇岩は昇龍岩、臥龍岩と呼ばれ、前者は龍が天に昇るような姿、後者は龍が横に臥せているのに似ていることから名付けられました。背景にそびえる赤平山は隠岐特有の牧畑に利用されていて、軟草地を覆う灌木と山峰の四季ごとの景色は壮観です。特に晩秋の紅葉は断崖の色彩と調和して光輝な景観がみられます。

No.582 名勝及び天然記念物
国 隠岐国賀海岸
指定年月日　昭和13年(1938)5月30
所有者　国／所在地　西ノ島町浦郷

　西ノ島の西北海岸に沿って、日本海の海蝕・風雨作用により高さ200メートルにも達する断崖絶壁や洞窟が東西約7キロメートル続いています。断崖の中でも波風によって形成された『摩天崖』は突出した規模で、高さ257メートルにもなる垂直な崖面では黒色～赤黒色の縞模様の岩層を観察することができます。アーチ状の『通天橋』は、海蝕洞の奥行きが崩れ落ちてできたもので、さらに橋の部分が崩れると離れ岩となり、様々な奇妙な形から象鼻岩、観音岩（別名ローソク岩）、蛙岩などを総称して『天上界』と呼んでいます。洞窟では、『明暗の岩窟』と呼ばれる延長200メートルに及ぶ海蝕洞が有名です。大陸からの北西季節風と荒波を受ける国賀海岸は、自然の力で大地が削られてきた歴史を体感し、自然の造形美に触れることができます。

No.583 名勝及び天然記念物
県 雲見の滝（くもみ）
指定年月日　昭和33年(1958)8月1日
所有者　雲南市／所在地　雲南市多久和

　飯石川の上流に2つの滝があり、それぞれ雄滝（おだき）、雌滝（めだき）と呼ばれています。滝は、東西南北方向に直角に発達した摂理をもつ花崗岩の上を流れています。雄滝は高さ約30メートルの東西方向の摂理面を流れ、その直下にある雌滝は約20メートルの高さで南北方向の摂理面にかかっていて、その下流は直角に流れを変えて北流しています。その右岸には高さ100メートルの屏風岩と呼ばれる大絶壁があり、これも花崗岩の直立摂理に沿って生じたもので、勇壮な景観を作り出しています。昔、滝に住む龍が天に昇ろうと、岩の上で雲が通るのを待って空を見上げていたことから、この名がついたとも言われています。

No.584 名勝及び天然記念物
県 鑪崎及び松島磁石石（たたらざき・じしゃくいし）
指定年月日　昭和33年(1958)8月1日
所有者　飯浦漁協／所在地　益田市飯浦町

　鑪崎は益田市の西端の、突出地帯と散在する島々からなります。突出した岩の上には松が茂り、島々の断崖と相まって非常に美しい景観を形づくっています。岩は緻密な石英粗面岩からできていて、直立する摂理がよく発達しています。断崖や島々には洞窟もあり、摂理の発達と島々の形成の関係をよく示しています。松島は、飯浦の港から沿岸を東へいった方向に位置した巌石からなる島で、頂上に老松が生え、島全体が磁力の強い磁石石でできています。特に、斑状の石英粗面岩は磁力が強く、船の羅針盤を狂わすほどと言われています。

No.585 天然記念物及び名勝
国 隠岐海苔田ノ鼻（おきのりだのはな）
指定年月日　昭和13年(1924)5月30日
所有者　国他／所在地　隠岐の島町元屋

柱状節理と放射状節理のコントラストが美しい

　隠岐諸島島後の北端、白島海岸と布施海岸との間に長く半島状に突出している海苔田ノ鼻と平島・琴島・五葉島は、玄武岩とアルカリ性の火山岩である粗面岩からできています。海苔田ノ鼻の絶壁や島々は、玄武岩が六角柱状に割れる柱状節理や、放射状節理が発達してできたものです。半島先端では下部に粗面岩、その上部に玄武岩溶岩が不整合に重なって放射状に節理の発達した二つの岩があり、それぞれ鎧岩、兜岩と呼ばれています。玄武岩溶岩の一部がポケット状になっていて、下部の粗面岩の窪んだ所に落ち込んで凝固した部分が波の浸食を免れて残存したものと考えられます。半島先端の東側には、隆起した海床の残骸と思われる低い岩石段丘があり、岩の表面には波の浸食でできた模様をみることができます。また、長さ200メートルあまりの玄武岩の岩脈が粗面岩を貫いている岩壁などがあり、様々な地質現象が独特の景観をつくりだしています。

No.586 天然記念物及び名勝
県 志都の岩屋（しづのいわや）
指定年月日　昭和54年(1979)8月24日
所有者　志都岩屋景勝保存会／所在地　邑南町岩屋

古代から信仰されてきた荘厳な巨大岩

　邑南町の岩屋盆地の西側、弥山（標高607メートル）の南東の緩斜面麓部（標高約480メートル付近）にある志都岩屋神社の参道付近には大きな岩が散在していて、神社の裏には鏡岩とよばれる巨岩があります。これが志都の岩屋です。奥に進むと、千畳敷、奥の院、夫婦岩、行者岩、蛇鼻岩、屏風岩、上天狗岩などとよばれる巨岩の連続した露岩地帯に達します。これらを岩城ともよんでいます。この付近はもともと黒雲母花崗岩地帯ですが、この一帯だけ鉱物が通常よりも細粒で緻密な岩石で構成されていて、風化してもマサ土化せず巨大な岩が残されてできたものです。千畳敷、奥の院などの巨岩分布帯よりも標高の低い場所に散在する巨礫は、ある時期に大きな山崩れが発生した結果もたらされたものと考えられます。この山崩れ発生の際に、巨岩分布帯で崩壊を免れた巨岩にもゆるみが生じ、一部の巨岩の断面が露出したことで、さらに美しい岩石景観を呈しています。

No.587 天然記念物及び名勝

県 鷲ヶ峰およびトカゲ岩

指定年月日　昭和42年(1967)5月30日
所有者　隠岐の島町／所在地　隠岐の島町布施

　北の葛尾山と南の大満寺山(だいまんじさん)の中間に位置する鷲ヶ峰は、樹齢300年の天然林が存在し、隠岐片麻岩類やアルカリ石英流紋岩など複雑な地質構成からなる約80メートルの柱状節理の断崖（屏風岩）や洞穴（天狗岩あるいは鷲穴）がみられます。トカゲ岩は、崖面の摂理が風化・浸蝕されることによって形成された奇岩で、隠岐特有のアルカリ岩石の一種である響岩質粗面斑岩でできています。この岩脈はまわりの岩石より硬く風化しにくいために飛び出していて、その長さは約30メートルにおよび、トカゲが岩をよじ登っている姿に似ていることから名付けられました。一帯の景観は四季を通じて絶景です。

No.588 重要伝統的建造物群保存地区

国 大田市大森銀山

指定年月日　昭和62年(1987)12月5日
所在地　大田市大森町

銀山町の繁栄を今に伝える町並み

　この町並みは、世界文化遺産「石見銀山遺跡とその文化的景観」の中心部にあり、石見銀山の開発とともに栄えた鉱山町の歴史的景観を良く伝えるものとして国の伝統的建造物群保存地区に選定されています。町並みは銀山区域と大森区域とに分けられそれぞれに異なる景観を見せています。
　銀山区域は、16世紀初頭本格的に銀鉱山の開発が始まった頃より町が形成され、17世紀初頭の絵図には谷筋に町家が建ち並ぶ繁華な町として描かれています。現在も旧の地割りが良く残り銀生産に関わる遺構を見ることができます。一方、大森区域の町並みは、17世紀前半に銀山区域にあった代官所を大森へと移したことに始まり、幕府が直轄地として支配した石見銀山御料約4万8千石、約150ヶ村の中心の町として江戸時代を通して発達、近代以降も郡役所がおかれるなど、この地域の政治経済の中心でした。代官所跡や郷宿、武家屋敷、商家が混在して現在も家並みがのこり、背後の山すそには寺院や神社が点在し鉱山町の繁栄を今に伝えています。

No.589 重要伝統的建造物群保存地区

国 大田市温泉津

指定年月日　平成16年(2004)7月6日
所在地　大田市温泉津町

石見銀山の外港として栄えた温泉町

　リアス式海岸が特徴的な温泉津は、古くから石見地方における重要な港のひとつであり、16世紀末の中国・明の地理書にも名前が見えます。特に16世紀後半以降、石見銀山の外港として整備された温泉津は、毛利氏が支配した時代には温泉津奉行が置かれて政治的・経済的にも重要な港町として発展しました。また、江戸時代以降は北前船の寄港地になり、日本海航路の拠点港としても栄えました。湾に臨む狭い谷筋に沿った形で広がる町並みは、少なくとも江戸時代前期までさかのぼる地割や道筋がよく残っているなど、古い時代の屋敷配置をうかがうことができます。温泉津の町並みには廻船問屋などの商家や温泉旅館、寺社といった伝統的な建造物が残されており、温泉町としては日本で唯一の重要伝統的建造物群保存地区に指定されています。現在でも港町の面影に加えて風情ある温泉町の雰囲気を伝えています。

No.590　重要伝統的建造物群保存地区

国 津和野町津和野

指定年月日　平成25年(2013)8月7日
所在地　津和野町津和野

津和野城下町の歴史を伝える町並み

今日の津和野町津和野が本格的に開けたのは、吉見頼行（よりゆき）が館を構えた13世紀以降のことです。その後、慶長5年(1600)に吉見氏が萩（現在の山口県萩市）に移ると、吉見氏に代わって坂崎氏が入城しますが、一代で断絶します。続く元和3年(1617)には亀井政矩（まさのり）が入城し、以後、明治維新まで亀井氏が居城しました。

津和野町津和野伝統的建造物群保存地区は、江戸時代前期までに整備された津和野城下町のうち、上級家臣の居住地であった武家町及び旧山陰道を中心とした商家町からなり、江戸時代以来の地割りを良く保持しています。武家屋敷の一部や江戸末期から昭和初期にかけて建築された町家が、各通り沿いに流れる水路などと一体となって特色ある歴史的風致を形成しています。

奥出雲たたら製鉄及び棚田の文化的景観

指定年月日　平成26年(2014)3月18日
所在地　奥出雲町

たたら製鉄とともに歩んだ農山村の文化的景観

　奥出雲町では、『出雲国風土記』仁多郡条に「鉄」の記載があるように8世紀から盛んに製鉄が行われていました。原料砂鉄（磁鉄鉱）を採取するため、丘陵を切り崩し、土砂を水路に流して比重選鉱する方法は「鉄穴流し」とよばれます。この鉄穴流し跡の溜め池や水路は棚田として再利用されましたが、墓地や鎮守の杜は切り残され、小丘陵（鉄穴残丘）が点在する独特な風景が広がっています。また、製鉄操業に欠かせない木炭生産のために必要な山林は、計画的な輪伐で保全管理されました。18世紀初頭に松江藩は保護政策としてたたら場を10ヵ所に制限し、絲原家、櫻井家、卜蔵家などの有力鉄師は財力を蓄え文化の発信源となりました。彼らが本拠とした集落や山内（鈩場及び労働者住居が一体となった区域）などの遺構、登録有形文化財である鳥上木炭銑工場などの歴史的建造物が当時の姿を伝えています。たたら製鉄の歴史とともに築かれたこうした景観は、現在も住民の生活に溶け込んで継承され、豊かな自然と人が織りなす鉱山跡地の文化的景観を形成しています。

No.592 選定保存技術

国 玉鋼製造(たたら吹き)

選定年月日 昭和52年(1977)5月11日
保持者 個人／所在地 奥出雲町大呂

全国で唯一の玉鋼製造(たたら吹き)

　選定保存技術とは、有形文化財や有形民俗文化財、無形文化財や無形民俗文化財を修理・復旧・復元・模写・模造したり、材料の生産や製造・用具製作を行うことができる技術を選定するもので、併せてその技術を保持する優れた技術者を保持者として認定します。玉鋼製造は、かつて中国地方一帯で行われていた砂鉄を原料とする製鉄法の「たたら製鉄」を指し、現在は仁多郡奥出雲町の「日刀保たたら」が全国で唯一操業しています。

　玉鋼は、重要無形文化財に指定されている「日本刀」の原料として使用され、また、日本刀制作技術の保存・継承にとって必要不可欠なものです。現在、玉鋼製造の保持者として、木原明氏と渡部勝彦氏の2名が認定されています。両氏とも、たたら製鉄の「村下」(技師長)として卓越した技術と識見で、優れた玉鋼の製造と後継者育成に取り組まれています。

文化財年表

建造物

時代	年代	指定	文化財名称
鎌倉時代			益田・福王寺「福王寺石造十三重塔」
南北朝時代	1352		川本・木谷組中「木谷石塔」
	1374	重文	益田・萬福寺「萬福寺本堂」
室町時代		重文	安来・雲樹寺「雲樹寺四脚門」
	1393	重文	安来・清水寺「清水寺本堂（根本堂）」
戦国時代			大田・龍御前神社「恵比須神社」
	1520		大田・南八幡宮「鉄塔」
	1568	重文	津和野・鷲原八幡宮「八幡宮」
	1583	国宝	松江・神魂神社「神魂神社本殿」
	1583	重文	松江・神魂神社「神魂神社末社貴布祢稲荷両神社本殿」
	1583	重文	益田・染羽天石勝神社「染羽天石勝神社本殿」
			益田・医光寺「医光寺総門」
江戸時代	1611	国宝	松江・松江市「松江城天守」
	1644	重文	出雲・日御碕神社「日御碕神社社殿」
	1662		松江・真名井神社「真名井神社本殿」
	1665		出雲・出雲教「北島国造家四脚門」
	1679		松江・月照寺「高真院（松平直政）廟門」
	1712		益田・柿本神社「柿本神社本殿」
		重文	雲南・個人「堀江家住宅」
			出雲市・個人「藤間家住宅」
	1732	重文	西ノ島・焼火神社「焼火神社本殿・通殿・拝殿」
	1733	重文	松江・個人「木幡家住宅」
	1735	重文	奥出雲・個人「櫻井家住宅」
			奥出雲・個人「櫻井家住宅」（～1940）
	1743		津和野・三渡八幡宮「三渡八幡宮本殿」
	1744	国宝	出雲・出雲大社「出雲大社本殿」
	1744	重文	出雲・出雲大社「出雲大社（境内社殿群）」
	1744		出雲・出雲大社「出雲大社境外社」
	1783		安来・並河不動産「並河家住宅」
	1793	重文	隠岐の島・玉若酢命神社「玉若酢命神社」
	1795	重文	隠岐の島・水若酢神社「水若酢神社本殿」
	1795		安来・富田八幡宮「富田八幡宮社殿」
	1789	重文	松江・個人「菅田庵及び向月亭」（～1800）
			津和野・永明寺「永明寺」
			松江・松江市「明々庵」
	1804	重文	大田・大田市「熊谷家住宅」（～1817）
	1807	重文	松江・佐太神社「佐太神社」
	1812		大田・城上神社「城上神社拝殿」
	1813	重文	松江・美保神社「美保神社本殿」
		重文	吉賀・吉賀町「旧道面家住宅」
			安来・蓮乗院「古門堂茶室及び厳松軒茶室」
	1819		松江・月照寺「大円庵（松平治郷）廟門」
	1836	重文	隠岐の島・隠岐の島町「佐々木家住宅」
	1854		津和野・津和野町「旧津和野藩家老多胡家表門」（～1859）
	1855		松江・内神社「内神社（高野宮）本殿」
	1856		大田・物部神社「物部神社本殿」
	1859		安来・清水寺「清水寺三重塔」
	1861		出雲・須佐神社「須佐神社本殿」
	1864		安来・金屋子神社「金屋子神社社殿」
明治時代	1885		隠岐の島・隠岐の島町「旧周吉外三郡役所庁舎」
	1903		松江・松江市「興雲閣」
大正時代	1924	重文	出雲・出雲市「旧大社駅本屋」
	1924		出雲・出雲市「旧大社駅（鉄道施設等）」

絵画

時代	年代	指定	文化財名称
平安時代		重文	雲南・峯寺「絹本著色聖観音像」
鎌倉時代			松江・月照寺「絹本著色騎獅子文殊像」
		重文	出雲・鰐淵寺「絹本著色一字金輪曼荼羅図」
		重文	益田・萬福寺「絹本著色二河白道図」
			出雲・鰐淵寺「絹本著色両界曼荼羅図」
			出雲・鰐淵寺「絹本著色天台大師像」
			雲南・峯寺「絹本著色不動明王二童子像」
			大田・清水寺「絹本著色不動明王像」
			出雲・鰐淵寺「絹本著色不動明王像」
南北朝時代			出雲・鰐淵寺「絹本著色釈迦三尊十六善神像」
			出雲・鰐淵寺「絹本著色文殊菩薩像」
			益田・泉光寺「絹本著色釈迦十六善神像」
			大田・清水寺「絹本著色不動明王像」
	1370	重文	安来・雲樹寺「絹本著色三光国師像（賛アリ）」
	1386		松江・迎接寺「絹本著色両界曼荼羅図」
室町時代		重文	出雲・鰐淵寺「絹本著色山王本地仏像」
			出雲・鰐淵寺「絹本著色種子両界曼荼羅図」
			大田・清水寺「絹本著色仏涅槃図」
			津和野・永明寺「絹本著色十六羅漢像図」
			雲南・峯寺「絹本著色十二天像」
			雲南・峯寺「絹本著色真言八祖像」
			出雲・一畑寺「絹本著色阿弥陀三尊像」（〜南北朝時代）
戦国時代		重文	出雲・鰐淵寺「絹本著色毛利元就像」
	1479	重文	益田・益田市「紙本著色益田兼堯像」
	1492		松江・洞光寺「絹本著色尼子経久像」
	1553		大田・円光寺「絹本著色多胡辰敬像」
	1569	重文	邑南・賀茂神社「板絵著色神馬図」
		重文	益田・島根県「絹本著色益田元祥像」
		重文	松江・八重垣神社「板絵著色神像」
安土桃山時代			益田・萬福寺「書院襖絵」
	1592		大田・清水寺「絵馬」
	1592		浜田・大麻山神社「紙本墨書淡彩大麻山縁起」
江戸時代			松江・六所神社「紙本著色勅使代参向図」
			出雲・出雲大社　紙本金地著色舞楽図
			松江・天倫寺「紙本墨画大応国師図　白隠筆」
			松江・天倫寺「紙本墨画大燈国師図　白隠筆」
			松江・天倫寺「紙本墨画関山国師図　白隠筆」
			松江・天倫寺「紙本墨画出山釈迦図　白隠筆」
	1815		出雲・一畑寺「紙本墨画著色書院障壁画」
			松江・島根県「版画凱風快晴図　葛飾北斎筆」
			松江・島根県「版画神奈川沖浪裏図　葛飾北斎筆」
			松江・島根県「版画山下白雨図　葛飾北斎筆」
			松江・島根県「版画東海道五十三次　安藤広重筆」
明治時代	1893		津和野・津和野「西周肖像　高橋由一筆」
	1906		松江・島根県「美人読詩（額装）　石橋和訓筆」
大正時代	1919		松江・島根県「老女　石橋和訓筆」

彫刻

時代	年代	指定	文化財名称
飛鳥時代	692	重文	出雲・鰐淵寺「銅造観世音菩薩立像」
			出雲・法王寺「金銅聖観音菩薩立像」
			出雲・鰐淵寺「金銅造如来形立像」
平安時代		重文	出雲・萬福寺「木造薬師如来両脇士像」
		重文	出雲・萬福寺「木造観世音菩薩立像」
		重文	出雲・萬福寺「木造四天王立像」
		重文	松江・仏谷寺「木造薬師如来坐像」
		重文	松江・仏谷寺「木造聖観音立像」
		重文	松江・仏谷寺「木造聖観音立像」
		重文	松江・仏谷寺「木造聖観音立像」
		重文	松江・仏谷寺「木造菩薩形立像」
		重文	雲南・禅定寺「木造聖観音立像（本堂安置）」
		重文	安来・清水寺「木造十一面観音立像」
			江津・福泉寺「金銅観音菩薩坐像」
		重文	安来・厳倉寺「木造聖観音脇士帝釈天立像」
			海士・清水寺「木造聖観音菩薩立像」
			雲南・禅定寺「木造阿弥陀如来坐像」
			雲南・禅定寺「木造観音菩薩立像」「木造勢至菩薩立像」
			奥出雲・伊賀多気神社「木造随身立像」
			安来・清水寺「木造四天王立像」
			雲南・万福寺「木造大日如来坐像」「木造如来坐像」
			雲南・万福寺「木造大日如来坐像（胎蔵界）」
			雲南・仁王寺（富貴寺）「木造薬師如来坐像」
			松江・金剛寺「木造馬頭観世音菩薩坐像」
			出雲・極楽寺「木造阿弥陀如来坐像」
		重文	松江・華蔵寺「木造薬師如来坐像」
		重文	安来・清水寺「木造阿弥陀如来坐像」
		重文	安来・清水寺「木造阿弥陀如来両脇士坐像」
			浜田・正法寺「木造薬師如来坐像」
			益田・大喜庵（妙義寺）「木造観音菩薩立像」
			浜田・多陀寺「木造天部像群」
			松江・成相寺「木造神像群」
			安来・清水寺「木造十一面観音立像」
			出雲・鰐淵寺「木造神像」（〜室町時代）
			出雲・鰐淵寺「木造僧形坐像（伝智春上人）」
鎌倉時代		重文	松江・善光寺「銅造阿弥陀如来立像」
	1255	重文	浜田・心覚院「木造阿弥陀如来立像」
			雲南・長谷寺「木造十一面観音立像」
			大田・勝源寺「木造阿弥陀如来立像」
			益田・萬福寺「木造阿弥陀如来立像」
			益田・暁音寺「木造阿弥陀如来立像」
	1257		安来・清水寺「石造線刻大日如来坐像」
		重文	松江・浄音寺「木造十一面観音立像」
	1270		江津・清泰寺「木造阿弥陀如来立像」
	1311		益田・東陽庵「木造薬師如来坐像　蓮法作」
	1326	重文	飯南・赤穴八幡宮「木造息長足姫坐像」「木造比売神坐像」
	1329	重文	安来・清水寺「木造摩多羅神坐像」
	1330		出雲・荘厳寺「木造薬師如来坐像」
			出雲・個人「木造女神坐像」
			浜田・正法寺「木造雨宝童子立像」
			知夫・松養寺「木造地蔵菩薩立像」
			松江・佐太神社「舞楽面　陵王」
南北朝時代			出雲・本願寺「金銅聖観音菩薩坐像」
室町時代		重文	安来・城安寺「木造広目天立像」
		重文	安来・城安寺「木造多聞天立像」
			安来・清水寺「古面」

時代	年代	指定	文化財名称
室町時代	1450		松江・平浜八幡宮「木造神馬」
戦国時代			出雲・須佐神社「舞楽面　納曽利」
	1533		安来・富田八幡宮「能面」
	1538		松江・報恩寺「木造十一面観音立像」
	1570		出雲・個人「能面　白式尉」
	1570		出雲・個人「能面　朝倉尉」
江戸時代	1741〜1772		大田・羅漢寺「石造五百羅漢坐像群」
明治時代	1908		安来・個人「月　米原雲海作」

工芸品

時代	年代	指定	文化財名称
平安時代		重文	安来・雲樹寺「銅鐘」
		重文	雲南・光明寺「銅鐘」
		重文	松江・天倫寺「銅鐘」
		重文	出雲・法王寺「金銅観音菩薩像御正躰、金銅蔵王権現像御正躰、金銅蔵王権現像御正躰」
		重文	松江・佐太神社「彩絵檜扇、龍胆瑞花鳥蝶文扇箱」
	1156		安来・宮島神社「鏡像　地蔵菩薩」
	1157	重文	雲南・村方地区「銅板線刻十一面観音像懸仏」
	1183	重文	出雲・鰐淵寺「銅鐘」
			松江・佐太神社「鏡像」（〜室町時代）
		重文	江津・甘南備寺「櫨匂威鎧残闕」
			出雲・鰐淵寺「鏡像」（〜鎌倉時代）
			出雲・鰐淵寺「懸仏」（〜室町時代）
			大田・個人「太刀　銘　高包」
鎌倉時代		国宝	出雲・出雲大社「秋野鹿蒔絵手箱」
		重文	出雲・須佐神社「兵庫鎖太刀　中身無銘」
		重文	出雲・出雲大社「絲巻太刀　銘光忠」
			松江・松江市「小太刀　額銘　長光」
	1304		松江・宝照院「銅鐘」
			海士・隠岐神社「太刀　銘来国光」
		重文	大田・物部神社「太刀　銘了戒」
		国宝	出雲・日御碕神社「白糸威鎧」
			出雲・鰐淵寺「密教法具」
南北朝時代		重文	出雲・日御碕神社「藍革威腹巻」
			大田・物部神社「太刀　銘雲生」
	1343		出雲・北島国造家「二十五条袈裟及び九条袈裟　孤峰覚明寄進」
	1350		大田・心光院「銅鐘」
			出雲・日御碕神社「薫革威喉輪」
	1369		松江・佐太神社「黒漆御供台」
			松江・佐太神社「大野太刀」
			出雲・須佐神社「黒革威鎧残欠」（〜室町時代初期）
室町時代			出雲・日御碕神社「縹糸威肩白四十八間筋兜」
	1407		大田・崇福寺「雲板」
	1413		安来・清水寺「金銅十一面観音像懸仏」
		重文	松江・佐太神社「色々威胴丸」
		重文	松江・佐太神社「色々威五十八間筋兜」
		重文	松江・佐太神社「色々威腹巻」
	1421		吉賀・本覚寺「鰐口」
	1421		安来・清水寺「銅鐘」
			津和野・津和野町「太刀　銘　直綱」
	1442		松江・佐太神社「鰐口」
	1443		安来・清水寺「鰐口」
	1445		大田・井戸神社「刀　銘清則」
	1460		安来・宮内八幡宮「鰐口」
			大田・高野寺「銅鐘」

時代	年代	指定	文化財名称
室町時代			松江・佐太神社「なぎなた」
			松江・神魂神社「色々威腹巻」
			出雲・日御碕神社「白糸威肩紅喉輪」
			出雲・北島国造家「梨子地輪宝蒔絵合口拵」
戦国時代		重文	出雲・出雲大社「赤糸威肩白鎧」
			隠岐の島・西村神社「鉄腹巻」
			松江・迎接寺「戒体箱、居箱、香炉箱、鈸子」
	1562		雲南・寿福寺「鰐口」
	1563		大田・清水寺「鰐口」
			江津・個人「刀　銘　石州長濱住林喜作」
安土桃山時代	1574		松江・個人「刀　表銘　守貞作」
	1575		松江・迎接寺「銅鐘」
	1595		安来・清水寺「鰐口」
		重文	大田・清水寺「辻が花染丁字文道服」
江戸時代			出雲・北島国造家「天目形金銀盌」
	1612		出雲・出雲大社「鉄砲　清尭作」
	1612		出雲・日御碕神社「鉄砲　清尭作」
	1616		大田・清水寺「備前焼花瓶」
	1618		西ノ島・焼火神社「銅鐘」
	1644		出雲・日御碕神社「越前康継作大小刀」
			出雲・出雲大社「杵築大社舞楽用具」
	1667		出雲・出雲大社「二重亀甲剣花菱紋蒔絵文台硯箱」
	1864		松江・個人「刀　表銘　元治元子年八月吉日雲州住長信作」

書籍　典籍　古文書

時代	年代	指定	文化財名称
奈良時代	734		松江・島根大学「紙本墨書大智度論」
	734		松江・島根県「紙本墨書大智度論」
			松江・美保神社「紙本墨書手鑑」（〜江戸時代）
平安時代			大田・清水寺「紙本墨書経巻」
	1164		出雲・出雲大社「紙本墨書出雲大社文書」（〜1881）
	1184	重文	出雲・北島国造家「出雲国造北島家文書（306通）」（〜1700）
	1184		益田・益田市「安富家文書」（〜1437）
鎌倉時代			松江・個人「揖夜神社文書」（〜明治初年）
	1213		出雲・鰐淵寺「紙本墨書鰐淵寺文書」（〜1868）
			奥出雲・（公財）絲原記念館「紙本墨書藤原定家筆「明月記」断簡」
			津和野・個人「紺地金字妙法蓮華経安楽行品」
	1249	重文	出雲・出雲大社「紙本墨書宝治二年遷宮儀式注進状（建長元年六月日）」
		重文	出雲・千家国造家「出雲大社并神郷図（絹本著色）」
	1276		西ノ島・個人「紙本墨書笠置家文書」（〜江戸時代）
	1281		奥出雲・横田八幡宮「棟札」（〜1861）
	1288	重文	出雲・高野寺「大般若経（内補写経四帖）」（〜1292）
	1300		益田・個人「紙本墨書原屋家文書」（〜1417）
	1330		松江・迎接寺「紙本墨書迎接寺文書」（〜明治時代）
	1330		松江・島根県「富家文書」（〜1585）
	1332	重文	出雲・鰐淵寺「紙本墨書後醍醐天皇御願文」
	1332	重文	出雲・鰐淵寺「紙本墨書名和長年執達状、頼源文書（2通）」
	1333	重文	出雲・出雲大社「紙本墨書後醍醐天皇宸翰宝剣代綸旨（三月十七日）」
	1333	重文	出雲・出雲大社「紙本墨書後醍醐天皇王道再興綸旨（元弘三年三月十四日）」
			松江・個人「紙本墨書新古今和歌集零本」
南北朝時代	1336		出雲・神門寺「紙本墨書神門寺文書」（〜1591）
	1351		出雲・鰐淵寺「後村上天皇宸筆願文」
	1357	重文	安来・雲樹寺「紙本墨書光厳院宸翰御消息（1通）、紙本墨書後村上天皇宸翰御消息（3通）」（〜1361）
	1361	重文	安来・雲樹寺「孤峰覚明墨蹟（正平辛丑仲春日）」
	1377		浜田・龍雲寺「紙本墨書大般若経」

時代	年代	指定	文化財名称
南北朝時代	1386	重文	出雲・神門寺「庭訓往来」
	1387		隠岐の島・高田神社「紙本墨書高田明神百首和歌」
室町時代	1414		松江・個人「紙本墨書秋上家文書」（〜江戸時代）
	1420		出雲・日御碕神社「紙本墨書耕雲明魏日御碕社造営勧進記」
	1420		出雲・康国寺「紙本墨書聖徒明麟置文」
	1453		出雲・鰐淵寺「紺紙金泥妙法蓮華経」
戦国時代	1524		出雲・日御碕神社「紙本墨書日御碕神社勧化簿」
	1551		益田・益田市「周布家文書」
	1566		松江・個人「紙本墨書八重垣文書」（〜江戸時代）
			松江・熊野大社「紙本墨書熊野神社文書」（〜明治時代）
安土桃山時代	1588		出雲・鰐淵寺「紙本墨書徳川家康起請文」
	1599		美郷・個人「吉岡家文書」
江戸時代	1618		浜田・浜田市「紙本著色石見国絵図」
	1634		出雲市・日御碕神社「出雲風土記（日御碕本）」
	1645		津和野・津和野町「石見国絵図」
	1664		出雲・北島国造家「紙本著色杵築大社近郷絵図」
			出雲・千家国造家「紙本著色杵築大社境内絵図」
			出雲市・個人「出雲風土記（郷原家本）」
	1709		津和野・津和野町「紙本墨書新勅撰和歌集」
			奥出雲・蔭涼寺「紙本墨書辺微意知語」
	1808		津和野・太皷谷稲成神社「天球儀、地球儀」
			津和野・太皷谷稲成神社「紙本著色日本国地理測量之図、紙本著色東三拾三国沿岸測量之図」
			大田・個人「紙本墨画石見銀山絵巻」
			大田・個人「紙本墨書石見銀山御料郷宿田儀屋文書」

考古資料

時代	年代	指定	文化財名称
縄文時代	後・晩期		雲南・雲南市「宮田遺跡出土縄文時代遺物」
	縄文〜古墳		出雲・出雲市「猪目洞窟遺跡出土遺物」
弥生時代		重文	出雲・出雲大社「銅戈・硬玉勾玉」
		国宝	国保有「島根県荒神谷遺跡出土品」
		国宝	国保有「島根県加茂岩倉遺跡出土銅鐸」
			松江・平浜八幡宮「銅剣」
			松江・個人「銅鐸」
			奥出雲・横田八幡宮「銅剣」
			海士・海士町「銅剣」
			江津・江津市「波来浜遺跡出土遺物」
古墳時代		重文	国保有「出雲神原神社古墳出土品」
			松江・島根県「上野1号墳出土品」
		重文	松江・玉作湯神社「出雲国玉作阯出土品」
		重文	松江・松江市「出雲玉作遺跡出土品」
		重文	松江・島根県「平所遺跡埴輪窯跡出土品」
			浜田・個人「めんぐろ古墳出土品」
		重文	松江・六所神社「出雲岡田山古墳出土品」
		重文	松江・島根県「金銅荘環頭大刀（かわらけ谷横穴墓）」
			奥出雲・奥出雲町「常楽寺古墳出土品」
			出雲・出雲市「塩冶築山古墳出土品」
奈良時代		重文	隠岐の島・個人「銅印　印文「隠伎倉印」」
		重文	隠岐の島・個人「隠岐国驛鈴」
			松江・個人「銅印　印文「春」」
平安時代		重文	出雲・鰐淵寺「石製経筒」
平安〜鎌倉時代			益田・豊田神社「陶製経筒」
鎌倉時代		重文	国保有「出雲荻杼古墓出土品」
			安来・雲樹寺「銅製経筒」
室町時代			大田・八幡宮「銅製経筒」

島根県内の登録文化財

1. 登録有形文化財（建造物）

	名称	員数	構造、形式及び大きさ	建築年代	所在地	登録年月日
1	益田市立歴史民俗資料館（旧美濃郡役所）	1棟	木造平屋建、瓦葺、建築面積340㎡	大正10年	益田市本町	平成8年12月26日
2	横田相愛教会（旧救世軍会館）	1棟	木造2階建塔屋付、亜鉛メッキ銅板葺、建築面積155㎡	大正12年	仁多郡奥出雲町横田	平成8年12月26日
3	一畑電鉄出雲大社前駅舎	1棟	鉄筋コンクリート造平屋建、瓦葺、建築面積174㎡	昭和5年	出雲市大社町	平成8年12月26日
4	いなさ会館（旧島根県立第三中学校講堂）	1棟	木造平屋建、瓦葺、建築面積324㎡	明治35年	出雲市大社町	平成8年12月26日
5	津和野カトリック教会	1棟	木造平屋建、鉄板葺、建築面積131㎡	昭和4年	鹿足郡津和野町	平成8年12月26日
6	津和野町役場（旧鹿足郡役所）	1棟	木造平屋建、瓦葺、建築面積595㎡	大正8年	鹿足郡津和野町	平成8年12月26日
7	浜田市立第一中学校屋内運動場（旧歩兵第21連隊雨覆練兵場）	1棟	煉瓦造平屋建、スレート葺、建築面積639㎡	明治31年	浜田市黒川町	平成9年5月29日
8	島根県立浜田高等学校第二体育館（旧歩兵第21連隊雨覆練兵場）	1棟	煉瓦造平屋建、スレート葺、建築面積644㎡	大正5年	浜田市黒川町	平成9年5月29日
9	鳥上木炭銑工場角炉施設	1棟	煉瓦造及び鉄造角炉2基、木造2階建覆屋附属	大正7年	仁多郡奥出雲町	平成10年2月12日
10	旧田所小学校講堂	1棟	木造平屋建、瓦葺、建築面積395㎡	昭和3年	邑智郡邑南町	平成10年6月9日
11	旧米江旅館本館北棟	1棟	木造2階建、瓦葺、建築面積150㎡	昭和2年	松江市伊勢宮町	平成14年9月3日
12	旧米江旅館本館南棟	1棟	木造一部鉄筋コンクリート造2階建、瓦葺、建築面積124㎡	昭和2年	松江市伊勢宮町	平成14年9月3日
13	旧八川郵便局	1棟	木造2階建、鉄板瓦棒葺、建築面積150㎡	昭和13年	仁多郡奥出雲町	平成15年4月8日
14	角家住宅主屋	1棟	木造2階建、瓦葺、建築面積285㎡	明治39年	安来市西荒島町	平成15年12月25日
15	角家住宅門長屋	1棟	木造平屋建、瓦葺、建築面積36㎡	明治39年頃	安来市西荒島町	平成15年12月25日
16	角家住宅離れ客間	1棟	木造平屋建、瓦葺、建築面積54㎡	明治39年頃	安来市西荒島町	平成15年12月25日
17	角家住宅煉瓦造煙突	1棟	煉瓦、高さ6m	明治39年頃	安来市西荒島町	平成15年12月25日
18	絲原家住宅主屋	1棟	木造2階建一部平屋建、瓦葺、建築面積900㎡	大正13年	仁多郡奥出雲町	平成16年3月4日
19	絲原家住宅前座敷	1棟	木造平屋建、鉄板葺一部瓦葺、建築面積150㎡	明治後期／昭和11年一部改造	仁多郡奥出雲町	平成16年3月4日
20	絲原家住宅南蔵	1棟	土蔵造2階建、瓦葺、建築面積193㎡	明治9年	仁多郡奥出雲町	平成16年3月4日
21	絲原家住宅米蔵	1棟	土蔵造2階建、瓦葺、建築面積118㎡	江戸末期	仁多郡奥出雲町	平成16年3月4日
22	絲原家住宅待合	1棟	木造平屋建、杉皮葺、建築面積3㎡	昭和初期	仁多郡奥出雲町	平成16年3月4日
23	絲原家住宅御成門	1棟	木造、瓦葺、間口2.3m、袖塀付	江戸末期	仁多郡奥出雲町	平成16年3月4日
24	絲原家住宅塀	1棟	木造、瓦葺、延長36m	明治後期	仁多郡奥出雲町	平成16年3月4日
25	絲原家住宅門柱	1棟	石造、間口3.7m	明治後期	仁多郡奥出雲町	平成16年3月4日
26	絲原家住宅金屋子神社	1棟	木造平屋建、鉄板葺、建築面積0.9㎡	明治29年	仁多郡奥出雲町	平成16年3月4日
27	旅館美保館本館	1棟	木造2階建、瓦葺、建築面積604㎡	明治41年／大正期増築	松江市美保関町	平成16年8月17日
28	旅館美保館旧本館	1棟	木造2階建、瓦葺、建築面積482㎡	昭和7年	松江市美保関町	平成16年8月17日
29	奥野本家住宅主屋	1棟	木造平屋一部2階建、瓦葺、建築面積365㎡	明治5年	安来市伯太町	平成17年2月28日
30	奥野本家住宅宝庫	1棟	土蔵造2階建、瓦葺、建築面積46㎡	安政5年(1858)	安来市伯太町	平成17年2月28日
31	奥野本家住宅納屋	1棟	木造平屋建、瓦葺、建築面積47㎡	大正後期	安来市伯太町	平成17年2月28日
32	奥野本家住宅米蔵	1棟	土蔵造2階建、瓦葺、建築面積24㎡	大正12年	安来市伯太町	平成17年2月28日
33	奥野本家住宅作業場	1棟	木造平屋建、瓦葺、建築面積78㎡	大正12年	安来市伯太町	平成17年2月28日
34	山本家住宅主屋	1棟	木造2階建、瓦葺、建築面積199㎡	明治17年	安来市伯太町	平成17年2月28日
35	山本家住宅前蔵	1棟	土蔵造2階建、瓦葺、建築面積23㎡	明治初期	安来市伯太町	平成17年2月28日
36	山本家住宅新蔵	1棟	土蔵造2階建、瓦葺、建築面積19㎡	明治17年	安来市伯太町	平成17年2月28日
37	山本家住宅米蔵	1棟	土蔵造2階建、瓦葺、建築面積19㎡、牛小屋付	明治初期	安来市伯太町	平成17年2月28日
38	山本家住宅裏長屋	1棟	木造2階建、瓦葺、建築面積47㎡	江戸末期	安来市伯太町	平成17年2月28日
39	山本家住宅釜屋	1棟	木造平屋建、瓦葺、建築面積10㎡	江戸末期	安来市伯太町	平成17年2月28日
40	山本家住宅小蔵	1棟	土蔵造2階建、瓦葺、建築面積10㎡	江戸末期	安来市伯太町	平成17年2月28日
41	奥野省吾家住宅主屋	1棟	木造2階建、瓦葺、建築面積158㎡	明治44年	安来市伯太町	平成17年2月28日
42	奥野省吾家住宅土蔵	1棟	土蔵造2階建、瓦葺、建築面積22㎡	明治44年	安来市伯太町	平成17年2月28日
43	奥野省吾家住宅裏長屋	1棟	木造平屋建、瓦葺、建築面積44㎡	明治44年	安来市伯太町	平成17年2月28日
44	奥野省吾家住宅塀	1棟	鉄筋コンクリート造、延長45㎡	昭和4年	安来市伯太町	平成17年2月28日
45	阿須那公民館阿須那分館	1棟	木造2階建、瓦葺、建築面積426㎡	昭和27年	邑智郡邑南町	平成18年3月23日
46	島根大学旧奥谷宿舎（旧制松江高等学校外国人宿舎）	1棟	木造2階建、瓦葺、建築面積94㎡	大正13年	松江市奥谷町	平成19年5月29日
47	島根大学正門（旧制松江高等学校正門）	1基	石造門柱4基、間口16m	大正13年／昭和45年移築	松江市西川津町	平成19年5月29日
48	美保関灯台	1基	石造、直径5.7m、高さ14m、付属舎付	明治31年	松江市美保関町	平成19年10月22日
49	美保関灯台石塀	1基	石造、延長53	明治31年	松江市美保関町	平成19年10月22日
50	美保関灯台旧吏員退息所主屋（美保関灯台ビュッフェ食堂）	1棟	石造平屋建、鉄板葺、建築面積142㎡	明治31年／昭和47年改修	松江市美保関町	平成19年10月22日
51	美保関灯台旧吏員退息所倉庫（美保関灯台ビュッフェ厨房）	1棟	石造平屋建、鉄板葺、建築面積79㎡	明治31年／昭和47年改修	松江市美保関町	平成19年10月22日
52	美保関灯台旧吏員退息所便所（美保関灯台ビュッフェ便所）	1棟	石造平屋建、鉄板葺、建築面積17㎡	明治31年／昭和47年改修	松江市美保関町	平成19年10月22日
53	美保関灯台旧吏員退息所石塀（美保関灯台ビュッフェ石塀）	1基	石造、延長87m、門柱及び階段付	明治31年	松江市美保関町	平成19年10月22日

	名称	員数	構造、形式及び大きさ	建築年代	所在地	登録年月日
54	美保関おかげの井戸	1所	石造、面積2.7㎡	文久元(1861)	松江市美保関町	平成19年10月22日
55	津森内科医院	1棟	木造平屋建一部2階建及び鉄筋コンクリート造平屋建、銅板葺、建築面積117㎡	昭和初期	松江市本庄町	平成19年10月22日
56	浅野小児科医院	1棟	木造2階建、瓦葺、建築面積143㎡	大正元年／平成元年改修	松江市末次町	平成19年10月22日
57	稲積家住宅主屋	1棟	木造平屋建、瓦葺、建築面積267㎡	江戸末期／明治43年改修	邑智郡邑南町	平成19年12月19日
58	稲積家住宅背戸の蔵	1棟	土蔵造2階建、瓦葺、建築面積56㎡	江戸末期	邑智郡邑南町	平成19年12月19日
59	稲積家住宅下の蔵	1棟	土蔵造2階建、瓦葺、建築面積60㎡	江戸末期	邑智郡邑南町	平成19年12月19日
60	稲積家住宅門	1棟	木造、瓦葺、間口2.1m	昭和5年	邑智郡邑南町	平成19年12月19日
61	千本貯水池堰堤	1基	重力式コンクリート造堰堤、堤長109m、堤高16m、副堰堤付	大正7年	松江市西忌部町	平成20年5月7日
62	千本貯水池堰堤管理橋	1基	コンクリート造4連アーチ橋、橋長18m、幅員2.0m	大正7年	松江市西忌部町	平成20年5月7日
63	忌部浄水場旧弁室及び着水井	1所	コンクリート造、面積34㎡	昭和4年	松江市東忌部町	平成20年5月7日
64	忌部浄水場導水溝及び放水井	1所	導水溝　コンクリート造、延長60m 放水井　コンクリート造、面積17㎡	大正7年／昭和4年	松江市東忌部町	平成20年5月7日
65	忌部浄水場一号濾過池	1所	コンクリート造、面積683㎡、調整井上屋付	昭和4年	松江市東忌部町	平成20年5月7日
66	忌部浄水場二号濾過池	1所	コンクリート造、面積683㎡、調整井上屋付	昭和4年	松江市東忌部町	平成20年5月7日
67	忌部浄水場三号濾過池	1所	コンクリート造、面積692㎡、調整井上屋付	大正7年	松江市東忌部町	平成20年5月7日
68	忌部浄水場四号濾過池	1所	コンクリート造、面積695㎡、調整井上屋付	大正7年	松江市東忌部町	平成20年5月7日
69	忌部浄水場五号濾過池	1所	コンクリート造、面積695㎡、調整井上屋付	大正8年	松江市東忌部町	平成20年5月7日
70	忌部浄水場六号濾過池	1所	コンクリート造、面積692㎡、調整井上屋付	大正8年	松江市東忌部町	平成20年5月7日
71	忌部浄水場集合井	1所	コンクリート造、面積14㎡、上屋付	昭和4年	松江市東忌部町	平成20年5月7日
72	旧床几山配水池	1所	コンクリート造、面積1191㎡	大正6年	松江市上乃木	平成20年5月7日
73	旧床几山配水池計量室	1棟	鉄筋コンクリート造平屋建、建築面積6.1㎡	大正6年	松江市上乃木	平成20年5月7日
74	旧床几山配水池門	1基	石造門柱、間口2.9m、脇門付	大正6年	松江市上乃木	平成20年5月7日
75	下森酒造場店舗兼主屋	1棟	木造2階建、瓦葺、建築面積164㎡	明治前期	鹿足郡津和野町	平成20年7月23日
76	下森酒造場土蔵	1棟	土蔵造平屋建、瓦葺、建築面積27㎡	江戸末期	鹿足郡津和野町	平成20年7月23日
77	下森酒造場旧酒蔵	1棟	木造2階建、瓦葺、建築面積444㎡	明治前期	鹿足郡津和野町	平成20年7月23日
78	下森酒造場煙突	1棟	鉄筋コンクリート造、高さ19m	昭和32年	鹿足郡津和野町	平成20年7月23日
79	下森酒造場旧米蔵	1棟	土蔵造平屋建、瓦葺、建築面積47㎡	明治期	鹿足郡津和野町	平成20年7月23日
80	下森酒造場旧精米所	1棟	木造平屋建、瓦葺、建築面積53㎡	昭和前期	鹿足郡津和野町	平成20年7月23日
81	下森酒造場門	1棟	木造、瓦葺、間口5.2㎡	明治前期	鹿足郡津和野町	平成20年7月23日
82	藤井家住宅主屋	1棟	木造平屋建、瓦葺、建築面積339㎡	文政8(1825)／明治前期・大正期改修	鹿足郡津和野町	平成20年7月23日
83	藤井家住宅旧蝋板場	1棟	木造2階建、瓦葺、建築面積74㎡	明治後期	鹿足郡津和野町	平成20年7月23日
84	津和野町郷土館	1棟	木造2階建、瓦葺、建築面積292㎡	昭和17年	鹿足郡津和野町	平成20年7月23日
85	旧江津郵便局	1棟	木造2階建、瓦葺、建築面積38㎡	明治中期／平成20年改修	江津市江津町	平成21年1月21日
86	藤田家住宅主屋	1棟	木造平屋建、瓦葺、建築面積270㎡	嘉永6年(1853)	江津市江津町	平成21年1月21日
87	藤田家住宅内蔵	1棟	土蔵造2階建、瓦葺、建築面積47㎡	明治前期	江津市江津町	平成21年1月21日
88	藤田家住宅新蔵及び料理場	1棟	土蔵造及び木造2階建、瓦葺、建築面積99㎡	明治前期・大正前期	江津市江津町	平成21年1月21日
89	藤田家住宅東蔵	1棟	土蔵造平屋建、瓦葺、建築面積43㎡	明治前期	江津市江津町	平成21年1月21日
90	藤田家住宅北蔵	1棟	土蔵造2階建、瓦葺、建築面積69㎡	明治前期	江津市江津町	平成21年1月21日
91	藤田家住宅南蔵	1棟	土蔵造2階建、瓦葺、建築面積82㎡	明治前期	江津市江津町	平成21年1月21日
92	藤田家住宅表門	1棟	木造、瓦葺、間口1.7m	江戸末期	江津市江津町	平成21年1月21日
93	藤田家住宅塀	1棟	木造、瓦葺、総延長26m、片引戸付	江戸末期	江津市江津町	平成21年1月21日
94	花田医院診療所及び主屋	1棟	木造2階建、瓦葺、建築面積233㎡	昭和12年	江津市江津町	平成21年1月21日
95	花田医院門及び塀	1棟	門　鉄筋コンクリート造、間口2.1m 塀　木造、瓦葺、延長19m、開戸付	昭和前期	江津市江津町	平成21年1月21日
96	中村家住宅主屋	1棟	木造平屋建、瓦葺、建築面積260㎡	明治15年／明治18年増築・昭和63年改修	江津市桜江町	平成21年1月21日
97	中村家住宅背戸蔵	1棟	土蔵造2階建、瓦葺、建築面積34㎡	江戸末期／明治前期改修	江津市桜江町	平成21年1月21日
98	中村家住宅納戸蔵	1棟	土蔵造2階建、瓦葺、建築面積45㎡	明治前期／昭和28年頃改修	江津市桜江町	平成21年1月21日
99	中村家住宅米雑蔵	1棟	土蔵造2階建、瓦葺、建築面積72㎡	江戸後期／昭和前期改修	江津市桜江町	平成21年1月21日
100	中村家住宅旧郷蔵	1棟	土蔵造2階建、瓦葺、建築面積27㎡	弘化4年(1847)／昭和中期改修	江津市桜江町	平成21年1月21日
101	中村家住宅農具庫	1棟	木造平屋建、瓦葺、建築面積13㎡	明治15年頃	江津市桜江町	平成21年1月21日
102	中村家住宅石垣	1基	石積、延長125m	江戸前期／江戸末期改修	江津市桜江町	平成21年1月21日
103	旧江津町役場本庁舎	1棟	鉄筋コンクリート造2階建、スレート葺、建築面積205㎡	大正15年／昭和41年、52年、平成19・20年改修	江津市江津町	平成22年2月3日
104	藤田佳宏家住宅主屋	1棟	木造平屋建、瓦葺、建築面積132㎡	江戸末期	江津市江津町	平成22年2月3日
105	藤田佳宏家住宅土蔵	1棟	土蔵造2階建、瓦葺、建築面積22㎡	明治中期	江津市江津町	平成22年2月3日
106	藤田佳宏家住宅納屋	1棟	土蔵造2階建、瓦葺、建築面積40㎡	明治中期	江津市江津町	平成22年2月3日
107	藤田佳宏家住宅表門及び土塀	1棟	門　木造、瓦葺、間口2.2m、石塀付 塀　木造、瓦葺、延長17m	明治後期	江津市江津町	平成22年2月3日
108	山下家住宅主屋	1棟	木造2階建、瓦葺、建築面積380㎡	明治16年	江津市松川町	平成22年2月3日

	名称	員数	構造、形式及び大きさ	建築年代	所在地	登録年月日
109	山下家住宅離れ	1棟	木造2階建、瓦葺、建築面積109㎡	昭和4年	江津市松川町	平成22年2月3日
110	山下家住宅背戸蔵	1棟	土蔵造2階建、瓦葺、建築面積35㎡	明治31年	江津市松川町	平成22年2月3日
111	山下家住宅門蔵	1棟	土蔵造2階建、瓦葺、建築面積25㎡	天保12年	江津市松川町	平成22年2月3日
112	山下家住宅長屋	1棟	木造2階建、瓦葺、建築面積84㎡	江戸末期	江津市松川町	平成22年2月3日
113	山下家住宅井戸小屋	1棟	木造、瓦葺、建築面積4㎡	昭和前期	江津市松川町	平成22年2月3日
114	山下家住宅門及び築地塀	1棟	門 木造、瓦葺、間口2.3m 塀 木造、瓦葺、延長25m	昭和前期	江津市松川町	平成22年2月3日
115	山下家住宅石垣	1基	石造、延長45m	江戸後期	江津市松川町	平成22年2月3日
116	石橋家住宅主屋	1棟	木造平屋建一部2階建、瓦葺、建築面積262㎡	江戸末期	出雲市平田町	平成22年5月20日
117	石橋家住宅茶室	1棟	木造平屋建、瓦葺、建築面積13㎡	明治中期	出雲市平田町	平成22年5月20日
118	石橋家住宅向座敷	1棟	木造二階建、瓦葺、建築面積79㎡	明治後期	出雲市平田町	平成22年5月20日
119	財間家住宅主屋	1棟	木造2階建、瓦葺、建築面積408㎡	明治後期／昭和前期・昭和中期改修	鹿足郡津和野町	平成22年9月10日
120	財間家住宅漬物倉及び木小屋	1棟	木造平屋建、瓦葺、建築面積35㎡	明治後期／昭和前期改修	鹿足郡津和野町	平成22年9月10日
121	財間家住宅上の蔵	1棟	土蔵造2階建、瓦葺、建築面積35㎡	明治後期／昭和前期改修	鹿足郡津和野町	平成22年9月10日
122	財間家住宅下の蔵	1棟	土蔵造2階建、瓦葺、建築面積35㎡	明治後期／昭和前期改修	鹿足郡津和野町	平成22年9月10日
123	財間家住宅部屋の蔵	1棟	土蔵造2階建、瓦葺、建築面積23㎡	明治後期	鹿足郡津和野町	平成22年9月10日
124	財間家住宅本門	1棟	木造、瓦葺、間口1.7m、左右袖堀付	明治後期	鹿足郡津和野町	平成22年9月10日
125	財間家住宅横門	1棟	木造、瓦葺、間口1.8m	明治後期	鹿足郡津和野町	平成22年9月10日
126	分銅屋店舗兼主屋	1棟	木造平屋建、鉄板葺、建築面積185㎡	安政(1854-60)頃／昭和前期改修	鹿足郡津和野町	平成22年9月10日
127	分銅屋土蔵	1棟	土蔵造2階建、瓦葺、建築面積38㎡	安政(1854-60)頃	鹿足郡津和野町	平成22年9月10日
128	分銅屋ござ蔵及びびんつけ蔵	1棟	土蔵造平屋建、建築面積52㎡、便所付	明治後期	鹿足郡津和野町	平成22年9月10日
129	分銅屋はぜ蔵	1棟	土蔵造平屋建、瓦葺、建築面積83㎡	明治後期	鹿足郡津和野町	平成22年9月10日
130	旧布施時計店店舗兼主屋	1棟	木造2階建、瓦葺、建築面積139㎡	昭和9年	鹿足郡津和野町	平成22年9月10日
131	古橋酒造場店舗兼主屋	1棟	木造2階建、瓦葺、建築面積310㎡	大正10年頃／昭和30年増築	鹿足郡津和野町	平成22年9月10日
132	古橋酒造場作業場	1棟	土蔵造2階建、瓦葺、建築面積165㎡	大正10年頃	鹿足郡津和野町	平成22年9月10日
133	古橋酒造場仕込蔵	1棟	土蔵造2階建、瓦葺、建築面積301㎡	大正10年頃	鹿足郡津和野町	平成22年9月10日
134	古橋酒造場貯蔵蔵	1棟	土蔵造平屋建、瓦葺、建築面積197㎡	大正10年頃	鹿足郡津和野町	平成22年9月10日
135	古橋酒造場旧衣装蔵	1棟	土蔵造2階建、瓦葺、建築面積23㎡	大正10年頃／平成15年改修	鹿足郡津和野町	平成22年9月10日
136	橋本酒造場店舗兼主屋	1棟	木造平屋建、瓦葺、建築面積350㎡	明治中期	鹿足郡津和野町	平成22年9月10日
137	橋本酒造場道具蔵	1棟	土蔵造2階建、瓦葺、建築面積26㎡	明治中期	鹿足郡津和野町	平成22年9月10日
138	橋本酒造場表門	1棟	木造、瓦葺、間口1.7m、左右袖堀付	明治中期	鹿足郡津和野町	平成22年9月10日
139	華泉酒造場店舗兼主屋	1棟	木造2階建、瓦葺、建築面積303㎡	明治中期	鹿足郡津和野町	平成22年9月10日
140	華泉酒造場道具蔵	1棟	土蔵造2階建、瓦葺、建築面積27㎡	江戸末期	鹿足郡津和野町	平成22年9月10日
141	華泉酒造場旧衣装蔵	1棟	土蔵造2階建、瓦葺、建築面積38㎡	江戸末期／平成8年頃改修	鹿足郡津和野町	平成22年9月10日
142	華泉酒造場中の蔵	1棟	土蔵造平屋建、瓦葺、建築面積191㎡	江戸末期	鹿足郡津和野町	平成22年9月10日
143	華泉酒造場東の蔵	1棟	土蔵造2階建、瓦葺、建築面積144㎡	江戸末期	鹿足郡津和野町	平成22年9月10日
144	河田商店店舗兼主屋	1棟	木造2階建、瓦葺、建築面積217㎡	明治後期	鹿足郡津和野町	平成22年9月10日
145	河田商店離れ	1棟	木造2階建、瓦葺、建築面積22㎡	明治後期	鹿足郡津和野町	平成22年9月10日
146	河田商店庭の蔵	1棟	土蔵造2階建、瓦葺、建築面積46㎡	明治後期	鹿足郡津和野町	平成22年9月10日
147	河田商店奥の蔵	1棟	土蔵造2階建、瓦葺、建築面積49㎡	明治後期／昭和前期増築	鹿足郡津和野町	平成22年9月10日
148	河田商店本蔵	1棟	土蔵造2階建、瓦葺、建築面積83㎡	明治後期	鹿足郡津和野町	平成22年9月10日
149	俵種苗店店舗兼主屋	1棟	木造2階建、瓦葺、建築面積118㎡	明治中期／大正前期改修	鹿足郡津和野町	平成22年9月10日
150	ささや呉服店店舗兼主屋	1棟	木造2階建、瓦葺、建築面積207㎡	江戸末期／昭和44年改修	鹿足郡津和野町	平成22年9月10日
151	ささや呉服店座敷蔵	1棟	土蔵造2階建、瓦葺、建築面積32㎡	江戸末期	鹿足郡津和野町	平成22年9月10日
152	ささや呉服店旧呉服蔵	1棟	土蔵造2階建、瓦葺、建築面積23㎡	江戸末期／昭和40年頃改修	鹿足郡津和野町	平成22年9月10日
153	ささや呉服店唐津蔵	1棟	土蔵造2階建、瓦葺、建築面積24㎡	江戸末期	鹿足郡津和野町	平成22年9月10日
154	河田家住宅主屋	1棟	木造2階建、瓦葺、建築面積170㎡	大正期	鹿足郡津和野町	平成22年9月10日
155	津和野カトリック教会神父館	1棟	木造2階建、スレート葺、建築面積69㎡	昭和6年	鹿足郡津和野町	平成22年9月10日
156	杜塾美術館本館(旧弥重家住宅主屋)	1棟	木造2階建、瓦葺、建築面積423㎡	明治元年／平成4年改修	鹿足郡津和野町	平成22年9月10日
157	杜塾美術館門(旧弥重家住宅門)	1棟	木造、瓦葺、間口4.5m	明治元年／平成4年改修	鹿足郡津和野町	平成22年9月10日
158	一畑電車布崎変電所	1棟	鉄筋コンクリート造2階建、建築面積289㎡	昭和2年／昭和29年増築	出雲市多久町	平成23年1月26日
159	財間酒造場店舗兼主屋	1棟	木造平屋一部2階建、瓦葺、建築面積266㎡、煙突付	江戸後期／明治中期・昭和54年改修	鹿足郡津和野町	平成24年8月13日
160	財間酒造場新宅	1棟	木造平屋建、瓦葺、建築面積102㎡	大正4年	鹿足郡津和野町	平成24年8月13日
161	財間酒造場舟蔵及び百石蔵	1棟	土蔵造平屋建、瓦葺、建築面積423㎡	舟蔵 江戸後期／大正期増築・昭和中期改修 百石蔵 大正期／大正期増築・昭和中期改修	鹿足郡津和野町	平成24年8月13日

資料

	名称	員数	構造、形式及び大きさ	建築年代	所在地	登録年月日
162	財間酒造場東蔵	1棟	土蔵造2階建、瓦葺、建築面積236㎡	江戸後期／大正4年・昭和54年・平成15年頃改修	鹿足郡津和野町	平成24年8月13日
163	財間酒造場仕込蔵	1棟	土蔵造2階建、瓦葺、建築面積316㎡、渡廊下付	大正13年／昭和中期・平成15年頃改修	鹿足郡津和野町	平成24年8月13日
164	出雲日御碕灯台	1棟	石造及び煉瓦造、高さ44m、建築面積109㎡	明治36年	出雲市大社町	平成25年6月21日
165	出雲日御碕灯台正門及び石塀	1棟	石造、間口4m、延長183m	明治36年	出雲市大社町	平成25年6月21日
166	櫛代賀姫神社本殿	1棟	土蔵造2階建、瓦葺、建築面積316㎡、渡廊下付	明和2年	益田市久城町	平成25年6月21日
167	山常楼主屋	1棟	木造2階建、瓦葺、建築面積596㎡	昭和9年頃／昭和51年改修	安来市安来町	平成26年12月19日
168	山常楼土蔵	1棟	土蔵造2階建、瓦葺、建築面積32㎡	大正期	安来市安来町	平成26年12月19日
169	中国電力株式会社豊川発電所本館	1棟	鉄筋コンクリート造平屋一部二階建、建築面積365㎡	昭和3年	益田市猪木谷町	平成27年3月26日
170	中国電力株式会社澄川発電所本館	1棟	鉄筋コンクリート造平屋一部二階及び地下二階建、建築面積346㎡	昭和18年	益田市匹見町	平成27年3月26日
171	中国電力株式会社匹見発電所本館	1棟	コンクリートブロック造平屋一部二階建、鉄板葺、建築面積199㎡	昭和3年	益田市匹見町	平成27年3月26日
172	ごうぎんカラコロ美術館（旧山陰合同銀行北支店）	1棟	鉄筋コンクリート造二階地下一階付、建築面積389㎡	大正15年／平成24年改修	松江市殿町	平成27年8月4日
173	出雲大社彰古館	1棟	木造二階建、銅板葺、建築面積165㎡	大正3年	出雲市大社町	平成27年11月17日
174	出雲大社宇迦橋大鳥居	1棟	鉄筋コンクリート造、高さ19m高さ23m、幅14m	大正4年	出雲市大社町	平成27年11月17日
175	日の出館玄関棟	1棟	木造二階建、瓦葺、建築面積78㎡	大正5年／平成3年改修	出雲市大社町	平成27年11月17日
176	日の出館明治棟	1棟	木造二階建、瓦葺、建築面積95㎡	明治前期／平成3年改修	出雲市大社町	平成27年11月17日
177	カラコロ工房（旧日本銀行松江支店）	1棟	鉄筋コンクリート造三階地下一階建て、建築面積633㎡、塔屋、煙突及び塀付	昭和13年／昭和56年、平成12年改修	松江市殿町	平成28年2月25日
178	福田平治・与志記念館（旧愛隣会館）	1棟	木造2階建、鉄板葺、建築面積73㎡	昭和6年／昭和30年頃改修、昭和34年曳家、平成28年改修	松江市北田町	平成29年5月2日
179	医光寺中門	1棟	木造、瓦葺、間口4.6m	江戸後期	益田市染羽町	平成29年5月2日
180	村松家住宅主屋	1棟	木造平屋一部2階建、瓦葺、建築面積365㎡瓦葺、建築面積194㎡	明治25年／昭和前期改修	松江市新雑賀町	平成29年6月28日
181	村松家住宅門及び塀	1棟	門　木造、間口1.5m、左右袖塀付　塀　コンクリート造、総延長29m"	昭和前期	松江市新雑賀町	平成29年6月28日
182	酒持田本店店舗兼主屋	1棟	木造2階建、瓦葺、建築面積351㎡、塀付	明治10年頃／大正初期・昭和3年増築	出雲市平田町	平成29年6月28日
183	酒持田本店旧蔵	1棟	土蔵造2階建、瓦葺、建築面積493㎡	明治10年頃／大正初期・昭和期増築	出雲市平田町	平成29年6月28日
184	酒持田本店検査場	1棟	木造2階建、銅板葺、建築面積43㎡	大正初期	出雲市平田町	平成29年6月28日
185	島田家住宅主屋	1棟	木造平屋一部2階建、瓦葺。265㎡	明治21年／昭和41年・同50年頃改修	益田市乙吉町	平成29年6月28日
186	島田家住宅酒蔵	1棟	土蔵造2階建、瓦葺、建築面積298㎡	江戸後期／明治期増築	益田市乙吉町	平成29年6月28日
	登録有形文化財（建造物）　合計　186					

2. 登録有形民俗文化財

	名称	員数			所在地	登録年月日
1	雲州そろばんの製作用具	143点			奥出雲町	平成18年3月15日
2	出雲の藍板締め染め用具及び製品	2617点			出雲市	平成22年3月11日
	登録有形民俗文化財　合計　2					

3. 登録記念物

	名称	員数	種別	年代	所在地	登録年月日
1	亀井氏庭園	−	名勝地関係	明治33年／大正9年以降改修	津和野町	平成20年7月28日
2	田中氏庭園	−	名勝地関係	明治19年作庭	津和野町	平成25年8月1日
3	財間氏庭園	−	名勝地関係	明治32年作庭か	津和野町	平成25年8月1日
4	椿氏庭園	−	名勝地関係	嘉永6年作庭か	津和野町	平成25年8月1日
5	岡崎氏庭園	−	名勝地関係	嘉永6年作庭か	津和野町	平成25年8月1日
	登録記念物　合計　5					

記録作成等の措置を講ずべき無形の文化財

番号	名　称	住　所	保持者・保持団体	選択年月日	備　考
1	広瀬絣	安来市広瀬町	広瀬絣技術者会	昭和47年4月10日	県指定 昭和37年6月12日

記録作成等の措置を講ずべき無形の民俗文化財

番号	名　称	所在地	保護団体	選択年月日	備　考
1	正月行事	岩手、秋田、埼玉、新潟、長野、三重、島根、岡山、徳島、大分、鹿児島		昭和29年11月	
2	田植えに関する習俗	岩手、秋田、茨城、新潟、富山、岐阜、島根、広島、高知、長崎、鹿児島		昭和30年3月	
3	ともどの製作工程	島根県		昭和33年3月	
4	出雲の藤布紡織習俗	島根県		昭和42年3月	
5	佐陀神能	松江市鹿島町	佐陀神能保存会	昭和45年6月8日	国指定 昭和51年5月4日
6	国分寺蓮華会舞	隠岐郡隠岐の島町	蓮華会舞保持者会	昭和46年4月21日	国指定 昭和52年5月4日「隠岐国分寺蓮華会舞」
7	益田の糸あやつり人形	益田市	益田糸あやつり人形保持者会	昭和47年8月5日	県指定 昭和38年7月2日「益田糸操り人形」
8	蒼柴垣神事	松江市美保関町		昭和48年11月5日	
9	弥栄神社の鷺舞	鹿足郡津和野町	弥栄神社の鷺舞保存会	昭和48年11月5日	国指定 平成6年12月13日「津和野弥栄神社の鷺舞」
10	大元舞	浜田市、江津市、美郷町、邑南町、川本町	邑智郡大元神楽保存会	昭和49年12月4日	国指定 昭和54年2月3日「大元神楽」
11	出雲の火鑽習俗	島根県		昭和50年12月8日	
12	美田八幡宮の田楽	隠岐郡西ノ島町	美田八幡宮田楽保持者会	昭和50年12月8日	国指定 平成4年3月11日「隠岐の田楽と庭の舞」
13	日吉神社の庭の舞	隠岐郡西ノ島町	日吉神社庭の舞保存会	昭和51年12月25日	
14	島後久見神楽	隠岐郡隠岐の島町	島後久見神楽保持者会	昭和53年1月31日	県指定 昭和37年6月12日
15	隠岐の牛突きの習俗	隠岐郡隠岐の島町	隠岐牛突きの習俗保存会	昭和53年12月8日	県指定 平成17年4月15日「壇鏡神社八朔祭の牛突き習俗」
16	槻の屋神楽	雲南市木次町	槻の屋神楽保存会	昭和53年12月8日	県指定 昭和37年6月12日
17	布施の山祭り	隠岐郡隠岐の島町	布施区	平成6年12月13日	県指定 平成24年11月20日
18	山陰の大凧揚げ習俗	鳥取県、島根県		平成6年12月13日	
19	隠岐西ノ島のシャーラブネ	隠岐郡西ノ島町	美田地区、浦郷地区	平成16年2月6日	
20	西田のヨズクハデ製作技術	大田市温泉津町	西田「ヨズクハデ」保存会	平成21年3月11日	
21	出雲・伯耆の荒神祭	島根県、鳥取県		平成21年3月11日	

しまね
の
文化財

2018年2月4日　初版発行

発行　島根県文化財所有者連絡協議会
編集　島根県文化財愛護協会

販売　ハーベスト出版
〒690-0133 島根県松江市東長江町902-59
TEL 0852-36-9059
FAX 0852-36-5889
印刷・製本　株式会社谷口印刷

定価はカバーに表示してあります。
落丁本・乱丁本はお取替えいたします。
Printed in japan
ISBN978-4-86456-262-1 C0021 ￥2500E